KB182993

경제 에스프레소

요즘 금융

경제 에스프레소 요즘 금융

초판 1쇄 발행 2024년 12월 19일

지은이 김종승

펴낸이 조기흠
총괄 이수동 / **책임편집** 유지윤 / **기획편집** 박의성, 최진, 이지은
마케팅 박태규, 임은희, 김예인, 김선영 / **제작** 박성우, 김정우
디자인 프롬디자인

펴낸곳 한빛비즈(주) / **주소** 서울시 서대문구 연희로2길 62 4층
전화 02-325-5506 / **팩스** 02-326-1566
등록 2008년 1월 14일 제 25100-2017-000062호
ISBN 979-11-5784-779-2 03320

이 책에 대한 의견이나 오탈자 및 잘못된 내용은 출판사 홈페이지나 아래 이메일로 알려주십시오.
파본은 구매처에서 교환하실 수 있습니다. 책값은 뒤표지에 표시되어 있습니다.

⌂ hanbitbiz.com ✉ hanbitbiz@hanbit.co.kr ▯ facebook.com/hanbitbiz
▯ post.naver.com/hanbit_biz ▶ youtube.com/한빛비즈 ▢ instagram.com/hanbitbiz

지금 하지 않으면 할 수 없는 일이 있습니다.
책으로 펴내고 싶은 아이디어나 원고를 메일(hanbitbiz@hanbit.co.kr)로 보내주세요.
한빛비즈는 여러분의 소중한 경험과 지식을 기다리고 있습니다.

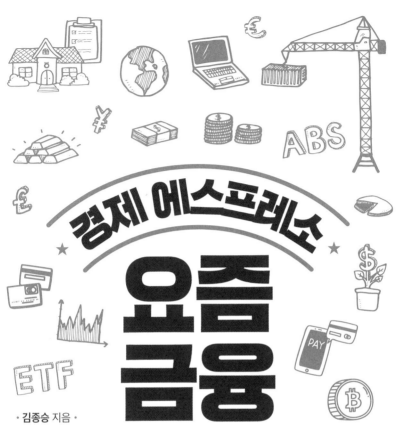

경제 에스프레소

요즘 금융

· 김종승 지음 ·

━━━ FINANCE ━━━

21가지 키워드로 풀어낸 흥미로운 돈의 진화

B 한빛비즈
Hanbit Biz, Inc.

매일매일 변화하는
금융의 세계

───── 금융의 세계는 눈에 보이지 않는다. 머리로 이해해야 한다. 금융은 인간의 필요에 따라 관념적으로 만들어진 무형의 상품이기 때문이다. 눈으로 쉽게 확인하긴 어렵지만 영향력만큼은 그 어떤 것보다도 막강하다. 한 개인의 삶을 파산에 이르게 할 수도 있으며, 국가 경제를 부도로 내몰기도 한다. 전세계가 하나로 이어진 오늘날에는 금융상품에서 비롯된 위험이 글로벌 금융위기 사태로까지 비화되기도 한다.

금융 공부의 필요성이야 능히 공감하지만 막상 공부를 시작하는 단계에서는 처음부터 난관에 부딪힌다. 넘쳐나는 정보들 속에서 과연 어디서, 무엇부터 시작해야 할지 막막하다. 사실

2000년대 이전까지만 하더라도 지금처럼 금융 문해력의 중요성이 강조되지는 않았던 듯하다. 실제로도 은행상품과 주식투자, 위험에 대비하기 위한 보험 정도가 금융생활의 대부분을 차지했다. 그렇지만 이후로 금융은 하루가 멀다 하고 보다 다양하고 복잡한 형태로 변화해 오고 있다. 특히나 2000년대 중반 이후 핀테크나 비트코인을 위시한 암호화폐가 나타난 것은 금융에 대한 이해와 접근을 점점 더 어렵게 하고 있다. 시시각각 변화해 가는 금융을 보다 온전하고 입체적으로 이해하기 위해서는 어떤 일이 필요할까?

오랜 기간 생물의 진화과정을 연구해 온 찰스 다윈은 "자연에는 비약이 없다Nature makes no leap"고 했다. 현재의 모습은 오랜 기간 변화와 발전이 누적되어온 산물이라는 것이다. 이 말은 금융에 있어서도 여지없이 들어맞는 말이다.

최근 국내 증시에 실망한 많은 투자자들은 테슬라, 엔비디아 등 해외 주식시장으로 눈을 돌리고 있다. 그중 투자자들의 큰 관심을 끄는 것 중 하나는 S&P500 지수나 나스닥 지수의 성과를 추종하는 ETF 상품이다. 해당 ETF 상품에 투자할 경우 일시적 부침은 있지만 평균적으로는 연 10% 이상의 수익을 거둘 수 있을 만큼 투자 성과가 우수하다. 그렇다면 이와 같은 ETF 상품은 어느 날 갑자기 전혀 새로운 상품으로 등장하게 된 것일까? 그렇지 않다. 다윈의 진화 이론처럼 금융시장에서의 오랜 변화와 발전이 누적된 산물이다. 17세기 네덜란드의 동인도회사를 통해 최초의 주식이 생겨나고 19세기에는 증권을 대상으로 한 집합적 투자형태인 펀드가 생겨났다. 이후 1970년대 들어서는 펀드 중에서도 시장 전체의 성과를 추종하는 인덱스 펀드가 탄생했다. 이러한 인덱스 펀드가 한 단계 더 진화해 주식처럼 자유롭게 사고팔 수 있게 된 상품이 바로 ETF다.

2008년 말 전 세계를 강타했던 금융위기 사태는 어떨까? 당시 글로벌 위기 발생의 주범으로는 주지하듯 서브프라임 대출이 지목받고 있다. 하지만 단순히 부실한 대출만이 문제였다면 대출을 실행한 은행의 파산으로 끝났을 것이다. 그렇지만 자산유동화라는 신종 금융기법을 통해 대출채권을 기초로 한 주택저당증권^{MBS}이 발행되고, 투자자들을 더 끌어모으기 위해 MBS로 구성된 부채담보부증권^{CDO}이 새로이 발행되었다. 또한 그에 따른 위험에 대비할 목적으로 신용부도스왑^{CDS}이라는 변종 파생상품이 추가로 활용되었다(이에 관한 상세 내용들은 이 책의 1부를 통해 살펴볼 것이다). 이로 인해 서브프라임 대출의 부실이 은행은 물론 투자은행, 기관투자자, CDS 발행자 등 전방위로 확산되면서 유례없는 위기를 불러온 것이었다. 단순한 부실 대출의 문제가 아니라 그간 나타났던 금융상품들이 복합적으로 결부되고 위험이 증폭된 데 따른 결과였던 것이다.

위 사례들에서도 드러나듯 금융의 세계를 온전히 이해하려면 그간 진행되어 온 금융의 역사와 진화 과정을 되짚어 보는 일이 필요하다. 이 책을 쓴 가장 큰 동기도 이러한 목적과 무관하지 않다.

사실 이 책은 2023년 출간된 《하룻밤에 다 읽는 경제 에스프레소 금융》의 후속편이다(제목과 달리 하룻밤에 다 읽지 못했다는 애정 어린 푸념들도 있었는데 이에 대해서는 너그러운 양해를 구한다). 전편에서는 고대 신전에서 시작된 대출 거래에서부터 은행의 탄생과 증권의 발전 과정 전반을, 역사 속 이야기를 통해 들여다보고자 했다. 또한 위험관리 수단으로 활용되는 보험과 파생상품의 유래에 대해서도 다루었다. 그렇지만 그 이후 변화되어 온 금융 세계의 모습을 다루지 못했던 것은 못내 아쉬움으로 남아 있었다. 이 책을 통해서는 전편에서 다루지 못했던 사항들을 중심으로 20세기 이후 나타난 금융의 다채로운 모습들을 살펴보고자 했다.

이 책은 총 3부로 구성되어 있다. 1부에서는 은행이나 증권을 통해 제공되던 전통적인 기능 외에, 새롭게 나타난 금융상품의 탄생 배경과 그 역할을 중심으로 서술했다. 과거의 금융기능을 토대로 진화된 금융시장의 모습이라 할 수 있을 것이다. 신용을 기초로 한 금융거래가 이후 신용카드, 프로젝트 파이낸싱, 주택담보대출, 리스 등 형태로 변화되어 온 모습을 살펴본다. 아울러 증권시장에 등장한 자산유동화나 최근 각광받고 있

는 ETF 투자, 글로벌 금융위기 확산의 한 원인이기도 했던 신용
부도스왑에 대해서도 살펴볼 것이다. 또한 노후생활에 대비한
위험관리 수단으로 활용되는 연금제도나 변액보험에 대해서도
알아보기로 한다.

2부는 핀테크와 암호화폐에 관한 내용으로 금융과 기술의
결합이 불러온 변화상을 중심으로 서술했다. 2000년대 중반 이
후 확산된 핀테크는 금융시장에 새로운 변화의 바람을 불러왔
다. 전통 금융회사의 역할을 대신하는 기관들이 나타났고 이들
을 통해 전에 없던 금융서비스들도 생겨났다. P2P 대출, 간편결
제 및 송금 서비스, 금융 플랫폼, 크라우드 펀딩 등 일일이 열거
하기 어려울 정도다.

특히나 블록체인 기술을 기반으로 한 암호화폐들은 그간 경
험해 왔던 금융 세계와는 전혀 다른 차원의 디지털 금융 세계
가 열리게끔 했다. 따라서 비트코인으로 대표되는 암호화폐의
탄생 배경과 이들이 수행하는 역할에 대해서도 살펴보지 않을
수 없다. 암호화폐에 대한 일반의 인식은 이를 하나의 투자대
상으로 바라보는 것이 대부분이다. 초창기 암호화폐 붐을 타고
일부 사람들은 코인투자를 통해 주식이나 채권보다 월등히 높
은 수익을 올리기도 했다. 하지만, 암호화폐는 본래 투자 목적
으로 탄생한 것이 아니며 현재에도 투자 목적 외에 다양한 용
도로 활용되고 있다. 가령 이더리움은 단순한 투자대상이라기

경제 에스프레소 요즘 금융

보다 디지털 생태계의 구축과 확장에 지대한 영향을 미치고 있는 암호화폐다. 또한 전 세계 3억 5,000만 명 이상의 이용자를 보유한 테더는 위와 같은 디지털 생태계 내에서 새로운 지급수단으로 각광받고 있는 암호화폐다. 2부를 통해서는 주요 암호화폐들의 다양한 특성과 기능들을 파악하고, 주식과는 다른 암호화폐 고유의 위험성에 대해 이해할 수 있게 될 것이다.

3부에서는 암호화폐가 디지털 경제 생태계 내에서 수행하는 금융 기능에 관해 서술했다. 2016년 이후 암호화폐 열풍과 맞물려 활발히 진행되었던 코인공개ICO, 그리고 이에 대한 대안으로 부상하고 있는 토큰증권STO에 관해 살펴본다. 또한 암호화폐 고유의 금융 기능이 발휘되는 분야로서, 탈중앙화 금융으로 불리는 디파이 금융과 NFT를 활용한 금융의 모습에 대해서도 확인해 볼 것이다. 암호화폐를 이용한 금융거래의 모습은 실상 전통 금융방식과도 대단히 닮은 모습을 보이고 있다. 그동안 금융시장에서 진행되어 왔던 오랜 진화의 결과가 암호화폐와 디지털 금융세계에서 어떤 형태로 나타나고 있는지 파악해 볼 수 있을 것이다.

금융시장은 그 어느 분야 못지않게 빠른 속도로 변화하고 있다. 그렇지만 이 과정에서 새롭게 탄생하는 금융상품들은 과거에 이루어진 수많은 변화와 혁신의 결과를 토대로 한 것들이다. 현재의 금융과 금융상품을 이해하는 데 있어 이 책이 조금이나마 길잡이의 역할을 해줄 수 있기를 바란다. 책을 쓰는 과정에서 저자 역시 많은 배움을 얻었지만 책 내용에 미진한 부분이 있다면 이는 전적으로 저자의 부족함에 기인한 것이다.

마지막으로 책을 쓰는 동안 저자의 빈자리를 감내하고 또 훌륭히 메꾸어 준 가족들에게 고마움을 전하고 싶다. 그리고 좋은 연구환경을 제공해 주신 한국금융연수원 임직원분들께도 감사의 마음을 전한다.

2024년 12월

김종승

1부 / 진화하는 금융시장

3부 / 디지털 세상 속의 금융

1부

진화하는 금융시장

FINANCE

금융이란 돈이 마침내 사라질 때까지
이 사람에서 저 사람으로 그것을 돌고 돌리는 예술이다.

로버트 사노프(Robert W. Sarnoff)

현금 없는 사회를 불러온
플라스틱 혁명

━━━ 다이너스 클럽에서 시작된
새로운 거래

신용카드나 스마트폰을 이용한 결제가 보편화되기
전까지, 현금을 소지하는 일은 현대인에게 필수적인 일이었다.
깜빡하고 지갑을 챙기지 못했거나 행여나 잃어버리기라도 한
다면 이처럼 곤혹스러운 일도 없었다. 갑작스레 주변 사람에게
돈을 빌리거나, 외상 거래를 부탁해야 하는 난처한 상황에 처해
야 했다. 이마저도 그간 쌓아온 신용이 있거나 인심 좋은 주인
장을 만났을 때에만 가능한 일이었다.

1949년 미국의 사업가였던 프랭크 맥나마라Frank McNamara 역

시 이 같은 고충을 직접 겪은 사람 중 하나였다. 어느 날 저녁 거래처와의 식사를 마치고 레스토랑 계산대 앞에 선 순간, 그는 당혹감을 감출 수 없었다. 깜빡하고 지갑을 집에다 두고 온 것이었다. 다행히 집에 있던 부인을 불러내 상황을 수습하긴 했지만 이 일은 며칠 동안이나 그의 머릿속을 떠나지 않았다. 맥나마라는 자신의 변호사이자 미래의 사업 파트너인 랄프 슈나이더Ralph Schneider와도 이날의 경험에 대해 이야기했다. 그러던 중 맥나마라는 새로운 아이디어 하나를 떠올렸다.

"식사를 마친 다음 우선 서명만 해 두고, 매달 말 한꺼번에 비용을 지급할 수는 없을까?"

이후 맥나마라는 슈나이더와 함께 레스토랑을 다시 찾았다. 이번에는 지갑 대신 다이너스 클럽Diners Club이라는 문구가 새겨진 종이 카드를 지닌 채였다. 그런 다음 레스토랑 주인에게 자신의 아이디어에 관해 설명했다. 이 카드를 소지한 고객들에게는 간단한 서명만으로 레스토랑을 이용할 수 있게 해달라는 것이었다. 식사 비용은 매달 말 한꺼번에 지급하는 조건이었다. 이러한 혜택을 받은 고객들이 레스토랑을 더 자주 찾게 될 것이라는 설명도 빼놓지 않았다. 오랜 기간 맥나마라와 신뢰를 쌓아 왔던 레스토랑 주인은 그의 제안을 흔쾌히 수용했다. 오늘날 현금 없는 거래를 가능하게 한 신용카드가 최초로 등장하게 된 순간이었다(다만 후일 밝혀진 바에 따르면 위와 같은 탄생 비화는 극적인 홍보 효과를 위해 각색된 것이었다고 한다).

1950년이 되자 맥나마라는 다이너스 클럽Diners Club International이라는 세계 최초의 신용카드 회사를 세우고 자신의 계획을 구체화해 나갔다. 친척과 지인, 사업 파트너 등 약 200여 명을 다이너스 클럽의 초기 회원으로 모집했다. 신용카드를 사용할 수 있는 가맹점으로 뉴욕 시내의 수십여 개 레스토랑도 확보했다.

맥나마라가 선보인 신용카드는 사람들에게 색다른 거래 경험을 선사했다. 회원들은 식사 때마다 매번 결제하는 수고를 덜고, 현금이 부족해도 부담 없이 소비생활을 즐길 수 있었다. 다이너스 클럽이 보내는 청구서를 통해 매달 한 번만 비용을 결제하면 그만이었다. 레스토랑 가맹점들 역시 신용카드 거래가 생소하기는 마찬가지였다. 사실상 후불 방식으로 대금을 지급 받았으며, 전과 달리 결제금액의 7%에 해당하는 수수료도 물어야 했다. 하지만 이러한 방식이 레스토랑 주인들에게 마냥 불리한 것만은 아니었다. 다이너스 클럽 회원들은 이전보다 더 많은 돈을 소비했고 고객들을 상대로 레스토랑을 홍보하는 효과도 톡톡히 누릴 수 있었다.

다이너스 클럽에 대한 사람들의 반응은 기대 이상이었다. 회사가 출범한 첫해, 2만 명이 넘는 사람들이 신규 회원으로 가입

⊙ 초창기 다이너스 클럽 카드(좌)와 오늘날 플라스틱 형태의 카드(우)

출처 | https://www.dinersclub.com/about-us/(좌)
https://commons.wikimedia.org/wiki/File:Diners_Club_Regular_Japan_2016.jpg(우)

했다. 이듬해인 1951년에는 미국 내 주요 도시를 중심으로 회원 수가 4만 2,000명을 넘어설 만큼 큰 인기를 끌었다. 카드 회원들을 상대로는 5달러의 연회비가 부과되었지만 다이너스 클럽의 성장에는 아무런 장애가 되지 못했다. 사람들 사이에서는 다이너스 클럽 카드를 가지는 것 자체가 이미 부와 성공의 아이콘처럼 여겨졌기 때문이다.

─────── 신용카드의 대명사,
비자의 탄생

초창기 다이너스 클럽의 가맹점들은 레스토랑이 대부분이었다. 하지만 신용카드 회원을 고객으로 유치하려는 상점들이 늘어나면서 사용처도 점차 다양해져 갔다. 백화점이나 여행사, 호텔을 비롯한 타 업종들 역시 경쟁적으로 가맹점

대열에 합류했다. 가맹점 확대와 더불어 다이너스 클럽 출범 후 10년 차 무렵에는 회원 수도 100만 명을 넘어섰다. 신용카드가 일상적인 거래수단으로 빠르게 자리잡아 가는 모습이었다.

신용카드 사용이 날로 확대되면서, 새로운 비즈니스에 관심을 갖는 회사들이 생겨났다. 1958년을 기점으로, 다이너스 클럽 외에도 새로운 신용카드 전문회사들이 탄생했다. 아메리칸 익스프레스American Express Card, AMEX, 까르뜨 블랑쉬Carte Blanche Card 와 같은 회사들이다. 특히 아메리칸 익스프레스는 1959년, 종이가 아닌 플라스틱 형태의 신용카드를 최초로 선보여 세간의 큰 관심을 끌기도 했다.

신용카드의 잠재력을 확인한 전통 상업은행들의 참여도 이어졌다. 그중에서도 광범위한 지점망과 고객을 확보하고 있던 BOABank of America는 경쟁자들을 압도하는 독보적인 사업자로서의 면모를 보여주었다. BOA는 IT 인프라가 비교적 잘 갖추어져 있던 캘리포니아 지역을 일차적인 타깃으로 삼아, 뱅크아메리카드BankAmericard라는 명칭의 자체 신용카드를 선보였다. 후발주자였던 만큼 이들의 영업 전략은 다분히 공격적이었다. 우편을 통해 무작위로 신용카드를 발송하고, 300달러 한도 내에서 이를 자유롭게 사용할 수 있도록 했다. 무작위로 카드가 발급된 만큼, 혹시라도 카드 대금을 제때 납부하기 어려운 고객이 있다면 어떨까? 이러한 문제는 BOA가 새롭게 선보인 리볼빙revolving 서비스를 통해 손쉽게 해결 가능했다. 고객들은 그달에 갚기 어려운 돈은 다음 달 이후로 결제일을 늦추는 방식으로 계속 신용카드의 혜택을 누릴 수 있었다.

이후 BOA는 신용카드 사업에 관심을 갖는 타 은행들과의 제휴를 통해 사업을 확장해 나갔다. 그 결과 1966년 무렵에는 미국 대부분의 지역에서 신용카드 서비스를 제공할 수 있었다. 전국 단위의 영업망이 구축되고 신용카드 거래가 폭증하자, BOA와 제휴 은행들은 신용카드 사무를 전담하는 새로운 회사 National BankAmericard Inc., NBI까지 설립했다. 신용카드 발급과 가맹점 확보, 결제 등 관련 업무 전반을 효율적으로 처리하기 위한 목적이었다. 이후 NBI는 1976년 들어 새로운 이름의 회사로 거듭났다. 쉽게 눈에 띄고 모든 언어권에서 동일하게 불릴 수 있는 이름으로 탄생한 사명이 바로 비자VISA다. VISA 마크가 부착된 카드를 통해 어디서나 손쉬운 결제 혜택을 누리기 시작한 것도 이때부터였다.

———— 마스터카드의 등장과 광범위한 확산

BOA의 성공을 지켜본 다른 은행들은 대책 마련에 분주했다. 그중에서도 BOA와 경쟁 관계에 있던 캘리포니아 주내 4개 은행들은 1966년 공동의 연합 조직을 형성하고 새로운 카드 상품을 선보였다. 마스터 차지Master Charge라는 이름의 신용카드였다. 발급 첫해에 캘리포니아 내 60여 개 은행들이 회원으로 가입할 만큼 괄목할 만한 성과를 냈다. 비슷한 시기, 미국 동부 지역의 은행들을 중심으로는 별도의 연합체 조직인 ICAInterbank Card Association가 설립되어 신용카드 사업에 힘을 쏟고 있었다.

그렇지만 이 같은 노력만으로 BOA의 독주를 막아 내기는 역부족이었다. 결국 이들 은행이 고민 끝에 도출해 낸 방안은 상호 간 전략적 제휴를 맺는 것이었다. 각 주에 포진하고 있는 ICA 회원은행들을 통해, 미국 전역에서 마스터 차지 카드가 발급될 수 있도록 한 것이었다. 이로써 ICA 회원은행들이 발급하는 카드는 BOA의 신용카드에 대적할 만한 면모를 갖출 수 있었다. 아울러 1979년에는 카드 명칭도 마스터카드MasterCard라는 새로운 이름으로 변경했다. VISA와 더불어 신용카드의 대명사와도 같은 이름이 탄생하게 된 배경이다.

1970~80년대를 지나면서 카드사 간 경쟁은 날로 치열해지는 모습이었다. 특히 1986년 디스커버카드Discover Card와 같은 막강한 경쟁자가 유입되면서, 카드사들은 고객 유치를 위해 다양한 혜택을 제공하기 시작했다. 회원가입에 대한 답례로 선물이나 보상을 제공하거나, 카드사용 금액 일부를 되돌려 주는 캐시

백 서비스가 대표적이다. 우수 고객을 대상으로 한 할인 혜택
이나 항공사 마일리지를 비롯한 각종 리워드 프로그램이 생겨
난 것도 이 무렵부터다.

신용카드의 광범위한 보급은 비단 미국에만 한정된 이야기
는 아니었다. 미국에서의 성공 사례를 본보기 삼아 유럽, 캐나
다, 일본의 은행들 역시 카드 사업에 뛰어들었다. 국제적으로
신용카드 거래가 본 궤도에 오르기 시작한 것이다. 또한 이 시
기에 이루어진 전산 장비나 IT기술의 발전에 힘입어, 신용카드
는 보다 보편적이고 국제화된 결제수단으로 자리매김해 나갔
다. 국내외 은행들과 실시간으로 거래정보를 주고받는 것이 가
능해지면서 신용카드는 언제, 어디서나 현금을 대신하는 결제
수단으로 쓰일 수 있게 되었다.

—— 신용카드의 거래 구조, Buy Now, Pay Later

신용카드의 탄생은 과거 현금 중심의 결제 방식에
획기적인 전환을 불러온 일대 사건이었다. 이를 통해 누구라도
거액의 현금을 소지하는 번거로움이나 그에 따른 위험으로부
터 자유로울 수 있게 되었다. 신용카드 한 장만 있다면 세계 어
디를 방문하든 별다른 어려움 없이 식사 비용을 치르고 숙박비

를 지급할 수 있다. 온라인상에서 간단한 클릭만으로 해외 직구를 할 수 있게 된 것도 신용카드가 없었다면 상상하기 어려운 일이다. 신용카드를 두고 '현금 없는 사회를 불러온 플라스틱 혁명'으로 평가하는 것도 이러한 이유에서다.

그렇다면 신용카드 거래에서는 어떤 방식으로 자금이 오가고 상거래가 이루어지는 것일까? 그 기본적인 특성을 보자면, **신용카드는 카드사와 카드회원, 가맹점 세 당사자 간에 결제 목적으로 이루어지는 신용거래**의 수단이다. 가령 식사를 마치고 레스토랑 주인에게 비용을 지불하려는 고객이 있다고 해보자. 만약 기존처럼 현금으로 식사 비용을 지불한다면, 고객과 레스토랑 주인 두 당사자 간에 현금을 주고받는 것으로 거래는 완결된다. 하지만 신용카드 거래에서는 카드사가 개입되는 만큼, 세 당사자 사이

⊙ 신용카드 거래의 기본 구조

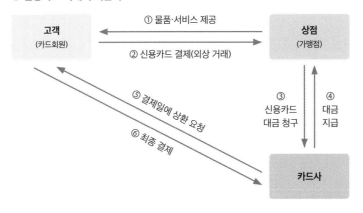

에 다음과 같은 과정을 거쳐 거래가 완결된다.

먼저 고객(카드회원)은 상점(가맹점)으로부터 물품이나 서비스를 제공받고 신용카드를 결제수단으로 활용한다. 이때 고객은 매달의 결제일에 카드 대금을 후불로 지급하므로, 사실상 외상 거래를 한 것이나 다름없다(①, ②). 가맹점의 입장에서 상품 등을 제공한 대가로 받아야 할 돈은 실제로는 카드사를 통해 회수한다. 가맹점은 고객들로부터 일일이 거래대금을 회수할 필요가 없으며, 카드사가 고객을 대신해 대금을 현실적으로 지급해 준다(③, ④). 이렇게 카드사가 돈을 대신 지급하고 나면 그 후로는 카드사와 카드회원 간 관계만 남게 된다. 카드사는 고객의 결제일에 맞추어 신용카드 대금을 청구하고, 고객이 이를 납부함으로써 세 당사자 간 거래 관계가 종결된다(⑤, ⑥).

이처럼 신용카드는 현금을 대신하는 결제 기능을 수행하지만, 그와는 다른 특징도 갖는다. 바로 신용카드 거래에 포함된 대출 유사 기능이다. 신용카드를 이용하면 지금 당장 수중에 돈이 없더라도 신용카드 결제일까지 지급일을 늦출 수 있다. 할부 거래나 리볼빙 거래처럼 장기간에 걸쳐 대금을 나누어 상환할 때면 이러한 특징은 더욱 여실히 드러난다. **대출과 비교해 보자면, 이는 카드사가 카드회원을 상대로 결제일까지 돈을 빌려주는 것**이나 다름없다.

신용카드credit card와 비교되는 데빗카드debit card(카드로 결제할 때 은행 계좌에서 즉시 돈이 출금되는 것으로 국내에서는 흔히 체크카드로 불린다)는 위와 같은 신용제공 기능의 유무로 구분된다. 데빗카드 역시 현금을 대신하는 지급 수단으로 널리 사용되고 있지만 고객 계좌에 잔고가 있을 때에만 결제가 가능하다는 점이 다르다. 신용카드와 같은 대출 기능은 제공하지 않는다.

─────── **신용카드,**
그 편리함 속에 도사린 위험

간편한 결제수단이자 대출의 혜택까지 제공하는 신용카드는 출시 이래 사람들에게 크나큰 편의를 제공해 왔다. 하지만 신용카드에 부여된 이 같은 기능은 때에 따라서는 부작용을 초래하기도 한다.

이와 관련해 2000년대 초반 미국 MIT 경영대학원에서는 신용카드에 관한 흥미로운 실험을 진행한 바 있다. 학생들을 두 집단으로 나눈 다음 경매 방식으로 NBA 농구 티켓을 판매한 것이다. 다만 한 집단의 학생들은 현금으로, 다른 집단의 학생들은 신용카드로 티켓 가격을 지불하도록 했다. 두 집단에 속한 학생들이 제시한 가격은 어떠했을까? 학생들이 제시한 액수는 놀랍게도 결제수단에 따라 큰 차이를 보였다. 현금으로 결제하는 학생들은 평균 28달러의 가격을 제시한 반면, 신용카드로 결제하는 학생들은 평균 60달러의 가격을 제시했다. 신용카드를 사용하게 되자 동일한 상품에 대해 두 배 이상의 가격을 지불하는 성향을 보인 것이다.

실험 결과가 시사하듯, 신용카드는 현재의 재산이나 소득 수준에 비해 과도한 소비를 조장할 수 있다. **지금 당장 돈이 나가지 않는 만큼 대부분의 사람들은 금전 지출에 따른 심리적 고통에 둔감**해지기 때문이다. 그에 반해 쇼핑이나 여행처럼 풍족한 소비생활이 주는 만족감을 억제하기란 쉽지 않은 일이다. 신용카드를 통해 구매한 대가는 장래의 부채, 즉 갚아야 할 빚의 형태로 남아 있다. 갑작스레 실직이나 사고와 같은 불운을 겪기라도 한다면, 카드 사용에 따른 부채는 개개인의 재정 상황을 더욱 악화시키게 될 것이다.

한편 대출과 유사한 특성으로 인해 신용카드 거래에도 이자나 수수료가 부과될 수 있는데 이 역시도 개인의 경제적 위험을 가중시키는 요인이다. 결제를 위한 현금이 부족해 할부나 리볼빙 서비스를 받게 되면 이월된 금액에 대해 늘어난 기간만큼 이자를 부담해야 한다(국내 카드사들의 리볼빙 금리는 연 17~18% 수준으로, 일반 대출금리보다 월등히 높은 편이다). 카드 대금이 연체되면 이때는 보나 높은 수준의 벌칙금리까지 물어야 한다. 최근 2030세대에서도 신용불량에 빠지거나 파산을 신청하는 사례가 급증하고 있다. '영끌' 투자를 위한 과도한 대출, 코인 투자 실패 등 다양한 이유가 있지만, 과도한 카드 소비와 이로 인해 불어닌 빚을 감딩하기 어렵게 된 것도 주요 원인 중 하나로 지목되곤 한다.

　오늘날 신용카드는 플라스틱 혁명 그 이상이다. 종이를 거쳐 플라스틱 형태로 진화해 왔지만 앞으로는 더욱 새로운 형태로의 변화가 예상되기 때문이다. 앱App 형태의 카드는 이미 일반화되었으며, 머지않은 미래에 안면 인식 기술이나 생체 정보가 신용카드의 기능을 대신하게 될지도 모른다. 하지만 그 형태야 어떠하든 신용카드가 제공하는 혜택은 아무런 부담 없이 누릴 수 있는 공짜 선물은 아니다. 지금의 부족한 잔고를 앞으로 벌어들일 수입으로 메꿔야 하기 때문이다. 현재의 만족감을 과대평가하고 미래의 책임에는 둔감한 사람에게는 신용카드가 자칫 위험한 부메랑이 되어 돌아올 수도 있다.

때로는 현재의 신용보다 미래의 잠재력이 중요하다

검은 황금을 매개로 한 거래

1850년대 초반, 미국 서부 지역은 황금을 얻기 위한 골드 러시gold rush 행렬이 한창이었다. 하지만 비슷한 시기 미국 동부 지역에서는 또 다른 황금을 찾기 위한 노력이 계속되고 있었다. 검은 황금, 바로 석유를 얻기 위해서였다. 그러던 중 1859년 8월, 에드윈 드레이크Edwin Drake라는 사업가가 대량의 석유 시추에 성공한 일은 석유 산업의 시작을 알리는 기념비적인 사건이었다. 그는 증기엔진과 굴착기계를 이용해 암반을 뚫고 지하 21m 깊이에서 석유를 퍼올렸다. 땅이나 암석 사이로 스며

나온 석유를 천에 적시던 방법으로 채굴하던 이전 방식과 비교하자면 가히 획기적인 것이었다. 이후 그의 채굴 방식을 모방해 수많은 오일맨oil man이 새 유전들을 찾아내면서 석유 산업은 무서운 속도로 성장해 갔다.

하지만 거칠 것 없어 보였던 미국의 석유 산업에도 일순간 위기가 닥쳤다. 1920년대 말 시작된 대공황이 그 원인이었다. 대공황하에서는 어떤 산업도 불황의 늪을 피하기 어려웠다. 설상가상으로 중동 걸프만gulf bay 인근에서 대규모 유전이 잇따라 발견되면서 미국의 석유 산업은 벼랑 끝에 내몰렸다. 공급량이 폭증하자 석유 가격은 최고치 대비 10분의 1 수준까지 곤두박질쳤다. 재무상태가 열악해진 미국 내 대다수 석유 회사들이 문을 닫아야 하는 처지에 놓였다. 이 같은 상황에서 새 유전 개발에 필요한 돈을 빌리기란 사실상 불가능에 가까웠다. 상대방의 신용과 상환능력을 기초로 돈을 빌려주는 은행의 입장에서 석유업자들과의 거래는 극도로 위험한 일이었다.

그러자 석유업자들은 자금을 조달하기 위한 새로운 방안을 모색해 냈다. 유전 개발을 통해 얻게 될 '미래'의 석유를 기초로 돈을 빌리는 것이었다. 일단 은행으로부터 돈을 빌리고 앞으로 벌어들일 이익으로 조금씩 상환해 나가는 방식이었다. 땅속 어딘가에 묻혀 있을 검은 황금에 모든 것을 걸고 있는 사람들에게 사실상 다른 선택지는 없었다. 현재의 신용보다는 이들이 가진 미래의 잠재력을 기초로 돈을 빌리는 것이 거의 유일한 해결책이었다.

　대신에 돈을 빌려주는 은행을 보호하기 위한 장치도 마련했다. 유전이 발견되면 그로부터 생산되는 석유나 판매대금에 대한 권리 일부를 은행이 갖도록 한 것이다. 은행이 빌려준 돈은 이러한 권리를 얻기 위해 미리 지급한 금액으로 해석되었다. 은행에 이전되는 권리의 범위는 빌려준 돈의 액수와 적정이자, 위험도 등을 감안해 상호 협의하에 정해졌다. 물론 그렇다고 해서 앞으로 유전이 발견될 것이라는 확실한 보장은 없었다. 이 때문에 은행으로서는 사업의 타당성을 분석하고 위험을 관리하는 일이 필수적이었다. 돈을 떼이지 않도록 석유업자의 채굴 기술이나 지리적 특성, 채굴 전문가의 조언 등을 감안해 유전이 발견될 가능성을 면밀히 조사했다.

　하지만 유전이 발견되지 않더라도 은행은 빌려준 돈의 상환을 요구하지 않는 것이 일반적이었다. 석유업자 역시 광구 매입이나 채굴 장비 마련과 같은 시설투자로 손해를 보기는 매한가지였기 때문이다. 비록 사업이 실패로 끝나더라도 사업주에게 그에 따른 경제적 책임을 묻지 않는 이른바 비소구금융 방식이었다. 유진 개발의 성패에 관한 한 은행과 석유업자는 한 배를 타고 있는 동업자와 마찬가지였던 셈이다.

프로젝트 금융, 그 본연의 특성은 무엇일까?

프로젝트 금융^{Project Finance, PF}이란 대규모 건설이나 개발 사업에 필요한 자금을 장기간에 걸쳐 제공하는 금융수단을 말한다. 특성 개인이나 기업의 신용을 기초로 한다기보다 사업 자체의 수익성을 담보로 돈을 빌려주는 것에 가깝다. 자금 공급은 일반적인 대출과는 비교할 수 없을 만큼 대규모로 이루어지지만, 사업의 성공 여부에 따라 자금 상환의 불확실성도 크다. 또한 장기간에 걸쳐 돈을 빌려주는 것이어서 자금 회수에 걸리는 기간도 상당한 편이다. 이런 점에서 본다면 태평양과 대서양을 연결해 15,000km의 항로를 단축시킨 파나마 운하나, 지중해와 홍해 사이를 이어준 수에즈 운하 건설 사업은 프로젝트 금융의 효시로 볼 만한 것들이다.

하지만 오늘날 활용되고 있는 프로젝트 금융 고유의 특성이 나타나기 시작한 것은 1930년대에 들어서다. 미국의 석유업자들을 상대로 이루어졌던 변형된 방식의 대출이 그 원형이다. 이 같은 프로젝트 금융이 다른 금융수단과 구분되는 가장 큰 특징은 빌린 돈을 갚는 데 쓰이는 재원의 성격이다. **프로젝트 금융에서는 차입금의 상환이 특정 사업으로부터 발생할 이익, 즉 미래의 현금흐름**^{cash flow}**을 기초로 이루어진다.** 대출이나 회사채의 경우 자금 수요자의 일반 신용^{credit}을 토대로 하는 것과 구별되는 점이다.

열악한 재무상황에 놓인 석유업자들이 프로젝트 금융을 통해 돈을 빌릴 수 있었던 것도 유전 개발을 통해 벌어들일 이익이 있기에 가능한 일이었다.

프로젝트 금융의 또 다른 특징은 자금 수요자인 사업주체의 책임이 제한된다는 점이다. 일반 대출의 경우 차주가 빌린 돈 전부를 갚아야 한다는 것은 누구에게나 상식에 속하는 일이다. 만약 가진 재산을 모두 팔아서도 이를 갚지 못한다면 최종 종착지는 파산이다. 하지만 **프로젝트 금융에서는 빌린 돈을 갚지 못해도 사업주체의 책임이 발생하지 않거나**(비소구금융), **제한된 범위 내에서만 인정된다**(제한소구금융). 자금 수요자의 일반 신용이 아닌 사업에서 발생하는 미래의 수익이 주요 상환 재원으로 고려되기 때문이다.

사업주체의 책임을 제한하기 위해 활용되는 것이 프로젝트 수행을 목적으로 설립되는 특수목적회사Special Purpose Company, SPC 다. 은행은 이 특수목적회사를 상대방으로 하여 돈을 빌려주므로 대출금 상환에 대한 책임이 사업주체에 발생하지 않는다. 프로젝트 금융은 원칙적으로 비소구금융으로, 사업주체의 책임이 배제된다. 다만 프로젝트가 대규모이거나 초기 단계의 위험성이 높을 때에는 금융기관이 감수해야 할 위험 수준도 무시하기 어렵다. 이 때문에 실제로는 사업주체도 일부나마 책임을 분담하는 제한소구금융 방식도 널리 활용되는 편이다. 이 경우

⊙ 프로젝트 파이낸싱 구조

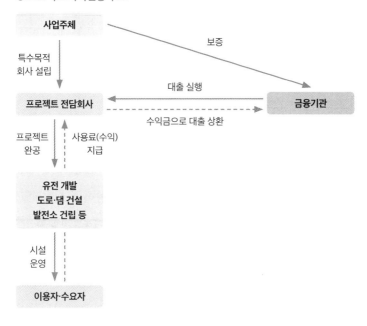

사업주체들은 대출금에 대해 보증을 제공하는 방식으로 프로
젝트 실패 위험을 분담한다.

대규모 사업의 필수 요소로 자리잡은 프로젝트 금융

유전 개발사업에 숨통을 틔워 주었던 프로젝트 금
융은 1950년대 이후 선박 산업에서도 널리 활용되었다. 선박

건조에 프로젝트 금융이 결부되기 시작한 것은 당시 해운업에서 독보적인 입지를 구축하고 있던 그리스나 북유럽 국가 선주들의 필요 때문이었다. 제2차 세계대전의 여파로 경제상황이 악화되자 이들 역시 자체 신용만으로는 선박 건조 자금을 마련하기 버거웠다. 하지만 선주들은 미래의 운임 수입을 담보로 프로젝트 금융을 활용하여 한결 수월하게 자금을 조달할 수 있었다. 이러한 방식은 오늘날 선박금융, 항공기금융을 통해 대형 선박이나 비행기를 구매할 때에도 여전히 유용하게 활용되고 있다(특수목적회사를 설립해 거액의 자금을 융통하고, 미래의 운임 수입으로 빌린 돈을 상환하는 방식은 앞의 그림과 동일하다).

　1970~80년대에 접어들어 프로젝트 금융의 진가가 발휘된 곳은 자원개발 분야였다. 대표적인 예로, 1970년대 북해 인근에서 유전 개발사업을 진행하던 브리티시 페트롤리엄British Petroleum, BP의 경우를 들어보자. 이 회사가 유전 개발을 위해 풀어야 할 최대의 난제는 다름 아닌 비용 문제였다. 당시 기준으로 총비용이 10억 달러를 상회할 것으로 예상될 만큼 막대한 자금이 필요했다. BP는 대출로 자금을 마련하는 방안도 생각해보았지만 적합한 해결책이 아니었다. 만에 하나 유전 개발에 실패할 경우 BP가 대출금 선부를 삲아야 하는데 자칫 했다간 회사 전체가 파산할 수도 있었기 때문이다. 이와 같은 BP의 고민을 해결해 준 것 역시 다름 아닌 프로젝트 금융 기법이었다.

미래의 석유 판매수익을 기초로 한 상환 계획과 제한소구금융 방식을 통해 무리 없이 자금지원을 이끌이 낼 수 있었다.

BP의 성공적인 자금조달을 계기로 프로젝트 금융은 대규모 사업을 수행하기 위한 필수적인 금융수단으로 자리잡아 갔다. 1980~90년대 세계 곳곳에서 진행되었딘 메가 프로젝트의 이면에는 프로젝트 금융이 훌륭한 지원군의 역할을 수행했다. 선박금융이나 자원개발을 넘어 사회간접자본시설 확충이나 대규모 부동산 개발사업과 같은 다양한 분야를 망라했다. 특히나 자금력이 풍부하지 못한 개발도상국들은 프로젝트 금융 방식으로 댐이나 도로, 발전소와 같은 대규모 건설사업들을 무리 없이 완료할 수 있었다.

─────── **유로터널의 교훈,**
빗나간 예측이 불러온 참사

다만 프로젝트 금융이 그 본연의 기능을 발휘하기 위해서는 한 가지 요소가 전제되어야 한다. 프로젝트 사업의 수익성과 미래 현금흐름에 대한 정교한 예측이다. 사실 프로젝트 금융의 성패는 이에 따라 좌우된다고 해도 과언이 아니다. 이런 점에서 본다면 1994년 5월 개통된 유로터널Eurotunnel은 프로젝트 금융의 반면교사로 삼기에 충분하다.

도버 해협을 가로질러 런던과 파리를 육로로 세 시간이면 맞닿게 해준 이 해저터널은 정부 지원 없이 순수하게 민간자본으로 건설되었다. 사업수행 주체인 유로터널사는 6년의 공사 기간 동안 약 15,000명의 인원을 투입해 터널을 완공했다. 총 공사비는 150억 달러에 이르렀는데, 이에 필요한 자금은 금융회사들로부터 프로젝트 금융 방식으로 조달했다. 열차 유로스타의 개통 후 거두어들일 통행세와 화물 및 여객 운송료는 막대한 차입금 상환을 위해 쓰일 예정이었다.

그렇지만 역사적 개통이 있고 난 후 얼마 지나지 않아 문제가 발생했다. 늘어난 공사비와 함께 이용 고객에 대한 수요예측이 빗나간 것이 주원인이었다. 터널 개통 후 거둬들인 통행세

⊙ 프로젝트 금융이 활용된 유로터널 건설 장면

출처 | https://commons.wikimedia.org/wiki/File:A_d%C3%A9li_pajzs_a_keresztez%C5%91kamr%C3%A1ban.
jpg

1부 진화하는 금융시장

와 운임 수입은 예상치를 크게 밑돌았다. 이 때문에 개통 후 1년 만에 원리금 상환이 중단되는 사태까지 빚어졌다. 비슷한 위기 상황은 1997년과 2006년에도 반복되었다. 불행 중 다행으로 이 때문에 유로스타의 운행이 중단되는 일은 발생하지 않았지만 사업성 분석에 실패한 대가는 꽤나 혹독했다.

─────── ## 먹구름이 드리운
국내 부동산 PF 시장

국내에서 부동산 PF 시장의 부실 문제가 뇌관으로 떠오르는 것은 왜일까? 이 역시도 기본적으로는 미래의 예상 수익이 당초 예상과 크게 어긋난 데서 비롯된 결과다. PF 방식으로 부동산 개발사업을 진행하는 사업주체(흔히 디벨로퍼 또는 시행사로 불린다)는, 금융권에서 빌린 돈을 개발 사업에서 벌어들일 이익으로 상환해야 한다. 부동산 시장의 활황기에는 위와 같은 문제가 불거질 가능성이 희박하다. 부동산 구매자들이 경쟁적으로 몰리면서 사업자는 막대한 이익을 얻고, 이를 통해 PF 대출금을 정상적으로 상환할 수 있기 때문이다.

하지만 그 반대의 경우라면 어떨까? 부동산 시장 침체로 주택 구매 수요가 줄고 미분양이 늘어나는 상황에서는 PF 시장의 부실 위험이 점차 수면 위로 부상하게 된다. 사업자가 벌어들인 개발 수익이 예상치를 크게 하회하면서 PF 대출 상환에도 어려움을 겪는다. 이 시기에 고금리 상황이 지속되고 원자재 가격 상승 등으로 사업비용마저 증가하게 되면 정상적인 상환을 기대하기란 더더욱 어려워진다.

사업성에 대한 엄밀한 분석과 비소구금융을 특징으로 하는 프로젝트 금융이 국내에서는 다소 변형된 형태로 운영되고 있는 점 역시 위험을 부추기는 요소다. 금융회사들은 일반 대출에 비해 수익성이 월등히 높은 PF 대출에 경쟁적으로 참여하고자 한다. 손쉽게 고수익을 얻기 위해서다. 그러나 정작 프로젝트 자체의 수익성에 대한 검토는 부차적인 문제로 여긴다. 그보다는 사업주체나 건설사의 보증, 담보 제공과 같은 안전장치에 의존하려는 경우가 대부분이다. 프로젝트 금융이라기보다 보증부 대출, 혹은 담보부 대출에 가까운 모습이다.

이러한 특성 때문에 프로젝트가 실패했을 때의 파급효과는 더욱 커지기 마련이다. 프로젝트의 수익 악화로 PF 대출 상환에 차질이 빚어지면 그로 인한 위험은 도미노처럼 번져 나간다. 보증 관계로 엮여 있는 사업주체나 건설사는 물론이고, 돈을 빌려준 금융회사에도 위험이 전이된다. 비슷한 상황하에서 2011년 국내에서는 부동산 PF 대출을 취급하던 30여 개 서축은행이 무더기로 영업정지를 당하는 일까지 빚어진 바 있었다. 그로부터 10여 년이 지난 후에도 유사한 사태가 재발하지 않을

지 수많은 관계자가 촉각을 곤두세우고 있는 모습이 반복되고 있다.

프로젝트 금융은 현재의 신용보다 미래의 잠재력을 평가하는 방식으로 자금 수요자들에게 새로운 해법을 제시해 주었다. 이를 통해 사람들은 현재 보유한 자금과 필요한 자금 사이의 간극을 훌륭히 메꿀 수 있었다. 이것이 바로 프로젝트 금융이 발휘하는 고유의 기능이다. 하지만 미래의 잠재력을 기초로 하는 만큼 프로젝트 금융에서는 사업성과 향후 수익에 대한 엄밀한 예측이 필수이다. 빗나간 예측은 유로터널이나 국내의 저축은행 사태처럼 때로는 혹독한 결과를 불러올 수 있다.

아메리칸 드림의 조력자에서 글로벌 금융위기의 주범으로

―――― ## 홈 스위트 홈, 행복을 찾아서

야심한 시각, 샌프란시스코 지하철 내의 어느 화장실 안. 휴대용 의료장비를 판매하며 근근이 생활하는 크리스 가드너는 오늘 밤 아들과 함께 이곳에서 잠을 청하기로 한다. 그동안 지내오던 모텔에서는 월세가 밀려 쫓겨난 터였다. 가드너가 잠시의 안도감을 누릴 새도 없이 화장실 문이 거칠게 덜 거덕거린다. 청소부가 잠긴 문을 열고 들어오려 했던 것이나. 그의 아들은 자신의 한쪽 다리를 베개 삼아 이미 잠들어 있는 상태였다. 그는 숨죽이며 청소부가 돌아가기만을 기다린다. 잠깐의 정적이 흐른 뒤 다행히도 청소부는 몸을 돌려 다른 곳으로 향한다. 그의 얼굴에는 눈물을 애써 참으려는 표정이 역력하다. 그렇지만 이날 밤 몸을 누일 수 있는 작은 공간을 찾은 것만 해도 이들에게는 다행스러운 일이었다.

위 내용은 크리스 가드너라는 인물의 실화를 바탕으로 제작된 영화 '행복을 찾아서'의 한 장면이다. 영화 속 주인공인 그는 한때 노숙자 쉼터를 전전해야 하는 처지에 있었다. 하지만 그 와중에도 주식중개인의 꿈을 키워 훗날 자신의 투자회사인 가드너리치앤컴퍼니Gardner Rich&Company를 설립한 입지전적인 인물이다. 그가 화장실 바닥에서 몰래 잠을 청하는 장면은 행복의 조건으로서 공간이 갖는 의미에 대해서도 은유적인 메시지를 던져준다.

동서고금을 막론하고 안정적인 주거공간을 확보하는 일은 행복을 위한 필수요소 중 하나다. 하지만 누구나 체감하듯 집을 소유하기란 생각처럼 쉬운 일이 아니다. 소득 대비 주택가격 비율Price Income Ratio, PIR에 관한 최근의 조사 결과에 따르면 직장인이 수도권에 집을 마련하기 위해서는 꼬박 10년이 걸린다고 한다. 물론 월급을 한 푼도 쓰지 않았을 때의 얘기다. 소득의 절반가량을 생활비로 쓴다고 하면 그 기간은 두 배 이상 늘어난다. 그에 반해 30~40대 수요자들의 주택 구매 열기는 그 어느 때보다도 높다. 떨어질 줄 모르는 집값을 보고 있노라면 하루라도 빨리 내 집 마련을 서둘러야 할 것 같은 느낌이다. 하지만 웬만한 투자 수완이 아니고서야 단기간에 거액의 주택자금을 모으기란 녹록지 않다. 이 같은 어려움을 마주했을 때 주택 구매자라면 누구나 고려하게 되는 금융상품이 있다. 바로 주택담보대출이다.

——— 죽음의 서약(?)으로도 불리는 모기지 거래

주택을 구매할 때 활용되는 주택담보대출은 영미권에서는 흔히 모기지^{mortgage} 거래로 불린다. 모기지라는 명칭은 죽음^{death}을 의미하는 라틴어 'mort'와 서약 혹은 담보^{pledge}를 의미하는 'gage'라는 단어가 결합된 것이다. 이 때문에 모기지라는 말은 '죽음의 서약' 혹은 '죽을 때까지 따라다니는 계약'과 같이 무시무시한 의미를 지닌 것으로 오해되기도 한다. 30~40년에 이르는 장기간에 걸쳐, 죽음에 임박해서까지 돈을 갚아야 한다는 점에서 일견 그럴듯한 면도 있다. 하지만 모기지라는 개념이 유래된 배경을 감안하면 그 본래의 의미와는 거리가 있는 해석이다.

12세기 말 영국에서는 돈을 빌리려는 사람(채무자)이 토지를 담보로 맡기면, 돈을 빌려준 사람(채권자)에게 일정한 권리를 인정해 주고 있었다. 채무자가 돈을 갚지 못하면, 채권자는 그 땅을 팔아 빌려준 돈을 충당할 수 있었던 것이다. 그 결과 채무자는 자신의 땅에 대한 소유권을 잃게 되었다. 모기지는 이처럼 채무자가 돈을 갚지 못했을 때, 담보로 맡겼던 재산pledge이 소멸death한다는 의미로 쓰이던 개념이었다(다른 한편으로는 채무자가 빌린 돈을 갚게 되면 자신이 했던 서약 자체가 소멸하는 것으로 이해할 수도 있다). 이런 점에서 보자면 **모기지 거래는 채권자가 담보재산(=주택)을 처분할 수 있는 특수한 조건이 결부된 대출 거래**라 할 수 있다.

　모기지 개념이 정립된 것은 중세 영국 시대였지만 주택 거래에 널리 활용된 것은 그보다 훨씬 후의 일이다. 오늘날과 같은 형태의 모기지 거래는 19세기 말 미국에서 자리잡기 시작했다. 당시 미국은 유럽에서 건너온 이민자들이 하루가 멀다 하고 늘어나고 있는 상황이었다. 이 때문에 미국 내 주택 수요 역시 급증하고 있었다. 하지만 단기간에 거액의 주택자금을 마련하기가 쉽지 않은 것은 예나 지금이나 마찬가지였다. 결국 많은 사람이 주택 마련에 드는 시간과 수고를 덜기 위해 선택했던 것이 모기지 거래, 즉 주택담보대출이었다.

　초창기 주택담보대출 거래가 운영되던 방식은 현재의 기준과는 다소 다르다. 주택 구매 시점에 집값의 50%를 초기 부담금으로 지불하고, 부족한 50%는 대출로 해결하는 방식이 주를 이루었다. 대출로 빌린 50%의 돈은 통상 5년 뒤 전액을 일괄상환해야 했다. 대출 만기가 도래하기 전까지는 빌린 돈에 대한 이자만 부담하면 그만이었다.

이와 같은 방식은 주택 구매자들에게 상당한 혜택으로 다가왔다. 주택 구매에 필요한 50%의 자금만 있어도 자신만의 주택을 소유하는 것이 가능했기 때문이다. 물론 그만한 돈을 마련하는 것도 쉽지만은 않았을 것이다. 그렇지만 주택 구매를 희망하는 대다수의 사람들에게 주택담보대출은 더없이 훌륭한 금융 조력자가 되어 주었다. 돈을 빌려주는 은행의 입장에서도 주택담보대출이 매력적이기는 마찬가지였다. 거래가 늘수록 이자 수입이 늘어났으며 담보라는 안전장치를 통해 돈을 떼일 위험도 덜 수 있었다. 하지만 1930년대 들어 위와 같은 거래에 잠재해 있던 위험이 한꺼번에 폭발하는 일이 발생했다. 이 역시도 미국의 경제환경을 완전히 뒤바꿔 놓은 대공황이 그 원인이었다. 주택담보대출 시장에도 일대 변혁이 뒤따를 수밖에 없었다.

——— 대공황이 바꿔 놓은 모기지 거래의 모습

대공황으로 수많은 가장이 직장을 잃자 그 여파는 주택담보대출 시장으로도 이어졌다. 5년의 만기 시점에 대출금을 상환하는 것은 고사하고 이자조차 내지 못하는 사람들이 부지기수였다. 1933년 무렵에는 담보 주택을 대상으로 매일 1,000건 이상의 매각절차가 새롭게 진행될 정도였다. 주택 시장이 붕괴되자 은행들도 위험을 비켜가기 어려웠다. 주택가격이 폭락해 매각절차를 진행한다 한들 대출금을 온전히 회수할 수 없는 경우가 대부분이었다. 은행의 자금 사정이 악화되면서 새로운 주택담보대출을 취급하는 것은 더욱 어려워졌다. 주택담보대출 시장은 얼어붙고, 사람들은 길거리로 나앉게 될 판이었다.

◉ 매각절차가 진행 중인 담보 주택

그러자 당시 미국 대통령이던 프랭클린 루스벨트^{Franklin D.} Roosevelt는 주택시장의 위기극복을 위해 발 벗고 나섰다. 가장 시급하게 이루어진 조치는 1933년 '주택 소유자 대출에 관한 법률^{Home Owner's Loan Act}'을 마련하는 일이었다. 이를 통해 은행이 갖고 있는 부실 주택담보대출을 정부가 대신 매입했다. 은행이 무너지는 것을 막기 위한 부득이한 조치였다. 채무상환에 어려움을 겪는 사람들을 위해서는 대출기간 연장, 이자율 인하와 같은 긴급 처방을 내렸다.

1934년에는 연방주택청^{Federal Housing Administration, FHA}이 설립되었다. 이 기관의 가장 큰 역할은 주택담보대출의 부실 위험에 대비해 모기지 보험 기능을 제공하는 것이었다. 대출 고객이 돈을 갚지 못할 경우 연방주택청이 나서 이를 대신 갚아 주도록 한 것이다. 부실위험으로 주택담보대출 취급을 꺼리던 은행들에게 강력한 안전판을 제공해 주는 것과 같았다.

또한 모기지 보험이 적용되는 대출 거래의 기준을 정립해 현재 운영 중인 주택담보대출 제도의 기틀이 마련되기도 했다. 이 기준에 따르면, 우선 주택가격 대비 대출금의 비율^{Loan to Value,} LTV을 과거 50%에서 80~90% 수준까지 확대했다. 이를 통해 구매자의 초기 부담금을 10~20% 수준으로 낮추고 보다 손쉽게 주택을 구매할 수 있도록 했다. 예컨대 10만 달러짜리 주택을 살 때 과거에는 5만 달러의 초기 자금이 필요했다면, 이제는

1부 진화하는 금융시장

1~2만 달러의 초기 자금만 있어도 충분했다.

두 번째로 대출금 상환 기간은 과거 5년에서 15~30년 범위까지 확대했다. 상환 기간을 장기로 연장함으로써 원리금 상환 부담을 덜어주기 위한 목적이었다.

세 번째로 대출금 상환은 만기 일시상환이 아닌 분할상환 방식으로 이루어지도록 했다. 기존 방식에 따르면 채무자는 대출 기간 동안 이자만 부담하고, 만기가 되면 대출금 전액을 한꺼번에 갚아야 했다. 하지만 이보다는 대출 전 기간에 걸쳐 원금과 이자를 나누어 납부하도록 함으로써 지급불능 위험을 낮추고자 한 것이다.

1938년에는 주택담보대출에 필요한 재원을 추가 확보할 목적으로 패니 메이Fannie Mae가 설립되었다(패니 메이는 1972년 민영화되었지만 2008년 글로벌 금융위기 이후 다시 정부의 관리하에 놓이게 된다). 이 기관이 수행하는 역할은 은행이 취급한 주택담보대출을 대량으로 매입한 다음, 이를 한데 묶어 주택저당증권Mortgage-Backed Securities, MBS 형태로 발행하는 것이다. 그런 다음 투자자들을 상대로 이 증권을 매각해서 얻은 자금을 대출채권을 매각했던 은행들에게 다시 지급한다. 이후 은행은 이렇게 유입된 자금을 주택담보대출 취급을 위한 추가 재원으로 활용하게 된다. 주택담보대출은 특성상 대출금을 회수하는 데 20~30년의 기간이 소요될 수밖에 없다. 그렇지만 위와 같은 방식으로 패니 메이

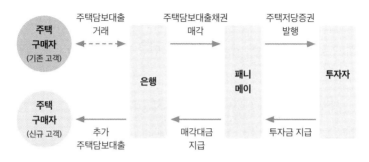

◉ 주택저당증권MBS의 발행 과정

가 수행하는 **주택담보대출의 '증권화' 과정을 통해 은행들은 대출금을**
조기에 회수하고 추가 자금을 확보할 수 있게 됐다. 그리고 이로 인
한 혜택은 최종적으로 주택담보대출의 기회를 얻는 새로운 고
객들에게 돌아갔다.

───── ## 아메리칸 드림의
실현 수단

1940년대 이후는 주택담보대출이 양적으로나 질
적으로 성장을 거듭한 시기였다. 특히 제2차 대전 종식 후 고
향으로 돌아온 군인들은 그 누구보다 평화롭고 안정된 삶에 대
한 열망이 컸다. 당시 제대 군인 지원업무를 맡고 있던 퇴역군
인청Veterans Administration, VA은 이를 위한 다양한 정책들을 마련했

다. 그중 하나는 퇴역 군인들이 초기 납부금 없이 낮은 금리로 주택담보대출을 받을 수 있도록 한 것이었다. 이 같은 노력은 1940~50년대 주택담보대출 수요의 폭발적인 증가세로 이어졌다. 연방주택청, 패니 메이, 퇴역군인청와 같은 기관들의 지원하에 많은 사람이 주택담보대출을 활용하게 되면서, 1940년대 44% 수준이던 주택 소유 비율은 1960년대 62% 수준까지 상승했다.

전후 베이비 부머들이 가정을 꾸릴 시기였던 1970년대 역시 주택담보대출 수요가 전례 없이 뜨거운 때였다. 패니 메이가 주택저당증권^{MBS}으로 조달하는 자금만으로는 주택구매 수요를 감당하기 어려울 지경이었다. 그러자 미 의회는 1970년 패니 메이와 유사한 역할을 수행하는 기관인 프레디 맥^{Freddie Mac}을 추가로 설립하기에 이르렀다. 프레디 맥은 30년 만기 고정금리부 주택담보대출채권을 주로 취급했는데, 이는 주택구매자들에게 큰 혜택을 제공해 주었다. 향후 금리상승에 대한 부담감 없이 낮은 금리로 대출조건을 고정시킬 수 있었기 때문이다.

이와 더불어 사회적·정책적 여건도 점차 변화해 갔다. 사실 이때까지의 금융거래는 공정이나 평등과는 거리가 멀었다. 금융시장 내에서 유색 인종이나 소수 민족, 여성 등에 대한 불합리한 차별이 암암리에 존재하고 있었다. 그러나 이 같은 문제

들은 1960~70년대 마련된 공정주택법^{Fair Housing Act}, 신용기회평
등법^{Equal Credit Opportunity Act}과 같은 법률들을 통해 하나둘씩 철폐
되기 시작했다. 금융거래에서도 인종이나 성별, 출신 국가, 장
애 등에 근거한 차별이 금지되면서 더 많은 사람이 주택금융의
혜택을 누릴 수 있었다.

1980년대 들어서는 새로운 유형의 모기지 상품도 생겨났다.
이른바 변동금리형 주택담보대출이다. 이전까지의 주택담보
대출 상품의 만기는 15~30년으로 다양했지만, 이자 지급은 고
정금리 형태를 띠고 있었다. 하지만 과거 연 5~6% 내외 수준이
던 금리가 1980년대 들어 연 20% 수준까지 치솟는 일이 발생
했다. 이 같은 상황에서는 주택담보대출을 활용하기가 쉽지 않
다. 연 20%대의 높은 이자를 향후 30년 동안 지급해야 한다는
것은 감당하기 어려운 부담이기 때문이다. 은행 역시 높아진
채무불이행 위험을 고려해 대출 취급을 꺼리게 되었다. 그렇지
만 변동금리형 주택담보대출에서는 향후 금리 수준에 따라 고
객에 적용되는 이자율도 변동된다. 금리 수준이 하락세에 접어
들면 고객이 부담하는 대출이자도 그만큼 낮아진다.

한편 1990년대 이후 미국 정부는 주택 소유 활성화 정책을
적극적으로 펴나갔다. 2000년대 초반 이러한 노력은 절정에 달
했다. 부시 대통령은 아메리칸 드림의 실현을 위해 미국 내 모
든 소수 민족들이 집을 가질 수 있어야 한다고 말할 정도였다.

500만 명에 이르는 소수민족들이 집을 갖는 것은 국가적 이익과도 직결된다는 이유에서였다. 이러한 분위기를 타고 적정 신용등급 이하의 채무자들을 대상으로 한 서브프라임^sub-prime 대출이 널리 확산되어 갔다. 이는 직업이나 소득, 재산 등과 무관하게 수백만 명의 저신용자들이 주택을 구매할 수 있는 길을 터주었다. 신규 취급된 주택담보대출 중 서브프라임 대출이 차지하는 비중은 2000년 9%대 수준에서 2006년 40%대 수준까지 급등했다.

정책 효과는 이내 가시화되어 나타났다. 주택 소유 비율은 70% 수준까지 늘고, 수백만에 이르는 사람들이 생애 최초로 집을 가질 수 있었다. 이들에게는 그야말로 아메리칸 드림이 실현된 순간이었다. 대다수가 주택 구매에 혈안이 된 상태에서 부동산 투자 열기도 고조되었다. 2007년 주택가격이 정점에 달할 때까지 부동산 시장의 상승세는 꺾일 줄 몰랐다.

——— 부동산 버블, 위기의 전조

이와 함께 금융회사들도 다분히 공격적인 영업방식을 전개해 갔다. 대출을 늘려 더 많은 이익을 얻기 위해서였다. 대표적인 것 중 하나가 이른바 '80/20' 대출 방식이다. 집값

의 80%에 해당하는 자금 외에, 초기 납부금으로 필요한 20%
의 자금도 추가 대출을 통해 빌려주는 것이다. 이 방식에 따르
면 사실상 1원 한 푼 없는 저신용자도 주택을 구매하는 것이 가
능했다. 수요자들을 현혹시키는 약탈적 대출도 횡행했다. 거래
초기에는 무이자 또는 저렴한 이율을 제시해 고객들을 유인한
다음, 일정 기간이 지난 후에는 높은 이자를 물려 손해를 끼치
는 방식이다. 일부 금융회사들은 저신용자들이 돈을 갚지 못할
것을 알면서도 이러한 대출에 열을 올렸다. 최악의 경우 담보
로 잡은 주택을 매각하면 이들이 손해를 볼 일은 없었기 때문
이다.

만에 하나 직업도 재산도 없는 사람들이 실제로 대출금을 상
환하지 못하면 어떤 일들이 발생할까? 당시 분위기상 이 문제
에 경종을 울리는 사람들은 찾아보기 어려웠다. 대출금을 상환
할 여력이 없더라도 주택가격이 꾸준히 오르기만 한다면, 문제
가 발생할 소지는 없어 보였기 때문이다. 그렇지만 이 같은 분
위기는 이후 변화된 경제 상황들과 맞물려 급반전되었다.

2000년대 초반 미국은 IT 버블 사태로 침체되었던 경기를 회
복하고자 저금리 정책을 유지하고 있었다. 그러나 2004년을 기
점으로 저금리 정책이 종료되면서 기준금리가 다시 상승세로
접어들었다. 높아진 금리로 인해 부동산 구매 수요도 한풀 꺾
이게 되었다. 그러자 대출은행들은 수익을 만회하기 위해 서브

프라임 대출을 집중적으로 늘려 나갔다. 저신용자들에게 적용되는 이율은 우량 고객에 비해 월등히 높은 연 10% 수준이었다. 그러나 초기 2년간은 무이자(또는 초저금리) 혜택을 적용받고 3년 차에 접어드는 시점부터 본격적으로 원리금을 갚아 나가는, '2-28' 대출 방식을 활용하면 문제될 것이 없었다.

하지만 2007년에 접어들어 부동산 버블이 붕괴될 조짐이 나타났다. 고금리로 부동산 구매 수요는 위축되고 서브프라임 대출을 연체하는 차주들은 눈에 띄게 증가했다. 2년간의 무이자 혜택 기간이 끝나자 소득도 재산도 없던 저신용자들은 대출금을 갚을 길이 묘연해졌던 탓이다. 그사이에 오른 집값이 모든 것을 해결해 줄 것이라던 장밋빛 기대는 크게 빗나갔다.

대출금 연체로 매각되는 집들이 하나둘씩 쌓여가자 부동산 시장은 유례없는 하락 국면을 맞이했다. 2009년 초까지 수백만 호의 주택을 대상으로 매각 절차가 진행될 만큼 상황은 심각했다. 주택가격은 고점 대비 30% 이상 폭락했다. 이 때문에 주택을 처분한다 한들 남아 있는 대출금을 갚기도 역부족인 경우가 허다했다. 하지만 이는 대출 금융회사와 차주 간의 문제로만 끝날 것이 아니었다. 대출채권의 유동화를 위해 발행된 주택저당증권MBS과 이 과정에 관여된 대출 금융회사, 주택금융기관, 투자자들 사이의 복잡한 관계로 인해 상상 이상의 파급효과를 불러 왔다.

금융위기의 진앙지가 된
서브프라임 대출

주택저당증권^{MBS}은 앞서 잠시 살펴보았듯 다량의 주택담보대출채권을 한데 모아 투자자들로부터 자금을 조달할 목적으로 발행된 증권이다(결국 MBS는 이를 구성하고 있는 개별 주택담보대출채권들의 집합체라고 보아도 무방하다). 이때 투자은행이나 펀드, 연기금과 같은 기관들은 MBS의 유통을 위해 없어서는 안 될 투자자들이다. 이들은 MBS를 매입해 유동자금을 공급해주고 MBS를 구성하는 대출채권의 원리금으로부터 안정적인 수익을 얻고자 한다. 그리고 그 근저에는 MBS를 발행한 패니 메이와 프레디 맥 및 담보로 제공된 대출채권을 통해 투자금을 회수할 것이라는 신뢰가 자리잡고 있다.

하지만 서브프라임 대출이 확산되고 이를 기초로 한 MBS 발행이 늘면서 MBS의 부실 위험도 크게 높아진 상태였다. 이는 마치 고급스럽게 포장된 사과 1상자(MBS)를 판매하면서, 그 안에 1등급 사과(우량 대출)와 썩은 사과(서브프라임 대출)를 한데 섞어서 파는 것이나 다름 없었다. **썩은 사과의 비중이 높아질수록 MBS를 통해 정상적으로 투자금을 회수하기가 어려워지는 구조**였다. 또한 대량의 MBS 거래가 이루어지면서 파생상품이나 구조화 상품 등 복잡한 방식의 거래가 활용된 것도 문제를 야기했다. 거래당사자들조차 자신들이 정확히 무엇을 사고파는지, 그로 인한 위험은 어느 정도인지 파악하기 힘들 정도였다. 가령 당시 투자 은행들은 여러 개의 MBS를 한데 모은 다음, 이를 다시 부채담보부증권Collateralized Debt Obligation, CDO이라는 새로운 형태로 발행해 널리 유통시키기도 했다.

서브프라임 대출의 부실 문제가 연이어 드러나면서 주택담보대출 시장의 위기도 걷잡을 수 없이 확산되어 갔다. 위기의 시작을 알린 것은 2007년 4월, 당시 미국 2위권의 서브프라임 전문 대출업체였던 '뉴센추리 파이낸셜'의 파산신청이었다. 부실대출은 늘어가는 데 반해 차입금 상환과 신규 자금조달이 막히게 되면서 발생한 결과였다. 같은 해 8월에는 10위권의 '아메리칸 홈 모기지 인베스트먼트'도 연이어 파산 절차에 들어갔다.

위기는 서브프라임 대출을 취급한 금융회사들만의 문제가 아니었다. 주택담보대출과 MBS, 이를 기초로 한 CDO 등 다양한 거래 관계로 얽히고설켜 있던 투자자들 역시 직격탄을 맞았다. 당시 세계 3위 규모였던 HSBC 은행은 주택담보대출 시장에 뛰어들었다가 100억 달러를 떼일 위기에 처했다. AIG, 리만 브라더스와 같은 대형 금융회사들 역시 구제금융을 요청할 만큼 다급한 상황에 놓였다. 그중 일부는 서브프라임 사태에서 촉발된 위기를 극복하지 못하고 끝내 파산하거나 헐값에 매각되고 말았다. 이로 인한 피해는 미국 내 주택담보대출 시장에 국한되지 않았다. 2008년과 2009년에 걸쳐 전 세계 경제를 강타한 글로벌 금융위기 사태로까지 비화되었다.

패니 메이, 프레디 맥과 같은 주택금융기관의 상황은 어떠했을까? 두 기관은 주택담보대출 시장을 떠받치던 양대 산맥과 같았지만, 거대한 위험 앞에서 아무런 힘을 쓸 수 없었다. 2008년 무렵 서브프라임 대출을 포함해 두 기관이 인수하고 있던 주택담보대출액은 약 6조 달러였다. 이들의 자금력으로는 감당하기 어려운 규모의 위험이었다. 결국 정부는 두 기관에 2,000억 달러의 공적 자금을 투입해야만 했다. 이들이 발행한 부실 MBS에 2014년까지 총 1조 달러가 넘는 자금을 투입함으로써 연쇄적인 파국 위험을 막을 수 있었다. 서브프라임 사태로 촉발되었던 위기는 그 이후에야 가까스로 진정되었다.

─────── ## 하우스푸어는
어떻게 발생한 것일까?

전 세계를 위기로 내몰았던 서브프라임 사태는 주택담보대출 시장이 초래할 수 있는 위험을 극명하게 보여준 사례다. 이는 대출 잔액이 600조 원에 육박할 만큼 주택담보대출이 널리 활용되고 있는 국내에서도 되새겨볼 만한 내용이다.

대출을 통해 한시라도 빨리 집을 구매하려는 심리 이면에는 장차 부동산 가격이 상승할 것이라는 기대가 한몫한다. 하지만 향후 시장 상황이 어떻게 변할 것인지는 그 누구도 장담하기 어렵다. 당초 예상과 달리 주택가격이 지속적으로 하락한다면 주택담보대출을 통해 오히려 손실만 떠안게 될 수도 있다. 이는 구태여 서브프라임 사태까지 거론하며 머리 아프게 설명할 필요도 없다. 하우스푸어house poor라는 용어가 쓰이기 시작했던 2012년 무렵, 국내에서도 이미 발생했던 일이다. 극단적으로 6억 원짜리 주택을 2억 원의 자기 돈과 4억 원의 대출금으로 마련한 상태(LTV 66.7% 수준)에서 주택가격이 4억 원으로 하락한 경우를 가정해 보자. 이때 주택을 판 돈으로 4억 원의 대출금을 갚고 나면 순자본은 '0'이 되므로 결국 자기 돈 2억 원만 날린 꼴이 되고 만다.

주택담보대출 거래에 따른 유불리나 본인의 상환능력을 정확히 따져보는 일도 필요하다. 흔히 주택담보대출은 장기에 걸쳐 분할상환이 이루어지는 만큼, 상대적으로 저렴하게 주택을 구매하는 것처럼 비춰질 수 있다. 하지만 오랜 기간에 걸쳐 대출이 제공되기에 그에 따른 비용 역시 만만치 않은 수준이다. 앞선 경우에서 4억 원의 돈을 '만기 30년, 연 4% 금리'로 빌렸다면, 차주는 매달 약 190만 원씩 원리금을 갚아 나가야 한다. 이 돈을 30년에 걸쳐 꾸준히 지급했을 때의 총액은 약 6억 8,000만 원 정도인데, 그중 2억 8,000만 원이 이자에 해당한다.

특히나 변동금리형 주택담보대출을 이용하고 있는 사람이

라면 이자율 변동 위험에 대해서도 충분한 대비가 필요하다. 2023년 미국 중앙은행의 기준금리가 5% 수준이었을 때, 국내의 주택담보대출금리 상단 역시 7%를 돌파했다. 이러한 상황에서 4억 원을 빌렸던 위 차주의 상황은 어떻게 변하게 될까? 동일한 조건하에서 이자율이 7%로 상승하게 되면 매달 갚아야 할 돈은 190만 원에서 266만 원으로 불어난다. 이 돈을 30년에 걸쳐 꾸준히 지급했을 때의 총액은 약 9억 6,000만 원이다. 이때는 5억 6,000만 원의 돈이 순수하게 이자 비용으로 지급된다. 배보다 배꼽이 더 커진 상황이다. 무리한 대출로 주택을 구매한 사람이라면 소득의 대부분을 대출금 갚는 데 쓰느라 허덕이게 된다. 고금리 상황에 상환능력마저 한계치에 다다르게 되면 서브프라임 사태에서와 마찬가지로 주택에 대한 매각절차가 진행될 수밖에 없다.

주택 구매수단으로 요긴하게 활용되고 있는 주택담보대출 그 이면에는 여러 위험 요소들이 존재하는 것이다. 물론 앞으로 주택시장의 양상이 어떻게 전개될 것인지는 또 다른 문제다. 하지만 그에 앞서 주택담보대출의 특성과 그에 따른 위험을 알아두는 일은 누구에게나 필요한 일일 것이다. 행복을 위해 마련한 집이 불행의 씨앗이 되지 않도록 하려면 말이다.

현대판
금융의 연금술

─── 회사채를 대신한
신종 금융기법

스페리^{Sperry Corporation}는 1980년대 IBM, 휴렛팩커드와 더불어 대형 컴퓨터 및 전산장비 시장을 주도하던 유력 IT 회사 중 하나였다. 1986년 경쟁회사였던 버로우즈^{Burroughs Corporation}와의 합병을 통해 탄생한 글로벌 IT 기업인 유니시스^{Unisys}의 전신이기도 하다. 이 회사의 주요 업무는 정부, 은행, 회사와 같은 기관 고객들을 상대로 대량의 정보처리를 위한 IT 시스템을 개발·대여해 주는 것이었다. 1985년 무렵 75개 기관 고객들과 2억 달러 이상의 계약을 맺고 있을 만큼 탄탄한 수입원도 확보하고 있었다.

스페리 역시 회사 운영에 관한 나름의 고충은 있었다. 대부분의 기업이 그러하듯 대규모 투자나 안정적인 재정 상황을 유지하기 위해 필요한 목돈이 부족했기 때문이다. 하지만 고객들과 체결한 계약에 따라 회사의 수입은 전 계약 기간에 걸쳐 매달 리스료 형식으로 들어오고 있었다. 이렇게 분할 지급되는 돈만으로는 회사가 안고 있던 재정 문제를 속 시원히 해결하기 어려웠다.

목돈 마련을 위해 스페리가 일차적으로 고려한 방안은 전통적인 자금조달 방식에 기대는 것이었다. 바로 회사채를 활용하는 것이었다. 회사채를 발행해 투자자들로부터 돈을 빌리고 그에 따른 이자를 지급한다면, 거액의 자금을 일시에 조달하는 것이 가능했다. 그렇지만 신용평가회사가 매긴 스페리의 신용등급은 실망스러운 수준이었다. 투자적격 수준이라고는 하나 기대에 훨씬 못 미치는 'BBB' 등급이었다. 이런 상황에서는 성공적으로 회사채를 발행해도 투자자들에게 높은 수준의 이자를 지급할 수밖에 없었다. 결국 보다 낮은 비용으로 거액의 자금을 마련할 다른 방안을 찾아내야 했다.

스페리는 2억 달러 규모의 매출채권을 가지고 있었지만, 고객과의 사이에 발생하는 매출채권을 개별적으로 매각하는 것은 쉽지 않은 일이었다. 주식이나 회사채와는 달리 이와 같은 매출채권을 자유롭게 매매할 수 있는 시장이 형성되어 있지 않았기 때문이다. 특정 고객과의 관계로부터 발생하는 채권을 이와 무관한 제3자에게 매각하는 것은 거래상의 신뢰를 해칠 수도 있는 일이었다. 자금조달 문제로 고심하던 스페리의 고민을 덜어준 것은 당시 퍼스트 보스턴First Boston이라는 투자은행이었다(이 투자은행은 1988년 크레딧 스위스Credit Swiss에 인수되었다). 이들이 제안한 방식은 자산유동화라는 새로운 형태의 금융 기법이었다.

자산유동화증권ABS, 회사채와는 어떤 점이 다를까?

자산유동화란 재산적 가치가 있는 자산들을 한데 묶어 새로운 증권을 발행하고, 이를 투자자들에게 매각해 자금을 조달하는 금융 수단을 뜻한다. 자산유동화증권Asset-Backed Security, ABS은 이 과정에서 새롭게 발행되는 증권을 가리키는 말이다. 그렇다면 퍼스트 보스턴이 스페리를 위해 자산유동화라는 방식을 고안해 낸 이유는 무엇이었을까? 이는 자산유동화가 갖는 고유의 특성을 활용해, 자금 수요자와 투자자들 모두에게 만족할 만한 해법을 제시할 수 있기 때문이다. 지금부터 회사채 발행과 대비되는 자산유동화의 주요한 특징을 알아보자.

먼저 회사채와 ABS의 가장 큰 차이점은 신용평가 방식이다. 투자위험 수준을 종합적으로 나타내는 신용평가 등급과 차주의 상환능력은 거래조건을 결정짓는 핵심적인 요소다. 회사채의 경우에는 이를 발행하는 '회사 전체'의 신용상태를 감안해 그 신용등급이 결정된다. 회사의 자산과 부채, 이익 규모 등 회사의 지급능력을 파악할 수 있는 모든 요소가 고려 대상이다. 이에 반해 **ABS는 이를 구성하고 있는 '기초자산'을 토대로 그 신용등급이 결정**된다. 스페리의 경우 회사 전체의 신용등급은 BBB에 불과했다. 하지만 우량 고객에 대한 매출채권의 회수가능성만 따진다면 그보다 높은 신용등급이 부여될 수 있었다.

또 다른 차이점은 투자자들에 대한 원리금 지급 방식에서도 드러난다. 회사채 투자자는 회사의 신용과 전체 재산을 토대로 다른 채권자들과 동등한 지위에서 지급을 받아가는 것이 원칙이다. 자신의 투자금을 다른 채권자들보다 우선해서 받아갈 법적 권리는 없다. 자칫 신용등급이 낮은 회사채에 투자했다가 회사가 파산하게 되면 여느 채권자들과 마찬가지로 투자금을 떼일 수도 있다. 하지만 **ABS에서는 이를 구성하는 여러 개의 자산이 집합적으로 담보의 기능을 발휘**한다. 그리고 이들 담보로부터 원리금을 우선적으로 지급받을 수 있게 된다. 투자자의 입장에서 보자면 그만큼 투자금을 떼일 위험이 낮은 것이다.

자산유동화 과정에서 유동화전문회사와 같은 특수목적회사

SPC가 활용된다는 점도 특징적이다. 자산유동화를 위해서는 우선 회사의 개별 자산들을 분류해 한데로 모은 다음, 이를 유동화전문회사에 일괄적으로 이전하는 절차를 거친다. 유동화 대상 채신을 다른 재산과 구분하고 투자자들에 대한 별도의 상환재원으로 쓰기 위해서다. 이 같은 목적으로 설립된 유동화전문회사는 형식상 페이퍼 컴퍼니에 불과하지만, 자금을 조달하려는 회사와는 엄연히 구분되는 독립된 회사다. 이를 통해 **ABS 투자자들은 회사 자체의 파산 위험으로부터 보호**받는 효과도 누릴 수 있게 된다.

─────── 자산유동화증권^{ABS}을 통한 금융 연금술의 과정

그렇다면 스페리가 ABS를 통해 필요 자금을 마련하는 일은 구체적으로 어떻게 이루어졌을까? 다음 페이지의 그림을 기초로 그 과정을 살펴보기로 하자. 우선 스페리가 고객들에게 갖는 2억 달러 규모의 매출채권(=리스료)을 유동화전문회사에 이전하는 작업이 필요하다(①)(이 과정에서 스페리는 Sperry Lease Finance Corporation이라는 특수목적회사를 설립했다). 그런 다음 유동화전문회사는 이를 기초자산으로 하는 ABS를 발행하고 투자자들에게 매각하는 절차를 거친다(②). 투자자들은 ABS를

⊙ 자산유동화 과정

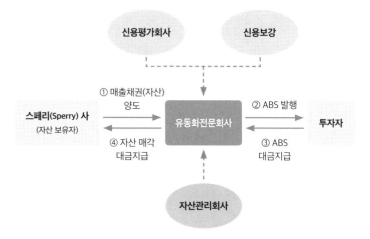

취득한 대가로 유동화전문회사에 투자금을 지급한다(③). 이렇
게 모인 자금은 유동화전문회사를 거쳐 최종적으로 자금을 필
요로 하는 회사로 들어가게 된다(④). 위와 같은 과정을 통해 스
페리는 장기간에 걸쳐 회수해야 했던 매출채권을 한꺼번에 매
각하고 목돈을 확보할 수 있게 되었다.

　자산유동화로 인해 스페리의 고객들은 어떤 영향을 받게 될
까? 사실 이들의 입장은 전과 비교해 크게 달라질 것이 없다.
이전과 마찬가지로 계약에 따라 매달 일정한 리스료를 납부
해야 한다. 다만 이 돈을 지급받는 법적 주체가 스페리에서 유
동화전문회사로 바뀌게 될 뿐이다. 유동화전문회사는 이 돈을
ABS 투자자들에 대한 이자나 투자금 상환 용도로 사용하게 된

다. 다만 자산유동화 과정에서 핵심적인 역할을 수행하는 유동화전문회사는 실제로는 페이퍼 컴퍼니에 불과하다. 이 때문에 개별 채권에 대한 관리나 회수, 투자자들에 대한 지급 업무는 별도의 자산관리회사를 두어 처리하게 된다.

자산유동화는 스페리와 같은 자금 수요자에게 더할 나위 없이 매력적인 금융수단이었다. 개별적으로 처분하기 어려운 자산들도 ABS를 통해 집합적으로 매각할 수 있었다. 이를 통해 거액의 자금을 융통함은 물론 대출이나 회사채와 비교할 때 이율 면에서도 훨씬 유리한 조건을 적용 받았다. 스페리 전체의 신용도는 BBB 등급에 불과했지만, 이들이 발행한 ABS에는 AAA 등급이 부여되었기 때문이다. 정부나 은행 같은 우량 고객들이 대금 지급을 연체할 가능성은 희박하다는 점이 반영된 결과였다.

투자자들도 만족스러운 결과를 얻기는 마찬가지였다. 투자금이 ABS에 포함된 다수의 기초자산에 의해 담보된다는 점에서 이만큼 안전한 투자대상도 없어 보였다. 혹시나 스페리가 파산하더라도 특수목적회사를 통해 투자금을 회수할 수 있다는 점 역시 크나큰 장점이었다. 이에 더해 스페리는 투자자들을 위한 추가적인 안전장치도 제공해 주었다. 기초자산을 통해 투자금을 상환하는 것과 별개로 ABS 발행액의 20%에 해당하는 금액을 스페리 자체의 신용으로 보증해 준 것이다. 투자자들로서는 어느 모로 보나 손해 볼 것 없는 거래였던 셈이다.

1985년 3월, 2억 달러 규모의 ABS가 성공리에 발행되자 뉴욕타임스는 거래 관계자의 말을 빌려 다음과 같이 보도했다.

"이 (자산유동화) 시장은 곧 폭발하게 될 것이다."

─────── ## 유동화의 마법에 기댄 자금시장

사실 퍼스트 보스턴과 스페리가 선보였던 자산유동화 기법이 완전히 새로운 것이라 할 수는 없다. 미국의 주택시장에서는 주택저당증권MBS이라는 유동화 기법이 이미 광범위하게 활용되고 있었기 때문이다. MBS와 자산유동화증권ABS의 발행 원리는 본질적으로 다르지 않은데 MBS는 그 기초자산이 주택담보대출로 구성된다는 점이 특징이다. 이 같은 **MBS의 발행 원리를 기초로 유동화 대상이 되는 자산 범위를 확장시킨 것이 ABS**라 할 수 있다.

그렇지만 스페리의 ABS 발행을 계기로 자산유동회 시장은 새로운 전기를 맞았다. 뉴욕타임스의 보도 내용처럼 자산유동화 시장이 폭발하기 시작한 것이다. 리스 채권을 대상으로 한 자산유동화 이후 불과 2개월 만에 시장에서는 새로운 유형의 자산유동화가 나타났다. 그 주역은 제너럴 모터스^{GM}의 할부금융 자회사인 GMAC^{General Motors Acceptance Corporation}였다. GM의 자동차 판매가 호황을 이루자 GMAC가 제공하는 자동차 할부금융 역시 가파르게 성장했다. 그러자 GMAC는 고객들에 대한 자동차 할부금 채권을 한데 모아 이를 기초자산으로 하는 ABS를 발행했다. 이러한 방식으로 GMAC가 조달한 자금은 자그마치 40억 달러 규모였다. 2개월 전 스페리가 발행했던 금액의 20배에 해당하는 금액이었다. 이를 통해 GMAC는 보다 유리한 조건으로 자금을 마련하고, 투자자들은 고객들이 납부하는 자동차 할부금을 기초로 안정적인 수익을 얻을 수 있었다.

그로부터 2년 뒤에는 카드사들이 고객에 대해 갖는 신용카드 대금을 기초로 한 ABS도 성공리에 발행되었다. 다양한 기초자산을 활용한 ABS가 시장에서 좋은 반응을 얻자, 자산유동화의 대상은 더욱 확대되어 나갔다. 자동차 할부금이나 신용카드 대금은 물론 학자금 대출, 휴대폰 요금, 항공료 채권 등을 기초로 한 자산유동화 증권의 발행도 잇따랐다.

이처럼 안정적인 현금 유입이 기대될 수 있다면 자산유동화의 대상에는 제한이 없다. 게임, 영화와 같은 엔터테인먼트 사업이나 특허나 지식재산권을 기초로 한 자산유동화 역시 충분히 고려될 수 있다. 실제로 1997년 영국의 록스타 데이비드 보위(전 세계적으로 약 1억 4,000만 장의 음반을 판매할 만큼 영향력 있는 뮤

지선이었다)는 향후 10년간의 로열티 수익에 대한 유동화를 통해 600억 원의 자금을 마련한 적도 있었다.

─── 자산유동화증권^{ABS}, 결국 기초자산이 핵심이다

다만 ABS라고 해서 위험성이 전혀 없는 것은 아니다. ABS는 기초자산에서 나오는 수익이 주요 상환 재원인 만큼 기초자산의 위험성에 대한 평가가 무엇보다 중요하다. 서브프라임 사태를 불러온 MBS의 부실 역시 기초자산인 대출채권의 위험이 제대로 평가되지 못한 데서 비롯된 문제였다. 특히 미래의 수익을 기초자산으로 하는 ABS라면 수익성에 대해 보다 엄밀한 검토가 필요하다. 데이비드 보위의 로열티 수익을 기초로 했던 ABS의 경우 발행 당시에는 안전하다고 여겨졌지만 이후 투자위험 수준의 평가를 받았다. 불법 다운로드가 늘고 음반 판매가 저조해지면서 로열티 수익이 예상치를 밑돌게 된 것이 그 이유였다.

결국 ABS 투자자라면 담보로 제공된 기초자산이 얼마나 우량한지, 그로부터 발생할 이익은 어느 정도 실현 가능한지를 꼼꼼히 따져봐야 한다. 이 외에 신용보강 제도를 이용해 ABS의 위험에 대비하는 것도 고려할 수 있다. 초과담보를 통해 ABS

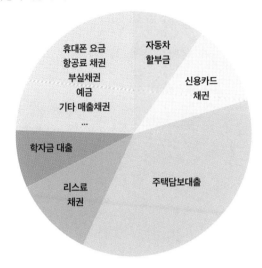

◉ 자산유동화 대상이 되는 기초자산들

상환에 쓰일 기초자산을 충분히 확보해 둔다거나 보증 제도를 활용하는 것이 이에 해당한다.

2000년대 말 금융위기를 계기로 MBS를 포함한 자산유동화 시장의 성장세는 한풀 꺾이는 듯했다. 하지만 그럼에도 자본시장의 한 축을 담당하고 있는 ABS의 유용성만큼은 변함이 없다. 주식이나 회사채, 대출과 같은 방식 외에 자산유동화는 수많은 기업이 대안으로 선택할 수 있는 든든한 자금창구 역할을 해오고 있다. 은행을 비롯한 금융회사들 역시 자산유동화를 통해 적시에 필요 자금을 확보하고 이를 시장에 공급하고 있다. 그 필요성을 증명하기라도 하듯 2023년 기준 전 세계 ABS 발행량은 약 2.3조 달러 규모로 금융위기 이전 수준을 능가할 정도다. 자산유동화의 혜택과 무한한 변신 가능성으로 인해 ABS에 대한 수요는 앞으로도 끊이지 않을 것이다.

대량 살상무기가 된
파생상품

────── **월가의 신데렐라,**
파생상품 거래의 새 장을 열다

1994년 J.P. 모건 소속의 블라이드 마스터스^{Blythe} Masters는 파생상품 거래의 새로운 장을 연 금융상품을 개발했다. 계기는 5년 전, 알래스카 지역에서 25만 배럴의 원유 유출 사고를 일으킨 유조선 엑슨 발데즈호^{Exxon Valdez} 사건이었다. 이 사고로 거액의 손해배상 위기에 놓였던 엑슨은 J.P. 모건으로부터 48억 달러를 대출받아 위기를 수습하고자 했다.

J.P. 모건 역시 자금난에 빠진 최우량 고객의 요청을 외면할 수는 없었다. 하지만 대출 실행을 주저하게 만드는 크나큰 장

애 요인이 있었다. 대출금을 갚지 못할 경우에 대비해 의무적으로 쌓아 두어야 하는 적립금 때문이었다. 당시 적용되던 국제결제은행^{BIS} 기준에 따르면 대출과 같은 위험자산을 취급하려면 최소 8%에 해당하는 돈을 은행 내에 보유하고 있어야 했다. 이 돈에 대해서는 대출이나 투자 등 다른 용도로 활용할 수 없다는 제약이 따랐다. 대출을 승인한다면 J.P. 모건은 약 4억 달러의 돈을 금고 속에 묵혀 두어야만 했다. 이는 돈으로 돈을 벌어 들이는 은행의 생리와는 맞지 않는 것이었다. 이 때문에 J.P. 모건은 엑슨의 요청을 선뜻 수락하기가 쉽지 않은 상황이었다.

이러지도 저러지도 못할 상황에서 블라이드 마스터스가 기발한 해결책을 들고 나왔다. 1991년 J.P. 모건의 정식 직원으로 입사해 당시 25세에 불과하던 때였다. 그녀가 제시한 아이디어의 골자는 엑슨이 대출금을 갚지 못할 '위험'만을 따로 떼어내 매각하는 것이었다. 엑슨의 부도 위험을 제3자가 인수하도록 하고 그 대가로 J.P. 모건이 별도의 수수료를 지불하는 방식이었다. 이렇게 되면 엑슨이 48억 달러의 대출금을 갚지 못해도 그 위험을 J.P. 모건이 아닌 제3자에게 이전시킬 수 있었다. J.P. 모건의 입장에서는 거액의 적립금을 쌓지 않아도 되고 엑슨과도 우호적인 관계를 유지할 수 있는 묘안이었다.

이후 필요한 일은 J.P. 모건의 거래조건을 수락할 수 있는 거

1부 진화하는 금융시장

래 상대방을 찾는 일이었다. 마스터스의 눈에 띈 것은 1991년 유럽의 정책금융기관으로 설립된 유럽부흥개발은행European Bank for Reconstruction and Development, EBRD이었다. 고위험 투자는 꺼리지만 새로운 수입원 발굴이 절실했던 EBRD만큼 적합한 거래 당사자는 없어 보였다. 이윽고 마스터스는 EBRD를 상대로 자신의 제안을 설명했다. 엑슨에 대한 대출이 부실화될 경우 EBRD가 그 위험을 떠안기로 해주면, 그 대가로 매년 보험료에 상응하는 비용을 지급한다는 것이었다.

실상 EBRD로서도 이러한 거래는 무척 생소한 것이었다. 하지만 엑슨의 연간 수익을 고려하면 회사가 실제 파산할 가능성은 희박해 보였다. 결국 EBRD는 J.P. 모건의 제안대로 엑슨의 부도 위험을 인수하는 계약에 합의했다. 모두에게 전례 없던 방식의 거래였던 만큼 계약의 구체적인 명칭은 붙여지지 않은 상태였다. 하지만 이후 금융시장에서 이를 모방한 거래들이 반복되자 사람들은 이러한 유형의 거래를 신용부도스왑Credit Default Swap, CDS으로 부르기 시작했다.

⊙ 신용부도스왑CDS을 고안한 블라이드 마스터스

출처 | 게티이미지

거래 상대방의 부도 위험을 사고파는 신용부도스왑CDS

거래상대방의 부도 위험은 상거래에 따르는 가장 원초적인 위험 중 하나다. 마스터스가 제안한 거래 역시 엑슨에 발생할 수 있는 부도 위험을 그 대상으로 한 것이었다. **CDS란 이처럼 거래 상대방의 부도 위험을 사고팔기 위해 고안된 금융파생상품**의 일종이다. CDS 거래에서는 통상 한쪽 당사자가 부도 위험을 이전할 목적으로 일정한 수수료(이를 'CDS 프리미엄'이라 한다)를 지불한다. 다른 쪽 당사자는 그에 대한 대가로 부도 위험을 떠안는다. 이렇게 수수료를 대가로 부도 위험을 상호 교환swap한다는 점에서 CDS는 신용부도스왑으로 불린다.

CDS는 통화스왑과 같은 일반적인 스왑거래와는 다소 다르다. 아래 내용을 통해 그 거래 구조를 파악해보자. CDS는 기본적으로 보장매입자protection buyer와 보장매도자protection seller라 불리는 두 당사자 간 계약 형태로 체결된다. 특정 기업이나 국가를 상대로 채권을 보유한 자와 같이 거래상대방의 부도 위험에 대비하려는 자가 보장매입자다. 보장매도자는 이들로부터 CDS 프리미엄을 받고 부도 위험을 인수하는 자다. 한편 부도와 같은 신용사건 발생의 판단기준이 되는 것은 준거기업reference entity이나 준거채무reference obligation 등 준거자산으로 불린다.

CDS 계약이 체결된 후 채권과 같은 준거자산에 부도 사고가

⊙ 신용부도스왑^{CDS}의 거래 구조

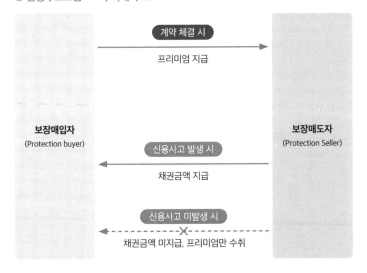

발생하면 보장매입자는 보장매도자를 통해 채권액을 대신 보상받을 수 있다. 반대로 계약기간 중 아무런 사고가 발생하지 않으면 보장매도자가 프리미엄에 해당하는 수익을 얻는 것으로 계약관계는 종료된다(이는 보험료를 대가로 장래 발생할 수 있는 위험을 사고파는 보험의 원리와도 다르지 않다).

위험 이전의 대가로 지급하는 수수료인 CDS 프리미엄은 준거자산의 부도 가능성에 따라 결정된다. 따라서 부도 확률이 높아질수록 CDS 프리미엄도 상승하기 마련이다. 통상 CDS 프리미엄이 채권액의 1% 미만이면 안정적인 수준의 채권으로 평가된다. 이에 반해 CDS 프리미엄이 10%를 넘어서면 채권의 부도 위험노 그만큼 가시화된 것으로 본다. 이 때문에 국가가 발행한 채권에 적용되는 CDS 프리미엄은 해당 국가의 전반적인 신용도나 채무불이행 가능성을 나타내는 지표로도 활용되곤 한다.

투자자들을 사로잡은 신용부도스왑CDS

CDS는 출시 이후 2000년대 들어 금융회사와 투자자들 사이에 유례없는 인기상품으로 각광을 받았다. CDS의 인기가 절정이던 2007년 무렵에는 총거래 규모가 전 세계적으로 62조 달러를 넘어설 정도였다. 이는 같은 해 세계 총생산 규모에 버금가는 수준이다. CDS 거래가 이토록 인기를 끌 수 있었던 것은 구매자와 판매자 모두에게 이득을 안겨줄 수 있었기 때문이다.

먼저 구매자(보장매입자)의 입장에서 보자면 CDS는 위험관리를 위해 더없이 효율적인 상품이었다. 물론 과거에도 거래상대방의 의무 불이행에 대비하기 위한 제도들은 이미 활용되고 있었다. 담보나 보증과 같은 수단이 대표적이다. 하지만 이는 활용 범위가 제한적일 뿐 아니라 담보 등의 취득을 위해서는 상대방의 동의나 협조가 필수적이었다. 상대방의 부도 위험을 거래를 통해 손쉽게 대비할 수 있는 금융상품은 없었다. 이들에게 있어 CDS는 저렴한 비용으로 돈을 떼일 염려를 덜어주는 구세주와도 같은 상품이었다.

판매자(보장매도자) 입장에서도 CDS가 매력적이기는 마찬가지였다. CDS를 통해 새로운 고수입원을 확보할 수 있었기 때문이다. 사실 경제위기와 같은 예외적인 상황이 아니고서야 준거기업이나 자산에 부도가 발생할 가능성은 그리 높지 않다. 따라서 CDS를 판매하는 금융회사들은 이를 통해 꾸준히 프리미엄 수입을 올릴 수 있었다. 설령 일부 회사에 부도가 발생하더라도 그로 인한 손해는 전체 수익에 비하면 미미한 것으로 평가되었다.

CDS의 인기가 높아지자 새로운 유형의 투자자들도 가세했다. 상품이 처음 출시되었을 무렵에는 회사채와 같은 채권을 직접 보유하고 있는 자들이 주 이용 고객이었다. 대상 기업의 부도 위험을 CDS를 통해 관리하려는 의도였다. 하지만 이후로는 채권을 직접 보유하고 있지 않은 투자자들도 CDS 거래에 뛰어들었다. CDS는 장외거래 방식으로 자유롭게 체결될 수 있었으므로 거래상의 제약 요인은 없었다. 이러한 투자자들은 채권 보유 여부와 관계없이 특정 기업이 부도 상태에 빠지기만 하면 일정한 보상금을 지급받을 수 있었다. 위험관리보다는 투기 목적으로 CDS를 활용한 것이었다. 나아가서는 도덕적으로 비난을 받을 만한 일들도 발생하곤 했다. CDS 거래에 따른 보상을 얻고자 일부 투자자들은 재정난에 빠진 회사를 일부러 파산으로 내모는 경우도 있었다.

─────── 신용부도스왑^{CDS}은 대형 금융회사 AIG를 어떻게 쓰러뜨렸나?

CDS는 당시 세계 최대 보험사였던 AIG에게도 더할 나위 없는 효자상품이었다. AIG는 보장매도자 지위에서 부도 위험을 인수해 주었다. 그 대가로 받는 CDS 프리미엄은 AIG의 새로운 수입원이 되었다. 주력 업종이던 보험상품보다 수익성이 월등히 뛰어났다. 하지만 실제로 부도가 발생하는 일이 드물자 AIG는 보장 대상이 되는 준거자산의 범위를 공격적으로 늘려 나갔다. 이 가운데는 장래 재앙의 불씨가 된 부채담보부증권^{CDO}의 부도 위험에 관한 것도 포함되어 있었다.

CDO은 대출이나 회사채, 주택저당증권^{MBS}과 같이 일정한 지급의무가 포함된 자산을 토대로 새로이 발행된 증권이다. CDO라는 증권이 독립적으로 발행되긴 하지만 CDO 역시 이를 구성하고 있는 여러 자산이 집합된 형태라 할 수 있다. 따라서 CDO 투자자들은 이를 구성하는 기초자산을 통해 투자금을 회수하게 되며 기초자산이 부실화되면 투자금을 잃을 위험에 처하게 된다.

CDO 발행은 시기적으로 2000년대 초반 미국 부동산 시장의 활황과 함께 크게 늘어났다. 주택담보대출 취급이 급증하자, 투자은행들은 시장에서 MBS를 사들인 다음 이를 CDO 형태로 재발행해 투자자들에게 판매하고 있었다.

투자자들은 혹시나 모를 CDO의 부도 위험에 대비하기 위해 당시 유행하던 CDS 상품을 활용했다. 만에 하나 CDO를 구성하는 기초자산에 부실이 발생해도 CDS를 통해 투자금을 회복할 수 있었기 때문이다. 그렇다면 이로 인한 최대 수혜자는 누구였을까? CDS 시장에서 가장 큰 이익을 올린 회사를 꼽는다면 두말할 나위 없이 AIG였다. CDS의 주요 판매자 역할을 자처했던 AIG는 CDS에 대한 수요가 느는 것과 비례해 막대한 프리미엄 수익을 올릴 수 있었다.

하지만 2007년을 기점으로 주택시장의 상황은 반전되었다. 주지하다시피 서브프라임 대출의 부실 문제가 수면 위로 떠오르면서 주택담보대출 연체가 급증하기 시작했다. 기초자산인 주택담보대출의 부실은 곧 CDO 투자자들의 손실을 뜻하는 것이기도 했다. 하지만 CDO의 부도 위험에 대비해 CDS를 매입한 투자자들은 그 위험을 AIG와 같은 회사에 전가할 수 있었다. 결국 서브프라임 사태에서 비롯된 위험의 상당 부분은 AIG를 비롯한 CDS 판매자들이 떠안아야 했다.

CDS 상품은 사실 AIG 외에도 여러 금융회사가 취급하고 있었다. 이때 대부분의 회사들은 위험관리를 위해 보장매입자 지

위와 보장매도자 지위를 적절히 섞어서 운영하고 있었다. 하지만 AIG만은 예외였다. 이들은 보다 많은 프리미엄 수입을 얻고자 오로지 보장매도자 지위에 있는 계약만을 체결했다. 일방향 베팅이었던 셈이다. 사실상 전 세계의 투자자들이 AIG를 통해 부도 위험을 보장받는다고 해도 과언이 아닐 정도였다. AIG가 위기상황에 더 취약할 수밖에 없었던 이유다.

당시 AIG가 체결한 CDS의 총 거래 규모는 약 5,000억 달러 수준이었는데, 그중 CDO의 부도 위험에 관련된 것만 780억 달러에 달했다. 이로부터 야기된 대규모 부채는 AIG가 자력으로 감당하기 버거운 수준이었다. 순자산의 50배가 넘는 돈을 갚아야 할 처지였다. AIG의 상환능력에 대한 의구심이 확산되자 주가도 곤두박질쳤다. 하지만 이대로 AIG가 파산한다면 그 파급효과는 더더욱 감당하기 어려웠다. CDS 매입자에 대한 보상은 고사하고 AIG와 보험계약을 맺은 선량한 고객들마저 피해를 볼 수 있었다. AIG의 파산으로 연쇄적인 지급불능 사태가 발생하면 그 위기는 금융시장 전체로도 번질 수 있는 상황이었다. 그러자 미국 정부도 특단의 조치를 내릴 수밖에 없었다. 민간기업 대상으로는 사상 최대 규모인 총 1,700억 달러 규모의 구제금융을 두입해 위기의 확산을 차단했다. 금융회사의 과도한 욕심과 위험관리 실패가 불러온 값비싼 대가였다.

파생상품에 대해 일각에서는 '금융의 대량살상무기' 혹은 '시한 폭탄'이라는 표현까지 써가며 그 잠재된 위험성을 경고하기도 한다. 이러한 경고는 서브프라임 사태에서 CDS라는 파생상품을 통해 현실이 되어 나타나기도 했다. 물론 CDS가 등장했을 당시부터 이러한 결과를 예상했던 사람은 없었을 것이다. 하지만 AIG의 위기 사례는 CDS라는 파생상품 역시 어떻게 활용되는지에 따라 혜택을 안겨줄 수도, 독이 되어 나타날 수도 있다는 점을 보여준다.

06 · 상장지수펀드(ETF)

투자의 혁명을 불러온
돌연변이 금융상품

───── **워런 버핏과 헤지펀드의**
100만 달러짜리 내기

오마하의 현인이자 위대한 투자자로 칭송 받는 워런 버핏은 헤지펀드의 행보를 못마땅하게 여긴 대표적 인물이다. 헤지펀드의 비싼 수수료에도 불구하고 투자자들에게 그보다 못한 수익을 돌려준다고 보았기 때문이다. 헤지펀드는 통상 '2-20'이라는 원칙에 따라, 매년 2%의 비용과 초과수익의 20%를 수수료로 떼어간다. 이에 대해 워런 버핏은 고율의 수수료는 투자자들에게 돌려줘야 할 이익으로 헤지펀드 업계의 배를 불리고 있는 것과 같다며 강하게 질책했다. 그러던 중 2006년,

자신이 회장으로 있던 버크서 헤서웨이의 연례 주주총회를 통해 헤지펀드 업계에 과감한 도전장을 내밀었다. 향후 10년간 누가 더 많은 수익을 올릴 것인지를 두고 100만 달러짜리 내기를 제안한 것이다.

그 누구도 선뜻 나서기를 꺼리고 있을 때 프로테제 파트너스 Protégé Partners라는 헤지펀드 운영사가 버핏의 제안을 수락했다. 버핏의 지적을 겸허히 받아들이면서도 헤지펀드가 갖는 우월성을 증명해 보고자 했다. 이 회사는 2007년 35억 달러 규모의 헤지펀드를 운용하며 95%의 수익률을 기록할 만큼 압도적인 성과를 거두고 있었다. 이렇게 성사된 대결은 2008년 1월 1일부터 10년간 진행되었다.

내기에서 이기기 위한 프로테제의 전략은 헤지펀드의 운영 원리를 그대로 고수하는 것이었다. 레버리지, 롱숏, 공매도 등 공격적인 투자성향으로 대표되는 헤지펀드들을 여럿 동원했다. 또한 재간접펀드(펀드가 가입하는 펀드라는 의미로 운용자금을 주식이나 채권에 직접 투자하는 것이 아니라 펀드에 간접 투자하는 형태를 말한다) 방식의 투자금 운용을 통해 위험을 분산하고 수익률이 상호 보완될 수 있도록 했다. 이를 통해 프로테제 A부터 프로테제 E로 명명된 5개의 헤지펀드를 운영하면서 실제로는 100개 이상의 헤지펀드에 분산투자했다. 한 펀드에서 손실이 발생해도 다른 펀드를 통해 이를 만회하기 위한 것이었다.

이에 맞서는 버핏의 전략은 단순함을 넘어 어찌 보면 다소 무모해 보였다. 뱅가드가 운영하는 뱅가드500인덱스펀드 Vanguard 500 Index Fund 상품을 사두는 것 외에는 아무것도 하지 않는 것이었다. 이 펀드는 S&P 지수를 구성하는 500개 종목을 모두 사둔 다음 이들 주식의 전체 성과에 따라 수익이 정해지는 상품이었다. 투자를 위해 별도의 수고를 들일 필요가 없는 만큼 수수료는 훨씬 저렴했다. 헤지펀드와 비교하면 거의 공짜 수준에 불과한 연 0.04%의 수수료가 전부였다. 이들 간의 내기는 투자 전문가와 초보 투자자 간 대결이라 해도 무리가 없어 보였다. 흥미로워 보이는 이 대결의 승자가 된 것은 과연 누구였을까?

내기 초반의 성과는 헤지펀드의 체면을 치르는 데 부족함이 없는 수준이었다. 내기 첫해인 2008년에는 글로벌 금융위기의 여파로 두 투자자 모두 손실을 보았다. 하지만 헤지펀드는 약세장 속에서도 하락폭을 최소화하며 비교적 선방하는 모습을 보여주었다. 이에 반해 버핏의 투자상품은 37%의 손실을 기록하며 시장 전체의 위험을 고스란히 반영했다. 내기 3~4년 차까지도 상황은 크게 달라지지 않았다. 그렇지만 내기 5년 차에 접어들면서 양상이 날라지기 시작했다. 금융위기의 잔재가 사그라들면서 버핏의 상품도 수익을 내기 시작했다. S&P500 지수에 포함된 대부분의 주식이 상승하자 그 결과는 자연스레 투자

성과로 이어졌다. 내기 마지막 해인 10년 차의 결과는 모두의 예상 밖이었다. 5개의 헤지펀드를 운영한 프로테제의 평균 수익률은 36.3%였다. 이에 반해 버핏이 지난 10년간 거둔 수익률은 이를 훌쩍 뛰어넘는 125.8%였다. '아무것도 하지 않음'을 전략으로 했던 버핏의 압승이었다. 결국 버핏은 내기에서 이겼고 상금은 그가 후원해 오던 자선단체에 프로테제 파트너스의 이름으로 기증되었다.

———— **ETF의 모태,**
인덱스 펀드

펀드는 투자자들로부터 모은 돈을 펀드매니저가 운영하고 그 수익을 나눠 갖는 집합적 형태의 투자상품이다. 펀드매니저들은 자신의 성적표와도 같은 수익률을 높이기 위해 다양한 노력을 기울인다. 유망한 투자대상을 발굴하는 것은 물론 경제 상황이나 투자대상인 기업과 관련된 정보들을 예의 주시하며 펀드 운영에 반영한다. 투자자들은 전문 인력과 광범위한 정보를 갖고 있는 투자회사가 자신들을 대신해 훌륭한 성과를 올려 줄 것으로 기대한다. 이 같은 기대하에 높은 수수료를 지급하는 것도 마다하지 않는다.

세계적인 자산운용회사 뱅가드의 설립자인 존 보글^{John Bogle}

은 위와는 전혀 다른 새로운 유형의 펀드투자 전략을 대중화한 인물이다. 그는 펀드매니저들이 들이는 노력에도 불구하고 주식시장 전체의 성과보다 뛰어난 결과를 내는 일은 극히 드물다고 보았다. 따라서 개별 종목보다는 시장 전체의 성과를 추종하도록 펀드를 운용하는 것이 훨씬 합리적일 것으로 생각했다. 기존 펀드들이 유망한 종목을 찾아내기 위한 액티브한 전략을 구사했다면 그의 펀드는 수동적인, 패시브 전략을 구사한 것이다.

보글은 실증 결과를 통해서 자신의 생각에 확신을 가질 수 있었다. 그의 조사에 따르면 이전 30년 기간 동안 주식형 펀드가 거둔 연평균 수익률은 9.7% 수준이었다. 주식시장 전체를 대표하는 S&P 지수의 수익률은 그보다 높은 11.3% 수준이었다. 언뜻 보기에 1.6%의 수익률 차이는 크지 않은 것으로 보일 수 있다. 하지만 해당 기간 동안 10만 달러를 투자한 사람의 누적 성과를 감안하면 그 차이는 확연했다. 30년 후 펀드 투자자가 155만 달러를 손에 쥘 때, S&P 지수 투자자는 248만 달러를 얻을 수 있었기 때문이다.

보글의 확신을 토대로 뱅가드는 1976년 세계 최초의 인덱스 펀드 상품인 '뱅가드500인덱스펀드Vanguard 500 Index Fund'를 출시했다. 주식시장 전체의 지수Index에 따라 성과가 결정된다는 의미에서 붙여진 이름이었다. 펀드 수수료는 0.3%로 기존 액티브 펀드들의 1/10 수준에 불과했다. 하지만 출시 당시 시장의 반응은 그리 우호적이지 않았다. 저렴한 수수료 탓에 투자회사에는 그다지 돈이 되지 않는 상품으로 비춰졌던 탓이다. 이는 투자금 모집 결과에서도 그대로 드러났다. S&P 지수를 그대로 복제하기 위해서는 1억 달러 이상의 자금이 필요했지만 뱅가드의 펀드는 1,132만 달러의 자금을 모으는 데 그쳤다. 하지만 부족한 자금에도 불구하고 보글은 예정대로 상품을 출시했다. 대표 종목 200개를 가중치에 따라 우선 매수하고 지수의 움직임을 추종할 수 있도록 80여 개 기업을 추가하는 방식으로 최초의 인덱스 펀드를 탄생시켰다.

인덱스 펀드는 액티브 펀드에 대비되는 개념으로 패시브한 투자전략에 따라 운용되는 펀드를 말한다. **유망 종목을 선별해 투자하는 것이 아니라 단순히 주가지수 전체의 상승과 하락에 따른 결과를 추종하는 펀드다**(추종하는 지수는 S&P500 지수 외에도 대표적인 주가지수로 활용되는 영국의 FTSE100 지수, 우리나라의 KOSPI200 지수 등이 활용될 수 있다). 언뜻 게으른 투자전략으로 보일 수도 있지만 운영 성과는 놀라운 수준이다. 최근 10년 동안 S&P500 지수의 성과를 능가하는 헤지펀드가 채 30%도 되지 않는다는 점을 감안하면 그 어떤 투자수단보다 안정적인 운영 성과를 자랑한다. 그 비결 중 하나는 장기적으로는 누구도 시장을 이기기 어렵다는 불변의 투자 철학에 기인한다. 하지만 이것만으로 인덱스 펀드의 빼어난 투자 성과를 설명하기는 부족하다. 인덱스 펀드의 저렴한 수수료가 아니었다면 이익의 상당 부분은 투자회사의 차지가 되고 말았을 것이기 때문이다.

———— **스파이더스,
돌연변이가 되어 나타난 상장지수펀드**ETF

인덱스 펀드는 지수 투자라는 방식을 통해 투자 세계에 일대 변혁을 불러온 것으로 평가받고 있다. 하지만 이후 인덱스 펀드를 모태로 더 큰 파급력을 몰고온 변종 금융상품이 생겨났다. 상장지수펀드로 불리는 ETF^{Exchange Traded Fund}가 그 주인공이다. ETF 탄생의 산파 역할을 맡은 사람은 당시 아메리카증권거래소^{American Stock Exchange, AMEX}(이 회사는 2008년 뉴욕증권거래소에 인수되었다)의 네이선 모스트라는 인물이었다. AMEX는 1970년대 미국 내 2위 규모의 거래소였지만, 1980년대 들어 뉴욕증권거래소^{NYSE}와 나스닥^{NASDAQ}에 밀려 고전을 면치 못하고 있었다. AMEX의 부흥을 위해 고심하던 네이선은 인덱스 상품을 활용한 새로운 복안 하나를 떠올렸다. 그 계기가 된 것은 태평양 연안 국가들을 여행하는 동안 목격했던 창고증권이었다.

현지의 성인들은 열대 과일이나 야자유와 같은 상품들을 사고팔 때 실물을 주고받는 번거로움을 감수하지 않았다. 대신에 물품을 보관하는 창고업자로부터 증권을 발행받고 이를 건네

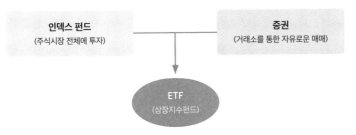

주는 것으로 거래를 마무리했다. 창고증권은 하나의 거래수단에 불과했지만 그 안에는 다양한 상품에 대한 권리가 포함되어 있었다. 이를 토대로 창고증권을 주고받음으로써 그 안에 포함된 상품 전체를 자유롭게 거래할 수 있었던 것이다.

존 보글의 인덱스 펀드에도 이와 비슷한 원리가 일부 반영되어 있다. 인덱스 펀드라는 수단을 통해 다양한 주식들을 한꺼번에 담을 수 있었기 때문이다. 그렇지만 인덱스 펀드에는 창고증권과 같은 자유로운 거래기능이 결여되어 있었다. 인덱스 펀드는 투자자와 자산운용회사 사이에서만 매매와 청산이 이루어질 뿐 증권처럼 자유롭게 사고파는 것은 불가능했다. 네이선의 복안은 인덱스 펀드에 위와 같은 창고증권의 기능을 결합시켜 거래소에서 자유롭게 거래되도록 한다는 것이었다. 다름 아닌 상장지수펀드였다. **상장지수펀드**ETF**란 이처럼 거래소**Exchange**에 상장되어 자유롭게 거래**Traded**되는 인덱스 펀드**의 대표적인 특징을 나타내고 있는 용어다.

이후 네이선은 상장지수펀드를 운영할 사업 파트너를 찾아 나섰는데 그 행운은 스테이트 스트리트State Street라는 투자회사에 돌아갔다. 각각의 역할은 스테이트 스트리트가 상장지수펀드를 운영하고 AMEX는 이에 대한 거래소 기능을 제공하는 것이었다. 펀드의 이름을 짓는 일은 또 다른 고민거리였다. 이들

⊙ 운영 규모별 주요 글로벌 ETF 상품(기준일: 2024. 9. 23.)

티커	상품명	운용사	보수 (연)	운영 규모 (달러)	수익률	
					1년	5년 (누적)
SPY	SPDR S&P500 ETF Trust	스테이트 스트리트	0.09%	5,689억	31.3%	105.2%
IVV	IShare Core S&P500 ETF	블랙록	0.03%	5,294억	31.4%	105.7%
VOO	Vanguard 500 Index Fund	뱅가드	0.03%	5,280억	31.4%	105.6%
QQQ	Invesco QQQ Trust	인베스코	0.20%	2,904억	33.6%	159.1%
VEA	Vanguard FTSE Developed Market ETF	뱅가드	0.06%	1,425억	18.8%	46.5%
VUG	Vanguard Growth ETF	뱅가드	0.04%	1,417억	37.4%	133.3%
VTV	Vanguard Value ETF	뱅가드	0.04%	1,300억	24.7%	75.6%
IEFA	IShares Core MSCI EAFE ETF	블랙록	0.07%	1,253억	19.4%	45.4%

출처 | ETF.com

은 고심 끝에 새 펀드의 이름을 S&P500 종목에 대한 보관증서를 의미하는 '스탠다드 앤 푸어스 디포지토리 리시트Standard & Poor's Depository Receipts, SPDRs'로 명명했다. 시장에서 이 상품은 곧 '스파이더스'라는 약칭으로 불렸다. 스파이더스는 1993년 1월 29일 거래소에 정식으로 상장되었는데 첫날 100만 주 이상이 거래될 만큼 주목을 끌었다. 현재 운용자산 약 5,000억 달러(약 670조) 규모로 세계 최대의 ETF로 거래되고 있는 스파이더스SPDR S&P500 ETF Trust의 시작이었다.

———— ETF 시장의 성장과 진화

첫 ETF 상품은 비교적 성공리에 출시되었지만 이후의 성장 과정은 더딘 편이었다. 1990년대 말까지 미국 주식시장에 상장된 ETF는 총 36개에 불과했다. 인덱스 펀드의 선구자인 뱅가드조차 2001년이 되어서야 비로소 ETF 상품을 선보였다. 하지만 2000년대 IT 버블 사태나 글로벌 금융위기를 계기로 ETF 시장은 양적으로 가파르게 성장해 갔다. 그와 함께 투자자들의 다양한 요구에 부응할 수 있도록 ETF 투자방식이나 투자대상도 점차 다변화되었다.

초창기 ETF 상품은 주가지수를 구성하는 주식 전체를 보유하고 이를 통해 시장 전체의 성과를 추종하는 방식으로 운영되고 있었다. 그렇지만 1998년 들어 새로운 유형의 ETF 상품이 첫선을 보였다. 이른바 '섹터형 ETF' 상품이다. 이는 전체 주식시장 중에서도 에너지나 금융, IT 업종과 같이 특정 산업 분야의 성과를 기초로 수익이 정해지는 상품이다. 패션이 유행을 타는 것처럼 투자 세계에서도 시기별로 인기를 끄는 산업이 있기 마련이다. 섹터형 ETF는 이러한 기회를 포착해 주식시장 전체의 성과보다 더 높은 수익을 추구할 목적으로 출시된 것이었다.

2002년에 들어서는 주식 외에 채권을 투자대상으로 하는 '본드형 ETF'도 나타났다. 이는 미국 재무부 채권이나 주택저당채권을 기초로 하는 채권지수의 성과를 추종하도록 설계된 것이었다. 이후 본드형 ETF의 투자대상은 회사채나 해외채권, 하이일드 채권(부실 위험은 있지만 고율의 이자를 지급하는 채권을 말한다) 등으로 확대되고 있다.

2004년에는 금을 대상으로 한 '상품형 ETF'도 출시되었다. 스테이트 스트리트가 선보인 ETF 'SPDR Gold Trust'가 그 효시다. 이는 고객의 투자금으로 세계 각국의 금괴를 실제로 구매한 다음, 금괴의 시세를 추종하도록 설계된 ETF 상품이다. 해당 ETF를 1주라도 구매하면 적은 돈으로도 금괴에 투자하는 것과 동일한 효과를 거둘 수 있다. 이와 같은 상품형 ETF는 금이나 은은 물론 원자재나 석유, 농산물 등을 투자대상으로

할 수도 있다.

2005년에 처음 도입된 '통화 ETF'는 달러나 유로와 같은 통화 가치의 변동을 추종하는 ETF 상품이다. 투자나 헤지 목적으로 외국 통화를 구매하려는 사람은 거래소를 통해 통화 ETF 상품을 거래하는 것만으로 이와 동일한 효과를 누릴 수 있게 된다. 현재 통화 ETF는 단일 통화의 가치변동을 추적하는 것 외에도, 여러 통화로 구성된 통화 바스켓 전체의 성과에 수익이 연동되는 구조로도 운용되고 있다.

ETF 시장의 진화는 단순히 투자대상이 다변화된 것에 그치지 않았다. 2000년대 후반에는 액티브 펀드와 패시브 펀드의 구분을 모호하게 하는 상품도 등장했다. 이른바 '액티브형 ETF'이다. ETF는 본래 인덱스 펀드와 마찬가지로 패시브한 투자전략을 기초로 탄생했다. 하지만 **액티브형 ETF는 기본적으로 지수 전체의 성과를 추종하되 투자금 중 일부는 펀드매니저의 재량에 따라 투자대상과 비중을 적극적으로 조정**한다. 시장 평균 이상의 수익을 얻기 위해서다. 이러한 성격이 잘 드러나는 유형이 또 있다. '테마형 ETF'이다. 테마형 ETF는 주식시장 내에서도 사회·경제적으로 이목을 끄는 분야에 높은 투자 비중을 유지한다. ESG나 기후변화, 인공지능, 블록체인과 같은 분야들이 대표적이다.

⊙ 투자대상별 주요 글로벌 ETF 상품(기준일: 2024. 9. 23.)

유형	상품명	운용사	보수 (연)	운영규모 (달러)	수익률	
					1년	5년 (누적)
본드 ETF	IShares Core U.S. Aggregate Bond ETF^{AGG}	블랙록	0.03%	1,210억	10.3%	2.41%
	Vanguard Total Bond Market ETF^{BND}	뱅가드	0.03%	1,187억	10.4%	2.70%
	IShares 20+ Year Treasury Bond ETF^{TLT}	블랙록	0.15%	623억	10.4%	(-)20.3%
상품 ETF	SPDR Gold Trust^{GLD}	스테이트 스트리트	0.40%	724억	35.0%	68.2%
	IShared Gold Trust^{IAU}	블랙록	0.25%	306억	35.2%	69.5%
	IShares Silver Trust^{SLV}	블랙록	0.50%	142억	33.1%	71.1%
통화 ETF	Grayscale Bitcoin Trust ETF^{GBTC}	그레이스케일	1.50%	133억	188.8%	–
	ProShares Bitcoin Strategy ETF^{BITO}	프로셰어즈	0.95%	19.1억	113.9%	–
	Invesco CurrencyShares Japanese Yen Trust^{FXY}	인베스코	0.40%	4.4억	2.39%	(-)26.5%
	Invesco US Dollar Index Bullish Fund^{UUP}	인베스코	0.77%	3.3억	1.69%	14.9%

출처 | ETF.com

——— 투자 세계의 혁명을 불러온 ETF, 그 고유의 특성은 무엇일까?

17세기 네덜란드와 영국에서 거래소가 생겨난 이래 사람들이 투자에 참여하는 방식은 실상 대단히 제한적이었다. 개인 차원에서 개별 주식 종목을 사고파는 것이 전형적인 투자자의 모습이었다. 19세기 들어 집합적 투자 형태의 펀드가 생겨나고 이를 기초로 사모펀드나 헤지펀드가 나타나면서 투자방식은 일대 전환점을 맞았다. 개인 차원을 넘어 공동으로 모은 거액의 투자금을 전문가의 도움을 받아 운용할 수 있게 된 것이다. 채권이나 상품, 통화와 같이 혼자서는 접근하기 어려운 대상에 대해서도 수월하게 투자할 수 있었다.

하지만 위와 같은 펀드가 갖는 한계점도 있다. 운용성과와는 상관없이 투자회사들은 매년 고율의 수수료를 떼어간다. 심한 경우에는 펀드가 고객의 이익을 위한 것인지, 투자회사의 수익을 위한 것인지 분간하기 어려울 정도다. 또한 펀드 투자는 이를 판매하는 회사와 고객 간 거래를 통해 이루어지는 만큼, 청산을 거쳐 투자금을 돌려받기까지 수일이 소요된다. 이 때문에 환금성에 제약이 있으며 투자대상에 대한 손익을 즉각적으로 반영하기 어렵다. 높은 수준의 운영 투명성이 확보되지 못하는 점은 또 다른 문제다. 펀드는 투자의 세부 내역을 일 단위가 아닌 주기적으로 발간하는 운용보고서를 통해 공개한다. 투자자 입장에서는 펀드 운영 현황을 속속들이 알기 어렵다. 펀드 사기와 같은 사례를 봐도 운용보고서의 내용과 실제 투자 현황이 완전히 딴판인 경우도 존재한다.

ETF는 펀드의 장점을 그대로 보유하면서도 위와 같은 문제점을 훌륭히 보완해 줄 수 있는 투자수단이다. 개인 투자자들은 ETF를 통해 주식부터 통화에 이르기까지 시장에서 거래되는 모든 종목에 투자할 수 있다. 뿐만 아니라 섹터형 ETF, 테마형 ETF 등을 통해서는 최근 유행하는 투자 트렌드를 어렵지 않게 좇을 수 있다. 이와 같은 ETF 고유의 특징이나 장점을 꼽는다면 다음과 같은 점들을 들 수 있다.

첫째, ETF는 1주 단위의 구매를 통해 투자의 진입장벽을 대폭 낮춘 것이 그 특징이다. 예컨대 KOSPI200 지수를 추종하는 국내 대표 ETF 상품인 'KODEX200'은 1주의 거래가격이 3만 5,000원 수준이다(2024년 9월 기준). 하지만 이 금액의 1주만으로도 KOSPI200 종목 전체를 포트폴리오에 담은 것과 동일한 효과를 낼 수 있다.

둘째, ETF는 일반 펀드에 비해 수수료가 훨씬 저렴하다. 패시브 전략을 기초로 하는 국내외 주요 ETF 상품의 수수료는 0.1% 내외 수준이다. 이는 투자회사의 이익을 투자자들에게 돌려주는 것으로도 볼 수 있는데, 수익률의 복리효과를 감안하면 최종 투자성과에 미치는 영향은 막대하다.

셋째, 인덱스 펀드를 기초로 하는 특성상 시장 성과의 추종을 통해 일반 펀드보다 안정적인 투자수익을 올릴 수 있다.

넷째, ETF는 개별 주식과 마찬가지로 증권시장을 통해 실시간으로 자유롭게 거래할 수 있다. 이 때문에 펀드에 비해 환금성이 높으며 거래 손익을 즉각 반영할 수 있다. 또한 ETF에 담긴 개별 종목들을 투자자가 직접 확인할 수 있다는 점에서 투명성 역시 높다.

이처럼 투자의 진입장벽을 낮추고 투자자에게 더 많은 이익을 돌려줄 수 있었던 것은 ETF가 있었기에 가능한 일이었다. 2000년대 이후 ETF가 다양한 모습으로 변화를 거듭해 온 것은 또 다른 혁신의 연속이었다. ETF의 탄생과 변화 과정을 두고 투자 세계의 혁명으로 평가하는 것은 이러한 이유 때문일 것이다.

——— ETF는 과연 투자의 정답이 될 수 있을까?

지금까지 ETF의 변화 과정을 통해 살펴보았듯, 현재의 많은 ETF는 단순한 지수 추종 방식이던 초창기 ETF와는 사뭇 다른 모습을 보이고 있다. 액티브 전략하에 유망 산업 분야나 테마 등을 적극 발굴하고 그에 따라 투자 비중을 조절한다. 최근에는 초과수익을 목적으로 ETF에 파생상품을 결합한 레버리지형 ETF나 인버스형 ETF 상품도 활발히 거래되고 있다. 그렇다면 이와 같은 ETF 상품에 투자할 때 추가로 고려해야 할 사항은 어떤 것이 있을까?

먼저 투자상품의 속성상 따를 수밖에 없는 원금 손실 위험이다. ETF는 주식시장 전체의 움직임을 추종해 안정적인 수익을 얻는 것을 목적으로 한다. 하지만 이것이 ETF 상품으로 원금을 잃을 가능성이 전혀 없다는 것을 뜻하지는 않는다. 지수 전체의 움직임에 따라 ETF 역시 이익은 물론 손실이 발생할 수도 있다. 가령 S&P500 지수가 2% 상승하면 이를 기초로 한 ETF 역시 2%의 수익을 내겠지만 지수가 1% 하락하면 ETF 상품에서도 그만큼의 손실이 발생하게 된다.

액티브한 운영 전략에 따른 추가 손실 위험도 있다. 초과수익을 내기 위한 ETF의 운영 방식이 때에 따라서는 평균 이상의 손실을 가져다 주기도 한다. 메타버스나 AI처럼 시기별로 투자자들의 관심이 집중된 분야에는 ETF 투자금이 몰리기 마련이다. 하지만 이후 유행이 차갑게 식어 버리면 해당 ETF 상품의 손실은 더 클 수밖에 없다. 가령 국내 ETF 시장의 경우 2023년 투자자들의 최고 관심사 중 하나였던 2차전지 분야는 2024년 가장 저조한 실적을 보이는 테마 중 하나다.

특히나 레버리지형 ETF는 상품 특성상 감수해야 할 위험의 범위가 훨씬 크다. 이는 ETF에 파생상품을 결합해 주가지수 성과의 2~3배에 달하는 수익을 올리도록 설계된 상품이다. 소액의 증거금으로 주가지수를 기초자산으로 하는 선물future을 추가 매입함으로써 이익을 극대화하고자 한다. 따라서 주가지수가 2% 상승할 때 레버리지형 ETF는 그 두 배인 4%의 이익을 얻을 수 있다. 하지만 그 반대의 경우에는 손실 역시 두 배로 확대되는 결과가 발생한다.

인버스형 ETF는 손익 구조가 상이하다는 점에서 상품 특성과 본인의 투자성향에 대한 이해가 필수적이다. 인버스형 ETF에서는 일반 ETF와는 달리 주가지수의 움직임과는 반대로 손익이 결정되기 때문이다. 주가지수가 2% 상승하면 2%의 손실을 입고, 반대로 주가지수가 2% 하락하면 2%의 수익을 얻는 방식이다. 주가지수의 움직임을 추종한다기보다 주가지수 하락에 베팅하는 투자성 상품에 가깝다. 따라서 패시브 전략을 기초로 시장 전체 수준의 성과를 기대하는 투자자에게는 다소 부적합할 수 있다.

상장폐지 위험 역시 ETF 거래에 따를 수 있는 주요 위험 요소 중 하나다. ETF 투자 열기가 고조되면서 관련 신상품들이 우후죽순 쏟아지면 그에 따른 쏠림 현상도 나타나기 마련이다. 인기 ETF 상품은 나날이 규모가 커가는 데 반해 투자자들로부터 외면을 받는 ETF 상품도 존재한다. 이처럼 운용 규모도 작고 거래도 활발히 이루어지지 않는 ETF 상품은 상장폐지를 통해 거래소에서 퇴출되는 과정을 밟게 된다. 투자자 입장에서는 원치 않는 시기에 투자를 중단하거나 경우에 따라서는 손실이 확정되어 더 이상 회복이 어려울 수도 있다.

　대다수 투자자에게 ETF는 투자 세계의 지평을 확장해 준 유용한 수단임이 분명하다. 소액의 투자금으로 다양한 포트폴리오를 구성할 수 있으며 장기적으로는 그 어떤 유형의 투자자들보다 빼어난 성과를 거둘 수 있다. 그렇지만 ETF가 투자에 관한 모든 고민을 해결해 주는 유일한 모범답안이라고 할 수는 없다. ETF 역시 시장 상황에 따라 손실을 안겨 줄 수 있으며 적극적인 운영 전략이 때로는 더 큰 위험을 초래할 수도 있기 때문이다. 따라서 ETF에 투자할 때에도 어떤 유형의 상품을 선택할 것인지에 앞서 미리 준비해야 할 사항이 있다. 바로 본인 스스로가 똑똑하고 현명한 투자자로서의 자질을 갖추는 일이다.

애플, 테슬라가
내 노후에 미치는 영향은?

현대인의 새로운 고민,
은퇴

일정한 나이에 도달했을 때 직업에서 물러남을 의미하는 은퇴는 19세기까지만 하더라도 비교적 생소한 개념이었다. 당연히 은퇴 이후의 삶이나 경제적 보장에 관한 문제 역시 사람들의 관심 밖이었다. 로마 시대의 퇴역 군인이나 중세 성직자들을 상대로 국가나 교회가 일정한 연금을 지급했던 전례가 있긴 하지만 이는 극히 예외적인 일이었다. 지구상 대부분의 사람은 이러한 혜택과는 거리가 멀었다. 죽기 전 힘이 닿을 때까지 일을 하며 생계를 유지하는 것이 보통의 모습이었다. 나이가 들어 노동력을 상실하면 가족을 비롯한 공동체가 부양의무를 대신했다. 농경 시대에 대가족 제도가 보편적인 생활 방식으로 자리잡아 온 이유이기도 하다. 우리나라만 해도 적어도 1970~80년대까지는 이 같은 방법이 노후의 불안을 잠재워 주는 주요 수단이었다.

산업화와 개인주의가 자리잡은 오늘날, 노후의 삶을 이전과 동일한 방식으로 유지하기는 사실상 어렵다. 늘어난 평균 수명으로 인해 은퇴 후 많게는 30년 이상의 기간을 소득 없이 지내야 한다. 과거처럼 공동체의 부양에만 의존한다면 가족 구성원에게 큰 부담이 아닐 수 없다. 이 때문에 많은 사람은 미리 저축을 해두거나, 금융상품이나 부동산 투자에 높은 관심을 기울인다. 언제 닥칠지 모를 사고나 위험에 대비하기 위해 보험에 가입해 두기도 한다. 이렇듯 다양한 대비책들이 활용되고 있지만 그중에서도 연금은 안정적인 노후 생활을 위한 가장 요긴한 금융수단이다.

연금은 소득이 상실될 경우 일정 기간 혹은 사망 시까지 지급되는 돈으로 노후소득 보장을 위한 대표적인 제도 가운데 하나다. 노후 생활이나 남은 가족들을 보호하기 위한 것이라는 점에서 예전부터 활용된 생명보험과도 대단히 흡사하다. 하지만 연금은 보험사 외에도 국가나 기업, 은행과 같은 기관들에 의해서도 널리 제공되며 그 유형 역시 다양하다는 점에서 보험과는 차이가 난다.

1부 진화하는 금융시장

노후 생활을 위한 가장 기초적인 형태의 연금은 국가에 의해 제공되는 공적 연금이다. 1889년 독일에서 최초의 연금보험제도가 도입된 이래 복지국가 이념의 확산과 더불어 세계 각국으로 전파되었다. 이는 우리나라도 예외가 아니다. 1988년 시작된 국민연금제도는 전 국민을 대상으로 은퇴 후 사망 시까지 일정 수준의 연금액 지급을 보장한다. 하지만 이러한 혜택만으로 노후에 대한 걱정을 완전히 해소하기는 부족하다. 공적 연금은 대다수 국민의 최소한의 생활 안정을 목적으로 하기 때문이다. 현재 국민연금의 소득대체율(이전 평균 소득 대비 연금액의 비율)은 약 40% 수준인데, 이마저도 개인별 가입 기간 등을 고려한 실질 대체율을 따지면 더 낮은 수준이다. 따라서 보다 안락하고 여유로운 은퇴 생활을 위해서는 공적 연금 외에 또 다른 형태의 연금을 활용할 수밖에 없다. 바로 퇴직연금, 개인연금과 같은 사적 연금제도다.

——— 기업이 제공하는 노후의 의지처, 퇴직연금

미국의 노동시장은 세계 어느 곳보다 해고와 재취업이 자유로운 것으로 정평이 나 있다. 하지만 19세기 후반 미국의 기업문화는 지금의 분위기와는 사뭇 달랐다. 회사와 근로자 간에는 아직 온정주의 문화가 흐르고 있었다. 회사는 오랜 기간 자신의 재능을 헌신해 준 직원들을 위해 다양한 정책을 마련했는데, 그 가운데는 은퇴 후 생활 보장에 관한 것도 포함되어 있었다. 1875년 아메리칸 익스프레스American Express Company 가 도입했던 종업원 연금제도는 이러한 목적의 일환이었다. 이에 따르면, 회사를 위해 20년 이상 일한 근로자들은 은퇴 후에도 임금의 50%가량을 지급받을 수 있었다. 국가가 아닌 기업 차원에서 제공되는 연금제도의 혜택이었다.

이 같은 연금제도는 단순히 근로자의 이익만을 위한 것은 아니었다. 회사가 자신의 노후 문제까지 챙겨주자 근로자들 역시 일평생 한 회사만을 위해 헌신하는 경우가 적지 않았다. 어찌 보면 연금제도가 회사와 직원 간 상호 이익을 도모하는 훌륭한 매개체 역할을 했던 셈이다. 퇴직에 대비한 연금제도가 직원 복지를 위한 대표적인 수단으로 인식되자 이를 채택하는 회사들도 점점 늘어갔다. 1900년대 초반에는 제너럴 일렉트릭GE, 스탠다드 오일과 같은 당대 최고의 기업들도 종업원 연금제도를 도입하기에 이르렀다.

근로자들의 복지 문제는 노동조합의 주요 관심 항목이었나. 그때까지 연금제도가 도입되어 있지 않던 회사들 내에서는 이 문제가 특히 중요하게 부각되었다. 이러한 분위기를 타고 1940년대 이후, 종업원 연금제도 도입을 요구하는 노동조합 측의 목소리는 높아져만 갔다. 그 결과 1950년 무렵에는 미국 내 근로자의 25%가 연금의 혜택을 누릴 수 있었다. 1970년대에 들어 그 숫자는 전체 근로자의 절반가량으로 불어났다.

　이 시기 도입된 연금들은 오늘날 확정급여형^{Defined Benefit, DB}으로 불리는 퇴직연금에 해당하는 것이다. 퇴직 전 받던 임금액의 일정 수준을 퇴직 후 연금 형태로 계속해서 수령하는 형태다. 이는 오늘날까지도 대다수 기업에서 활용되고 있는데 은퇴자들에게는 공적 연금의 부족함을 메워주는 유용한 노후보장 수단으로 쓰이고 있다.

　확정급여형이란 용어는 은퇴 후 근로자가 받게 될 급여나 혜택^{benefit}이 이전 임금의 50%와 같이 사전에 확정^{defined}되어 있다는 의미에서 붙여진 이름이다. 현재 국내에서 운영 중인 DB형 퇴직연금을 예로 들면 통상 [퇴직 시 평균 임금 × 재직 연수]에 따라 산출된 금액이 확정급여액에 해당한다. 은퇴 후 받을 급여액이 사전에 정해져 있다는 점에서 이는 과거 주로 활용되던 퇴직금 제도와도 흡사하다. 하지만 퇴직금은 은퇴 후 일시금 형태로, 퇴직연금은 연금 형태로 나누어 수령한다는 점에서 지급방식상의 차이가 있다.

　DB형 퇴직연금 고유의 특징은 연금으로 지급할 돈을 전적으로 회사의 책임하에 적립·운영한다는 점이다. 회사는 퇴직연금 지급을 위해 일정한 돈을 따로 떼어 적립하고 이 돈을 주식이나 채권, 펀드 등에 투자해 불려 나간다. 이때 투자에 따른 위험도 회사가 부담해야 한다. 만에 하나 투자에서 손실이 나더라도 근로자에게 지급해야 할 퇴직연금 액수에는 변동이 없다. 따라서 근로자의 입장에서는 퇴직연금 운영에 직접 관여할 필요가 없으며, 은퇴 직전의 급여 수준이 높을수록 퇴직연금액도 늘어나는 효과를 볼 수 있다.

퇴직연금,
DB형에서 DC형으로

퇴직연금은 은퇴자들에게 더할 나위 없이 좋은 제도로 보였지만 실상 이 때문에 노후에 대한 기대가 산산조각나는 경우도 있었다. 1960~70년대 미국 경제가 위축되면서 파산하는 기업들이 늘어나게 되었다. 당시 심각한 재정 위기에 빠져 있던 기업에 직원 복지나 퇴직연금과 같은 문제는 사치스러운 고민에 불과했다. 직원의 은퇴에 대비해 퇴직연금을 미리 쌓아둔 기업들은 찾아보기 어려워졌다. 그로 인해 은퇴를 앞둔 근로자들의 미래는 막막할 수밖에 없었다.

이 같은 배경하에 1974년, 퇴직연금의 안정적인 지급을 목적으로 마련된 법률이 바로 종업원퇴직소득보장법Employee Retirement Income Security Act, ERISA이다. 이 법률을 통해 퇴직연금과 근로자들의 노후 생활 보장을 위한 다양한 장치들이 마련되었다. 기업들은 파산에 대비해 퇴직연금을 별도 기관에 보관하고 연금 운용 시에는 손실이 나지 않도록 주의를 기울여야 했다. 사전적인 대비책으로 퇴직연금과 관련된 정보를 투명하게 공개할 의무도 부과되었다. 하지만 여러 조치 중에서도 가장 특색 있는 점은 확정기여형^{Defined Contribution, DC}이라는 새로운 방식의 퇴직연금제도가 도입된 것이었다.

확정기여형이란 회사는 일정 수준의 '부담금^{defined contribution}'**만을 납부하고 근로자가 이 돈을 운용해 그에 따른 성과를 누리는 방식의 퇴직연금이다.** 이를 위해 회사는 매년 단위로 일정한 금액(통상 매년 임금 총액의 1/12)을 별도의 보관 기관을 통해 근로자에게 지급한다. 근로자는 이 돈을 자신의 투자판단에 따라 예금이나 주식·채권형 펀드 등 다양한 방식으로 운용할 수 있다.

DC형 퇴직연금이 DB형 퇴직연금과 가장 큰 차이를 보이는 점은, 퇴직연금 운영에 따른 위험을 근로자가 부담한다는 점이다. 이 때문에 DB형 퇴직연금과는 달리 DC형 퇴직연금에서는 투자 성과에 따라 근로자가 지급받게 될 퇴직연금액도 가변적이다. 다음 그림에서 보듯 DB형에서는 재직 연수를 기초로 근로자가 지급받게 될 퇴직연금액이 확정적으로 정해진다. 하지만 DC형에서는 운영 성과에 따라 퇴직연금액이 불어날 수도, 줄어들 수도 있다. 한편 이러한 운영 방식의 차이는 회사가 부담할 퇴직연금 액수에도 영향을 미친다. DC형의 경우 향후 임금상승과는 무관하게 매년 단위로 일정 금액을 납부하므로 DB형에 비해 회사의 재정 부담이 낮은 편이다. 아래 그림을 예로 들면 DB형 경우 회사 부담액은 1,500만 원인데 반해 DC형에서는 회사가 실제 부담한 금액이 1,400만 원(=260만+270만+280만+290만+300만)대인 것을 볼 수 있다.

◉ 퇴직연금 DB형과 DC형의 운영 방식

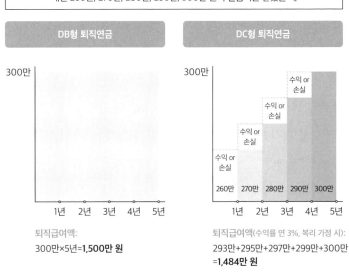

재직 연수 5년인 직원이
매년 260만, 270만, 280만, 290만, 300만 원의 월급여를 받았을 때

DB형 퇴직연금

DC형 퇴직연금

300만

300만

수익 or 손실

수익 or 손실

수익 or 손실

수익 or 손실

260만 270만 280만 290만 300만

1년 2년 3년 4년 5년

1년 2년 3년 4년 5년

퇴직급여액:
300만×5년=**1,500만 원**

퇴직급여액(수익률 연 3%, 복리 가정 시):
293만+295만+297만+299만+300만
=**1,484만 원**

백만장자가 되어
은퇴한 근로자들

DC형 퇴직연금의 도입은 이후 자본시장에도 엄청난 파급효과를 불러왔다. 고수익을 얻고자 하는 근로자들의 자금이 물밀듯이 유입되면서 자본시장은 유례없는 성상 국번을 맞았다. 퇴직연금으로 적립된 돈이 주식이나 채권 투자로 연결된 것은 물론 간접투자 방식의 펀드 투자금으로도 활용되면서 펀드 시장 역시 급성장했다.

한편 이렇게 유입된 자금은 수많은 기업에 훌륭한 자양분이 되어 주기도 했다. 이를 바탕으로 기업들은 성장을 거듭해 나갈 수 있었는데 그 혜택은 다시 퇴직연금 가입자들에게 돌아갔다. DC형 퇴직연금을 통해 꾸준히 주식시장에 투자한 결과 백만장자가 되어 은퇴한 사람들도 생겨났던 것이다. 미국 내 최대 퇴직연금 운용사인 피델리티는 2024년 3월 기준, 100만 달러 이상의 퇴직연금을 보유한 고객 수가 86만 명을 넘어섰다고 발표했다. 이런 점에서 보자면 DC형 퇴직연금은 근로자들의 복지뿐만 아니라, 주식시장의 꾸준한 성장세를 견인해 온 숨은 공신 가운데 하나이기도 했다.

DB형과 DC형 두 가지 형태의 퇴직연금 중 어느 것이 은퇴자의 노후를 위해 더 유리한지는 단정하기 어렵다. 퇴직 시점에 높은 수준의 연봉을 기대할 수 있는 사람이라면 여전히 DB

형에 가입하는 것이 유리할 것이다. 그에 반해 적극적인 투자를 통해 초과 수익을 얻고자 하는 사람에게는 DC형이 더 나은 제도일 수도 있다. 다만 최근의 경향을 보자면 DB형 퇴직연금을 운영하는 회사의 수는 점점 줄어드는 추세다. 고령화로 인해 은퇴자들에게 장기간 고액의 연금을 지급하는 것은 기업에도 큰 부담이 되기 때문이다. 일례로 DB형 연금제도를 운영하던 미국의 GM은 2000년대 중반 약 190억 달러의 연금 부족 사태를 겪으며 파산 위기에 놓이기도 했다. 이러한 사정은 국내에서도 별반 다르지 않아 근로자 본인이 퇴직연금 운영을 책임지는 DC형의 비중이 점차 늘어나고 있는 상황이다.

———— 여유로운 은퇴 생활을 위한 마지막 퍼즐, 개인연금

국가나 기업을 통해 제공되는 연금 외에 개인 차원에서도 노후 대비를 위한 연금에 가입할 수 있다. 금융회사에서 판매하는 개인연금 상품을 활용하는 것이다. 앞서 보았듯 공적 연금은 최소한의 생활 보장을 위한 것인 만큼 이것만으로는 은퇴에 대한 충분한 대비책이 되기 어렵다. 이에 더해 퇴직연금의 혜택까지 받을 수 있다면 비교적 안정적인 노후 생활이 가능하다. 하지만 이를 넘어 **보다 여유롭고 즐거운 은퇴 생활을 누리**

고자 한다면 반드시 필요한 것이 바로 개인연금이다.

개인연금은 금융회사별로 명칭이 조금씩 다르다. 국내에서는 개인연금을 취급하는 금융회사에 따라 각각 연금신탁(은행), 연금펀드(증권사), 연금보험(보험사) 형태로 구분하고 있다. 그렇지만 가입자들의 충분한 노후자금 마련을 목적으로 한다는 점에서는 같다. 개인연금에서는 만족할 만한 수준의 연금 확보를 위해 효과적인 자산운용과 위험관리가 필수적이다. 예금·채권과 같은 안전자산을 비롯해 주식이나 펀드 등 다양한 투자수단을 활용해 적정 수익률을 확보해야 한다.

개인연금의 운영 방식은 이를 취급하는 금융회사의 특성이나 기대수익 정도, 투자위험에 따라 일부 차이를 보인다. 가령 연금펀드 형태의 개인연금은 기대수익은 가장 높지만 그에 따른 위험도 크다. 이 유형에서는 자산운용사가 개인의 여유자금을 주식이나 채권, 펀드 등 다양한 상품군에 투자하고 그에 따른 실적을 배당한다. 그만큼 변동성이 크며 경우에 따라서는 원금 손실이 날 수도 있다.

은행을 통해 판매되는 연금신탁은 자산의 대부분을 예금이나 채권 등 안전자산 위주로 운영한다. 주식을 포함하더라도 그 비중은 대단히 낮은 편이다. 원금 손실 위험 없이 개인연금을 안정적으로 운영할 수 있지만 그에 따른 낮은 수익률은 어쩔 수 없는 한계다.

연금보험은 위 두 유형과는 달리 고객과 약정된 이자율 수준에 따라 연금을 지급하는 점이 특징이다. 고객들로부터 받은 여유자금을 보험사의 책임하에 운영한 다음, 고객의 납입 자금에 일정한 이자를 가산해 연금으로 지급한다. 설령 자금 운용 중 손실이 나더라도 고객과 합의된 최저의 이율 수준만큼은 수익이 보장된다. 이를 최저보증이율이라 하는데 2024년 기준으로 통상 1~2% 수준에서 정해지고 있다. 월등한 초과수익을 기대하긴 어렵지만 장기간에 걸쳐 노후 생활의 위험에 대비할 수 있다는 점에서 보험 고유의 기능이 발휘되는 연금상품이다.

이와 더불어 개인연금 유형은 아니지만 최근 각광 받는 노후 대비용 금융상품이 주택연금이다. 우리나라처럼 가계 자산의 대부분이 부동산으로 구성되어 있는 경우라면 보다 활용 가능성이 높은 상품이기도 하다. 주택연금은 연금이라는 명칭에도 불구하고 그 실질은 주택을 담보로 노후의 생활자금을 빌려 쓰는 대출 거래다. 새집을 사기 위해 돈을 빌리는 것이 모기지 거래라면, 주택연금은 현재 소유한 집을 담보로 미래의 생활자금을 빌린다는 점에서 역逆모기지 거래라고도 불린다.

주택연금은 주택을 담보로 사망 시까지 연금을 지급받는 것인 만큼 매달의 연금액은 주택가격과 가입자의 기대 여명에 따라 정해진다. 주택가격이 높으면 연금액이 늘어나고 주택가격이 낮으면 상대적으로 연금액도 줄어든다. 또한 주택연금에 가

1부 진화하는 금융시장

◉ 노후 생활 대비를 위한 3층 연금 구조

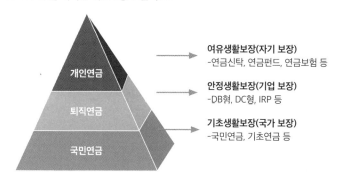

여유생활보장(자기 보장)
-연금신탁, 연금펀드, 연금보험 등

안정생활보장(기업 보장)
-DB형, DC형, IRP 등

기초생활보장(국가 보장)
-국민연금, 기초연금 등

개인연금

퇴직연금

국민연금

입한 시기가 이를수록 기대 여명이 늘어나 매달 지급받을 연금액은 감소한다. 주택연금 가입자는 해당 주택에 거주하면서 평생 동안 연금을 지급받는데 누적 연금액이 주택가격을 초과해도 별다른 불이익은 없다. 초과 지급된 연금은 손실로 처리되어 반환의무가 발생하지 않기 때문이다. 반대로 이른 나이에 사망해 누적 연금액보다 주택가격이 높으면 그 차액은 상속인들에게 지급된다. 자신의 노후 보장은 물론이고 자녀 세대의 부담까지 덜 수 있는 일석이조의 금융상품이다(현재 국내에서는 주택금융공사를 통해 공시가격 12억 원 이하, 가입자 연령 만 55세 이상의 요건하에 주택연금제도를 활용할 수 있다).

현대인의 새로운 고민으로 떠오른 은퇴. 하지만 국민연금, 퇴직연금, 개인연금 3중의 연금 체계가 확보된 사람에게는 은퇴가 새로운 시작을 위한 축복이 될 수도 있다. 다만 국가가 지급하는 공적 연금과는 달리 퇴직연금이나 개인연금은 자금을 어떻게 운용하느냐에 따라 미래의 투자 성과도 큰 차이를 보인다. 따라서 미래의 연금 포트폴리오를 구성하려는 사람이라면 반드시 잊지 말아야 할 것이 있다. 나의 연금 포트폴리오에 제2의 애플이나 테슬라와 같은 회사가 포함되어 있는지 확인하는 일 말이다.

보험과 펀드를 결합한
하이브리드 금융상품

―――― ## 아버지의 빈 자리를 대신해 준
생명보험

1989년 UCLA 대학 수석 졸업의 영예는 수잔이라는 여학생에게 돌아갔다. 그간 남학생이 대부분이던 수석 자리를 차지한 것도 이색적이었지만 유년 시절 아버지를 여의고서 이루어 낸 성과라 더욱 놀라웠다. 수잔은 기자들에 둘러싸여 인터뷰를 하던 중 아버지에 관한 질문이 나오자 다음과 같이 말했다.

"아버지는 제가 여섯 살 때 돌아가셨어요. 그래서 얼굴도 잘

기억나지 않지만, 지금껏 저를 키워주신 건 돌아가신 아버지였
어요. 아버지가 가입해 두셨던 보험금으로 생활비와 학비를 해
결할 수 있었거든요."

위 이야기는 생명보험의 혜택을 언급할 때 곧잘 소개되는 대
표적인 일화다. 수잔의 사례에서처럼 생명보험은 사망이라는
위험이 닥쳤을 때 유족들을 보호해 주는 더없이 훌륭한 수단이
다. 18세기 인간생명표와 확률론을 토대로 한 생명보험상품이
출시된 이래 그 효용과 혜택은 오늘날까지도 변함없이 유지되
고 있다.

하지만 어느 금융상품과 마찬가지로 생명보험도 시대적 여
건과 사람들의 필요에 따라 점점 다양한 모습으로 변화해 왔
다. 사망에 대한 위험 보장을 주목적으로 하던 것에서 벗어나
현대에 이르러서는 보다 광범위한 용도로 활용되고 있다. 본인
의 노후나 질병에 대비하는 것은 물론이고 투자나 인플레이션
위험의 관리 수단으로도 쓰이고 있다.

현대의 생명보험은 보험사고 유형이나 가입 목적에 따라 여
러 형태로 분류할 수 있는데 그에 따른 기능도 조금씩 다르다.
먼저 **생명보험은 보험금을 지급하는 원인**(보험계약에서는 이를 보험사고라
한다)**이 무엇인지에 따라 크게 사망보험과 생존보험으로 구분**된다. 사망
보험은 보험대상자의 '사망'이라는 사고가 발생했을 때 유가족

들에 대한 지원을 목적으로 활용되는 보험이다. 흔히 '종신보험'으로 불리는 상품이 이에 해당하는데, 종신보험에서는 사망이라는 보험사고가 발생해야 비로소 사망보험금과 같은 보상이 지급된다. 이에 반해 보험대상자의 '생존'이 보험금 지급의 조건이 되는 경우도 있다. 생존보험에서는 보험대상자가 생존한 기간 동안 보험금을 지급한다. 이는 살아 있는 동안의 경제적 불안정에 대비하기 위한 목적이 크다. 앞에서도 잠시 살펴보았던 '연금보험'은 대표적인 생존보험 상품이기도 하다.

보험에 가입하는 동기나 목적을 기준으로 한다면 보장성 보험과 저축성 보험으로 구분할 수 있다. 보장성 보험은 사망이나 부상, 질병 등 불의의 사고에 대비한 위험보장 기능에 중점을 둔 것이다. 보험 본래의 목적에 좀 더 가깝다고 할 수 있는데 위에서 든 종신보험은 사망보험이면서 그에 따른 위험에 대비하기 위한 보장성 보험이라 할 수 있다. 이에 반해 저축성 보험은 위험보장 기능도 일부 포함하지만 그보다는 저축이나 투자 개념에 가깝다. 주로 노후자금이나 교육, 결혼 등에 대비해 목돈을 마련할 목적으로 활용되는 보험이다. 이는 만기까지 납입한 보험료에 일정 수익을 더해 되돌려 주는 형태로 운영되는데 연금보험은 생존보험이면서 동시에 대표적인 저축성 보험상품이기도 하다.

보험금을 지급하는 방식에 따라서는 일시금 형태와 연금 형태로 나뉘기도 한다. 이는 보험금 전액을 일회성으로 지급하는지, 아니면 일정 기간 동안 분할된 형태로 지급하는지에 따른 구분이다. 보험사고 유형이나 가입 목적과는 다소 무관하다고 할 수 있지만 가입자의 필요에 따라 보다 적합한 방식을 선택할 수 있다.

보험상품 운영의 숨은 원리, 예정이율과 공시이율

보험에 가입한 사람들은 비교적 소액의 보험료 납부만으로 그 이상의 혜택을 얻어간다. 그렇다면 과연 보험제도는 어떠한 원리를 기초로 지속적으로 운영될 수 있는 것일까?

고객이 납부하는 보험료는 보험제도 운영을 위한 기초 재원이다. 보험사는 이를 토대로 자산을 운용해 회사를 경영하고 약속된 보험금을 지급한다. 이때 고객이 납부하는 개별 보험료는 기대 여명이나 보험 가입기간, 보장 규모 등 다양한 요인을 고려해 산출된다. 보험 전체적으로는 대수의 법칙이나 수지상등의 원칙에 따라 보험료로 얻는 수입과 고객들에게 지급되는 보험금 총액 간에 균형이 맞추어지도록 한다. 하지만 위와 같은 원리 외에도 보험제도의 지속적인 운영을 가능하게 하는 핵심 요소 중 하나는 바로 이자율이다. 보험가입자들에게 돌아갈 혜택 수준 역시 이러한 이자율에 따라 결정된다고 보아도 무방하다.

가령 고객 A가 사망에 대비해 생명보험사와 아래의 조건으로 종신보험을 체결한 경우를 가정해보자.

가입 나이: 만 40세 | 월 보험료: 80,000원
납입기간: 10년 | 사망 시 보험금: 2,000만 원

이 경우 고객이 납부한 보험료 금액만 따지면 총 960만 원(= 연 96만 원 × 10년)에 불과하다. 하지만 가입자가 사망하면 보험사는 계약에 따라 2,000만 원의 보험금을 지급해야 한다. 보험금 지급액만 놓고 보면 보험사가 밑지는 장사를 한 것이나 다름없다. 그럼에도 보험사가 위와 같은 혜택을 제공할 수 있는 것은 예정이율 때문이다(예정이율이란 보험사가 고객들로부터 받은 돈을 운용해 매년 낼 수 있을 것으로 예상하는 이익률을 말한다). 만약 보험사가 시장금리나 금융환경 등을 고려해 예정이율을 3%로 정했다고 해보자. 그러면 보험사는 고객이 납부한 보험료를 예정이율 3% 수준으로 고객 사망 시까지 장기간 운용하고 이를 통해 보험금 지급에 필요한 목돈을 마련하게 되는 것이다.

따라서 보험사가 고객의 보험료를 운용해 높은 수익을 올릴 것으로 예상되면(=예정이율이 높다면) 고객이 납부할 보험료는 그만큼 낮아진다. 반대로 보험사의 운용 수익이 낮을 것으로 예

상되면(=예정이율이 낮다면) 고객은 상대적으로 더 많은 보험료를 부담해야 한다.

　이러한 원리는 연금보험과 같은 저축성 상품에도 동일하게 적용된다. 연금보험에서는 고객이 납입한 보험료에 일정한 수익을 가산해 연금형태로 보험금을 지급한다. 이때 지급하는 보험금 역시 보험사가 정한 이자율인 공시이율을 토대로 구체적으로 산정된다(이처럼 고객에게 실제 보험금을 지급할 때 적용될 금리는 예정이율과 대비해 공시이율로 부른다). 마치 은행에 맡긴 예금을 돌려받을 때 예금금리가 적용되는 것과 흡사하다. 공시이율도 예정이율과 마찬가지로 시장금리 등의 영향을 받는데 이에 따라 고객이 받게 될 보험금에도 차이가 발생한다. 공시이율이 올라가면 고객의 연금액도 늘어나는 데 반해 공시이율이 하락하면 연금액도 줄어들게 된다.

──── **변액보험은
왜 생겨나게 되었나?**

　　하지만 위와 같은 보험금 지급 원리에도 맹점은 있다. 사망했을 때 빌기로 한 2,000만 원의 보험금은 보험 가입 시점이나 20~30년 후나 그 금액에 차이가 없다. 현 시점에서는 2,000만 원이 큰 금액으로 보일 수 있지만 20~30년 후에도 과연 그럴까? 향후의 물가상승을 감안한다면 보험금이 갖는 실질적인 가치는 현저히 낮아질 수밖에 없을 것이다. 20년 전 1억 원으로 아파트 한 채를 장만할 수 있었다면 지금은 그 몇 배에 달하는 자금이 필요한 것과 동일한 맥락이다. 결국 보험에 있어서도 미래의 인플레이션 위험에 대한 고려가 필요할 수밖에 없다.

이러한 고민이 보험상품 설계에 최초로 반영된 것은 1950년대 네덜란드에서였다. 1956년 바르다유 보험사는 제2차 세계대전 이후 극심한 물가상승과 보험금의 실질 가치 하락에 대비할 수 있는 이색적인 상품을 선보였다. 보험사의 자산 운용 실적에 따라 보험금 지급액이 변동되는 변액보험 상품이었다. 자산운용성과가 좋으면 그에 따라 고객들이 받을 보험금도 늘어난다는 점에서 출시 당시 상당한 주목을 끌었다. 하지만 그 후로 시장에 성공적으로 안착하지는 못했다. 고객들은 기존 상품에 비해 복잡한 구조를 띠고 있는 변액보험을 쉽게 받아들이기 어려워했다. 보다 결정적으로는 주식시장에 못 미치는 저조한 운용실적을 내면서 변액보험은 고객들의 관심에서 멀어져 갔다.

그렇지만 상품에 담긴 기발한 아이디어만큼은 주변국으로 널리 퍼져 나갔다. 이듬해 영국에서도 최초의 변액보험이 출시된 것을 비롯해 1970년대 이후로는 미국, 캐나다, 일본 등으로까지 변액보험이 전파되었다(우리나라에서 변액보험이 판매되기 시작한 것은 2000년대 초반 무렵이었다). 1980~90년대에 들어서는 변액보험이 시장에서도 큰 주목을 받기 시작했다.

변액보험에 대한 관심이 늘어난 원인 가운데 하나는 당시 금리 환경의 변화 때문이었다. 제2차 오일쇼크(1978~1980년)가 있고 난 후, 미국의 기준금리는 한때 20% 수준까지 치솟았다. 하지만 사태가 진정되면서 1980년대 중반 이후로는 장기간 저금리 기조가 유지되고 있었다. 이러한 상황은 보험가입자 입장에서는 그리 달가운 것이 아니었다. 보험상품에 적용되는 이자율이 낮아지면서 보험을 통해 얻을 수 있는 이익 역시 줄어들었기 때문이다. 연금보험 형태의 가입자라면 이는 매달 받을 연금액이 직접적으로 감소한다는 것을 의미했다. 따라서 고객들로서는 같은 보험이라도 더 많은 보험금을 수령할 수 있는 상품을 찾지 않을 수 없었다.

보험가입자들을 더욱 조바심 나게 한 것은 옆 동네 격인 주식시장의 상황이었다. 1980년대 중반 이후 미국 주식시장이 연평균 15%가량 상승하자 주식 투자자들은 쾌재를 불렀다. 하지만 보험가입자들에게는 주식시장의 활황이 그야말로 남의 잔치에 불과했다. 이들 역시 더 늦기 전에 주식시장에 참여할 수 있는 방안을 찾고자 했다.

그 결과 보험가입자들이 눈을 돌리게 된 상품이 바로 보험상품에 펀드 기능이 결합된 변액보험이었다. **변액보험은 보험료 중 일부는 위험보장과 같은 본래의 목적으로 쓰고 나머지는 펀드로 투자해**

◉ 보험과 펀드를 결합한 변액보험

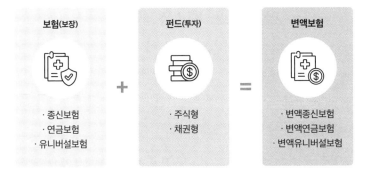

보험(보장)		펀드(투자)		변액보험
·종신보험 ·연금보험 ·유니버셜보험	+	·주식형 ·채권형	=	·변액종신보험 ·변액연금보험 ·변액유니버셜보험

실적에 따라 보험금액이 변동되는 상품이다. 1990년대 무렵에는 미국의 보험상품 판매액 중 약 40%가 변액보험일 만큼 사람들의 관심을 한 몸에 받았다. 이로써 보험상품이면서 동시에 투자수요도 만족시켜 주는 하이브리드형 금융상품이 널리 자리잡게 되었다.

한편 이 시기 보험사들은 고객들의 이탈을 막기 위해 일반보험상품에 새로운 기능을 결합시키기도 했다. 보험을 해지하고 주식시장으로 옮겨가는 고객들이 늘어나자, 굳이 보험을 깨지 않더라도 보험금을 인출할 수 있도록 한 것이다. 이러한 유형의 보험은 오늘날 유니버셜보험이라고 불리는데 보험금 인출이나 추가납입이 자유로운 형태의 보험에 해당한다. 유니버셜이라는 명칭은 여러 기능을 결합해 범용성을 지녔다는 의미에서 붙여진 것이다.

변액보험의
구성 요소와 세부 유형들

일반 보험상품은 보험사가 정한 이자율에 따라 그 혜택 수준이 결정된다는 점에서 금리형, 정액형 상품의 성격을 띄고 있다. 하지만 변액보험은 보험에 결합된 투자 기능으로 인해 그 특성도 다소 상이하다. 보험료의 투자성과에 따라 보험금 수준이 가변적으로 정해지므로 변액보험은 실적배당형 또는 투자형 상품으로서의 성격을 지닌다. 이 때문에 변액보험에서는 보험료를 구성하는 항목 역시 아래의 세 가지 요소로 구분되며 각각 다른 용도로 쓰이게 된다.

- **위험보험료**: 사망·질병 등 위험보장에 대한 대가로 쓰이는 보험료
- **적립보험료**: 펀드 투자의 재원으로 활용되는 보험료
- **부가보험료**: 보험계약 체결 및 관리, 수수료 지급 등 사업비 목적으로 쓰이는 보험료

위와 같은 구조로 이루어진 변액보험은 종래의 보험상품과 대비하여 보다 세부적으로 분류할 수도 있다. 첫 번째 유형은 종신보험을 토대로 한 변액종신보험이다. 이는 정액의 보험금이 지급되는 일반 종신보험과 비교해 기본 보험금 외에 적립보

험료의 운용성과에 따라 사망 시 지급받는 보험금이 변동되는 특징을 갖는다.

두 번째 유형은 연금보험을 기초로 한 변액연금보험이다. 일반 연금보험에서는 보험사가 정한 공시이율에 따라 확정된 수준의 연금액이 지급된다. 하지만 변액연금보험에서는 적립보험료의 운용성과에 따라 노후에 받을 연금액도 변동된다. 따라서 운용성과가 좋을수록 보다 많은 연금을 기대할 수 있다.

세 번째로 유니버설보험에 투자 기능이 결합된 변액유니버설보험도 있다. 보험시장에서는 흔히 이러한 유형의 상품을 변액유니버설(종신형), 변액유니버설(저축형)과 같은 형태로 표현한다. 이는 변액보험(변액종신보험 또는 변액연금보험) 중에서도 보험료의 자유로운 인출이나 추가납입이 가능한 상품으로 이해하면 된다.

변액보험, 어떤 점들을 유의해야 할까?

변액보험은 위와 같은 특성을 기반으로 가입자들에게 다양한 혜택을 제공해 준다. 보험 고유의 위험보장 기능을 제공하는 것은 물론 인플레이션에 대비해 보험금의 가치 하락을 막아주기도 한다. 이에 더해 고수익 상품에 대한 투자수요에도 부응할 수 있는 것은 변액보험만이 가지고 있는 기능이다. 그렇지만 모든 금융상품이 그러하듯 새로운 상품에는 늘 새로운 위험이 따르기 마련이다. 이에 관한 한 변액보험도 예외가 아니다. **변액보험이 갖는 투자성 상품의 특성과 복잡한 상품구조에 따른 위험**들은 가입에 앞서 반드시 유념해야 할 사항이다.

우선 변액보험은 투자 속성을 지닌 만큼 펀드 운영 결과에 따라 손실이 날 수도 있다. 주식시장 활황기에는 그에 비례해 보험금도 늘겠지만 그 반대의 경우에는 투자 재원으로 쓰인 보험료 원금을 잃을 위험도 존재한다. 다만 펀드와 변액보험 모두 투자에 따른 리스크가 있지만 일부 차이도 있다. 펀드는 순수한 투자상품이므로 원금 손실이 발생했을 때 그에 따른 위험 전부를 투자자가 떠안아야 한다. 하지만 변액보험에서는 이른바 '최저보증옵션' 제도를 통해 보험가입자를 위한 최소한의 안전장치를 마련해 두고 있다. 이 때문에 변액보험에서는 투자 실적과는 무관하게 사망 시의 기본보험금(변액종신보험의 경우)이나 이미 납부한 연금보험료에 해당하는 금액(변액연금보험의 경우)만큼은 최소한의 지급이 보장된다.

변액보험의 경우 비교적 높은 비용이 드는 것도 유의해야 할 사항 중 하나다. 유사한 투자상품인 펀드의 수수료는 통상 2%대 수준인데 반해 변액보험에서는 보험료 납입기간 동안 10% 내외의 비용이 소요된다. 계약 체결과 유지, 관리 등을 위한 부가보험료가 드는 것은 물론 위험보험료를 공제한 잔액만이 투자금으로

1부 진화하는 금융시장

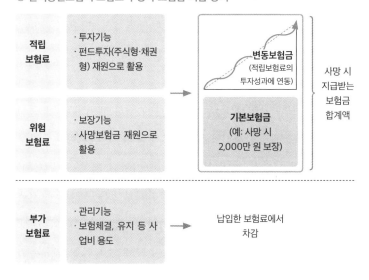

◉ 변액종신보험의 보험료 구성과 보험금 지급 방식

| 적립 보험료 | · 투자기능
· 펀드투자(주식형·채권형) 재원으로 활용 |
| 위험 보험료 | · 보장기능
· 사망보험금 재원으로 활용 |

변동보험금 (적립보험료의 투자성과에 연동)

기본보험금 (예: 사망 시 2,000만 원 보장)

사망 시 지급받는 보험금 합계액

| 부가 보험료 | · 관리기능
· 보험체결, 유지 등 사업비 용도 |

납입한 보험료에서 차감

활용되기 때문이다. 100만 원을 투자했을 때 펀드에서는 98만 원이 실제 투자를 위해 쓰인다면 변액보험에서는 90여만 원만 실제 투자금으로 쓰이게 되는 것이다. 다만 공제되는 비용은 보험료 납입기간이 끝나면 크게 줄어든다. 이 때문에 변액보험은 단기보다는 10년 이상의 장기 투자에 보다 적합하다고 할 수 있다.

변액보험의 혜택을 누리기 위해서는 시장 상황에 대한 관심과 포트폴리오에 대한 꾸준한 관리 노력도 요구된다. 변액보험 고객들은 보험사가 제시하는 보험금이나 이자율 이상의 이득을 얻고자 해당 상품에 가입한다. 다만 그러기 위해서는 투자금을 운용할 펀드를 직접 선택해야 하는 수고가 따른다. 금융

상황에 맞게 주식형 또는 채권형 펀드를 고르는 것은 물론이고 국내외 시장현황이나 유망 산업분야, 투자 트렌드에 대한 관심도 필요하다. 운용성과가 저조한 펀드는 적시에 다른 펀드로 교체하는 것도 검토해야 한다.

한편 보험에 가입하긴 했지만 중도에 이를 해지하는 일 역시 적지 않게 발생하곤 한다. 갑작스레 목돈이 필요하거나 생활비마저 빠듯한 상황이 되면 가장 먼저 고려하는 것 중 하나가 바로 보험을 해약하는 일이다. 하지만 변액보험을 중간에 해지했을 때 그에 따른 불이익은 결코 무시할 수 없는 수준이다. 변액보험은 그 특성상 이미 사업비로 쓰인 금액이나 위험보장 목적으로 지급된 보험료는 반환대상 금액에서 고려되지 않는다. 투자 실적마저 변변치 않은 수준이라면 납입했던 보험료에 훨씬 못 미치는 금액만을 회수할 수도 있다.

다만 위와 같은 위험 요인을 고려해도 변액보험이 갖는 고유의 장점과 혜택은 결코 가볍게 볼 수 없다. 투자에 따른 손실이 발생할 수 있지만 그럼에도 위험에 대한 최소한의 보장을 제공하는 것은, 타 금융상품에서는 찾기 어려운 변액보험만의 매력이다. 꾸준한 관심과 관리 노력이 따른다면 미래를 위한 안전장치를 확보하는 것에 더해 추가 수익까지 올릴 수도 있다. 불확실한 미래에 대비해 가족들에게 무엇을 남겨줄지 고민이라면 변액보험이 훌륭한 옵션이 될 수 있을 것이다.

부는 소유가 아니라
이용에 의해 얻어진다

복사기 시장을 석권한
제록스의 판매 전략

훗날 유명한 발명가로 이름을 알린 체스터 칼슨은 1930년대 뉴욕의 전자회사인 맬러리Mallory Company의 특허부서에서 일하고 있었다. 당시 그가 맡고 있던 일은 수많은 특허 도면과 설명서의 사본을 만드는 것이었다. 하지만 이 일은 그의 주요 임무임과 동시에 최대의 고민거리이기도 했다. 먹지 원리를 이용한 카본 복사지를 통해 일일이 복사본을 만들었는데 불편함이 이만저만이 아니었다. 시간이 오래 걸리는 것은 기본이고 손과 서류들은 금세 숯으로 지저분해지곤 했다. 힘들게 복사를 했지만 복잡한 사진이나 도면은 제대로 알아보기 어려운 경우도 다반사였다. 공대 출신으로 틈틈이 발명 노트를 작성하던 그는 자신이 겪는 불편함을 손수 해결해 보기로 했다. 보다 빠르고 선명한 복사기를 직접 발명해 내기로 한 것이다.

이후 그는 매일 같이 도서관에 들러 그래픽과 관련된 다양한 자료들을 조사해 나갔다. 그러던 중 한 학술지에 실린 논문을 통해 놀라운 사실을 찾아냈다. 헝가리의 물리학자 폴 셸레니가 밝혀낸 것으로 정전기를 지닌 물체에 파우더 가루가 들러붙는 성질을 이용해 사진을 복사하는 것이 가능하다는 내용이었다. 그는 이러한 원리를 사진뿐 아니라 문서에도 동일하게 적용할 수 있을 것으로 생각했다. 문제 해결의 실마리를 찾은 칼슨은 이후 본격적인 연구와 실험에 매진했다. 이윽고 1938년 10월 22일, 그는 정전기 원리를 활용한 최초의 건식 복사기 발명에 성공했다. 1942년에는 자신이 발명한 기술에 대해 '전자사진'이라는 명칭으로 특허까지 얻었다.

다음 단계로 그는 자신의 복사기를 상용화하고자 합작 투자자들을 찾아 나섰다. GE, IBM 등 20여 개 회사를 상대로 새로운 기술에 투자할 것을 설득했지만 그의 제안은 대부분 거절당했다. 비싼 가격 때문에 상품성이 없을 것이라는 이유에서였다. 그렇지만 미국의 연구개발기관인 바텔과 제록스의 전신인 핼로이드만은 예외였다. 이들은 칼슨이 발명한 기술의 무한한 잠재력을 미리 내다 보았다. 이후 오랜 기간의 공동 연구를 거쳐 1959년 사무기기로도 적합한 실용적인 기기를 탄생시켰다. '제록스 914'라는 이름의 현대식 복사기였다. AP 통신사 선정 20세기 10대 히트상품 가운데 하나인 복사기가 세상에 첫선을 보인 순간이었다.

하지만 출시 초기 시장의 반응은 미온적이었다. 그도 그럴 것이 제록스 914는 1m가 넘는 높이에 무게는 300kg에 육박했다. 거액의 연구비가 투입된 만큼 가격도 당시 금액으로 약 3만 달러에 달했다. 회사들로서는 선뜻 구매에 나서기 어려운 부담스러운 장비였다.

자칫 판매가 지지부진할 수도 있었지만 이때 진가를 발휘한 것은 제록스의 판매 전략이었다. "복사기는 사는 것이 아니라 빌리는 것"이라는 광고 문구를 내세워 고객들의 지갑을 열고자 했다. 대부분의 회사가 복사기를 구매하기 어렵다는 점을 감안해 이를 빌려주는 방식으로 복사기를 이용하게 한 것이었다. 이용료는 직접 구매와 비교할 때 부담이 훨씬 낮았다. 매달 95달러의 임대료를 내고 첫 2,000장을 초과하면 장당 5센트씩을 지불하는 조건이었다.

제록스의 판매전략은 적중했다. 기업들은 고가의 장비를 직접 구매하지 않고도 저렴한 이용료만으로 복사기를 마음껏 사용할 수 있었다. 제록스의 영리한 판매전략을 계기로 대부분의 회사에서 복사기는 필수 사무기기로 자리잡아 갔다. 투자 대비 최고의 수익률을 안겨준 제록스 914의 성공을 발판으로 제록 스는 이후 오랜 기간 세계 복사기 시장을 석권할 수 있었다.

─────── 리스 거래는 언제, 어떻게 시작되었나?

제록스의 기발한 판매전략은 오늘날 리스^{Lease}라 불리는 방식에 기초한 것이었다. **리스란 땅이나 물건(빌딩, 자동차, 기 계설비 등)을 사용하는 대가를 지급하고 일정 기간 이를 이용하는 거래 관 계**를 일컫는 말이다. 현대 기업들이 고가의 설비를 저렴한 비용 으로 이용하기 위한 요긴한 금융수단으로 쓰이고 있다.

리스 거래가 활용되기 시작한 것은 역사적으로 꽤나 오래전 의 일이다. 고대 도시국가 우르 지역에서 발견된 점토판의 내 용에 따르면 그 시작은 수메르 시대까지 거슬러 올라간다. 점 토판에 기록된 당시의 생활상을 보면 이때부터 이미 농기구나 가축, 토지, 수원水源과 같은 재산을 대상으로 한 리스 거래가 이 루어지고 있었다. 고대 그리스 시대에는 리스 거래의 대상이 노예나 광산으로까지 확대될 만큼 광범위하게 활용되었다. 이 후 동로마 제국 시대에 이르러서는 리스 거래에 따른 이용권의 개념과 해당 거래에 적용되는 여러 규정이 체계적으로 정립되기도 했다.

이처럼 오랜 역사를 지니고 있는 제도지만 리스 거래가 산업적으로 보다 유용하게 쓰이게 된 것은 19세기 말 이후였다. 근대 산업사회의 출현을 계기로 토지와 같은 고정자산 중심이던 리스 거래는 기계나 설비, 고가의 산업장비 등으로 그 대상을 확대해 나갔다. 또한 리스 거래를 유용한 판촉 수단으로 활용하는 기업들도 하나둘씩 나타나기 시작했다. 산업계에서의 높은 활용도와 리스 고유의 기능 덕택에 리스 거래의 새 장이 열리게 된 것이었다.

이런 점에서 보자면 1877년 벨 전화회사Bell Telephone Company가 전화기 판매를 위해 채택했던 방식은 현대 리스 거래의 효시로 평가된다. 전화기 발명자로 유명한 알렉산더 벨Alexander Bell과 그의 사업 파트너 가디너 허바트Gardiner Hubbart는 회사 설립 후 효율적인 판매 전략에 대해 고심했다. 그 결과 이들이 선택했던 방식은 이용료를 받고 전화기를 대여해 주는 것이었다. 전화기를 직접 판매하기보다는 대여(리스) 방식을 통해 고객을 확보하고 꾸준한 수익을 얻는 것이 훨씬 이득일 것이라는 판단에서였다. 이렇게 해서 책정된 요금은 개인 고객은 연간 20달러, 기업고객은 연간 40달러 수준이었다. 이후의 결과는 모두가 익히 알고 있는 대로다. 리스 방식의 판매 전략은 벨을 순식간에 거부로 만들어 주었다. 그리고 그가 설립한 회사는 한때 미국 통

⊙ 전화기 판매에 리스 방식을 활용했던 알렉산더 벨(좌)과 관련 홍보물(우)

신시장에서 절대적인 영향력을 행사했던 AT&T로 성장했다.

위와 같은 판매방식이 적용된 것은 비단 전화기 시장에 한하지 않는다. 그 후로 다른 시장에서도 리스 방식이 널리 쓰이기 시작했다. 거래 초창기 리스 수요가 특히 높았던 분야는 철도 차량이나 중장비 시장이었다. 고가의 차량이나 기계를 직접 구매하기 어려운 경우 사용료를 대가로 일정 기간 동안 이용권을 얻는 리스 거래가 활용되었다. 하지만 1950년대 들어 리스 거래의 폭발적인 성장을 이끈 분야가 등장했다. 미국인들에게는 생활 필수품으로 여겨지는 자동차 판매 시장이었다.

리스 거래 붐을 몰고 온
자동차 판매시장

20세기 중반 미국의 자동차 시장은 격전지를 방불케 했다. 포드, 제너럴 모터스, 크라이슬러와 같은 자동차 회사들은 서로 경쟁이라노 하듯 새로운 차종을 쏟아 냈다. 그만큼 자동차 구매 열기가 높았기 때문이기도 한데 이와 맞물려 1950년대부터는 자동차 시장에서도 리스 거래가 붐을 이루기 시작했다. 일시에 자동차를 구매할 여력이 없더라도 이를 통해 손쉽게 자동차를 이용할 수 있도록 하기 위한 것이었다. 이 역시도 어찌 보면 자동차 세일즈를 위한 여러 판매 전략 중의 하나이기도 했다.

자동차를 대상으로 한 리스 거래는 요즘에도 널리 활용되고 있는 방식이다. 이 때문에 리스는 개인들에게도 점점 익숙한 거래방식으로 자리잡고 있는데 기본구조는 예나 지금이나 크게 다르지 않다. 당시 이루어진 자동차 판매사와 고객 간의 리스 거래는 다음과 같은 방식으로 진행되었다.

1) 자동차 판매사는 3,000만 원짜리 자동차 A의 소유권을 확보한 상태에서 고객과 리스계약을 체결한다.
2) 고객은 이에 따라 일정 기간 동안 자동차를 이용할 수 있는데 그 대가로 3년간 매달 40만 원의 리스료를 부담한

다. 이때 3년간 납입한 리스료 1,440만 원(40만 원×36개월)은 차량 가격인 3,000만 원보다 적은데 그 차액(1,560만 원)은 리스 거래 형식을 빌려 자동차 판매사가 이를 빌려준 것이나 다름없다.

3) 리스 계약이 종료되면 고객은 차량 A를 자동차 판매사에 반납한다.

4) 자동차 판매사는 차량 A를 시장에 매각해 고객에게 빌려준 돈(1,560만 원)을 충당한다(이때 매각 후 남은 이익은 고객에게 돌려주었지만 부족한 금액은 고객이 추가로 납부해야 했다).

이와 같은 방식으로 이루어진 **리스 거래는 실상 금융거래의 한 형태인 대출과도 그 속성이 유사**하다. 물론 형식상으로는 은행과 같은 금융회사를 상대로 직접 돈을 빌리는 것은 아니다. 리스 거래는 단순히 물건에 대한 이용 계약 형태로 체결되기 때문이다. 하지만 리스 이용자의 입장에서 본다면 부족한 자금을 결국 판매사를 통해 융통하는 것이나 다름없다. 은행과의 대출 거래를 통해 발휘되던 신용제공 기능이 리스 거래에서는 이처럼 판매사와 고객 간 물품 이용 관계를 빌려 나타난 것이다.

1960년대는 오늘날 리스 거래에서 보편화된 개념들이 거래 과정에 반영된 시기였다. 잔존가치, 교체주기와 같은 개념들이다. 이는 당시 쉐보레 자동차를 판매하던 어느 딜러의 풍부한 경험을 토대로 반영된 것들이었다. 그의 경험에 따르면 모든 차량은 그 가치가 점점 떨어질 수밖에 없지만 시간이 지나도 일정 수준의 가치는 유지했다. 신차 출고 후 3년이 지나면 차량별로 약간의 차이는 있어도 대부분 신차 대비 40~60% 수준의 가치가 매겨졌다. 이는 중고차 시장의 여러 딜러들과 시세에 의해 지급이 거의 확실히 보장되는 금액이었다.

이후 자동차 업계에서는 잔존가치와 차량의 교체주기를 결합해 소비자라면 혹하지 않을 수 없는 조건들을 제시했다. 예컨대 '잔존가치 50%, 교체주기 3년'의 형태로 거래가 체결되면 고객들은 3년 동안 신차 가격의 절반 수준에 이를 이용하는 것이 가능했다. 3,000만 원짜리 자동차를 구매할 때 잔존가치 50%를 보장받으면 3년간 1,500만 원을 분할 납부하는 것만으로 해당 자동차를 보유할 수 있었다. 3년이 지난 다음에는 또 다른 리스 거래를 통해 최신형 자동차로 교체하는 것도 가능했다. 소유가 아닌 이용에 중점을 둔다면 가장 효율적이고 저렴한 방식으로 자동차를 보유할 수 있는 방안이었다.

——— 항공기 리스,
플라이 비포 바이^{Fly before Buy}

자동차 리스가 붐을 이루자 1970년대에는 전혀 새로운 산업 분야에서도 리스 거래가 활성화되기 시작했다. 오늘날 자동차에 이어 두 번째로 큰 규모의 리스 시장이 형성되어 있는 분야가 항공기 산업이다. 항공기는 그 특성상 일시에 구매 자금을 마련하기가 대단히 어렵다. 항공사의 입장에서야 보다 많은 비행기를 보유하고 싶겠지만 보잉 737과 같은 소형 기종만 하더라도 대당 가격은 1,000억 원을 훌쩍 넘어선다.

유명한 항공우주 제조사였던 맥도널 더글러스^{McDonnell Douglas} ^{Corporation}(이 회사는 1997년 경쟁사였던 보잉에 합병되었다)는 항공기 구매 방식에 변화를 불러온 대표적인 회사다. 1967년 맥도널과 더글러스 간 합병을 통해 탄생한 이 회사는 경쟁 회사보다 우위에 서기 위해 새로운 판매전략을 도입했다. 타 산업계에서 활용되던 리스 거래 방식을 항공기 구매에도 적용하기로 한 것이다. 항공사들에게 고가의 비행기를 리스 방식으로 대여해 주고 수입을 얻는 항공산업의 새로운 비즈니스 모델이었다.

이들이 내세운 '플라이 비포 바이^{fly before buy}' 전략은 자금 여력상 항공기 구매가 어려웠던 회사에 더없이 훌륭한 대안이었다. 리스를 통해 손쉽게 항공기를 확보하는 것이 가능해지자 타 항공사나 제조사들 역시 당연히 이 시장으로 눈을 돌리게 되었다. 이후 지속적인 성장을 거듭해 온 항공기 리스 거래는 현재 그 중요성이 더욱 높아진 상태다. 전 세계적으로 항공사들이 자체 보유한 비행기는 50% 남짓한 수준이다. 나머지 절반가량은 리스를 통해 운영되고 있다. 휴가철이면 쉴 새 없이 활주로를 뜨고 내리는 비행기지만 그 이면에는 이처럼 리스라는 금융의 원리가 작동하고 있다.

——— 리스의 유형, 운용리스와 금융리스

지금까지 살펴본 리스 거래는 세부적으로는 운용리스와 금융리스로 구분되기도 한다. 그중 **운용리스는 벨 전화회사나 제록스의 판매 전략에서 보듯, 일정한 비용의 지급과 물건의 사용에 초점이 맞추어진 거래다.** 초창기에 이루어졌던 대부분의 리스 거래는 이와 같은 운용리스에 해당하는 것들이었다. 운용리스는 우리가 흔히 알고 있는 임대차 혹은 렌트와도 유사한 형태를 띠는데 물건의 이용에 초점을 둔 만큼 범용성이 큰 물건들을 주 대상으로 한다(예: 복사기, 컴퓨터, 자동차, 사무기기 등).

이에 반해 **금융리스는 물건의 이용보다 대출과 같은 신용 제공의 기능이 더욱 두드러지게 나타나는 거래다.** 시기적으로 보면 금융리스는 운영리스보다 뒤늦게 나타났다. 1952년 최초의 전업 리

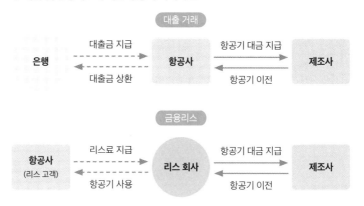

⊙ 대출 및 금융리스에 따른 항공기 거래 구조

대출 거래

은행 ──대출금 지급──▶ 항공사 ──항공기 대금 지급──▶ 제조사
은행 ◀──대출금 상환── 항공사 ◀──항공기 이전── 제조사

금융리스

항공사
(리스 고객) ──리스료 지급──▶ 리스 회사 ──항공기 대금 지급──▶ 제조사
항공사 ◀──항공기 사용── 리스 회사 ◀──항공기 이전── 제조사

스 회사인 US리스의 설립 이후 시작된 것으로 평가되고 있
다. 전업 리스사의 성공적인 운용을 계기로 해당 사업모델은
1960~70년대를 거치면서 유럽과 일본 등 해외로도 널리 전파
되었다.

　금융리스는 운용리스와는 달리 통상 범용성이 낮은 물건에
대한 금융 지원을 주목적으로 한다. 건설기계 등 고가의 장비
나 항공기, 부동산과 같은 것들이 주요 대상이다. 다만 금융리
스에서는 기계 등 구매에 필요한 '돈'을 직접 빌려주는 것이 아
니라 리스 회사를 통해 해당 '물건'을 빌려주는 형태로 거래가
이루어진다. 이러한 특성 때문에 금융리스는 흔히 '물적 금융'
으로 불리기도 한다. 리스 회사는 고객이 필요한 물건을 구매
한 다음 이를 빌려주고 고객은 리스료를 통해 구입에 소요된

자금을 분할상환하는 구조다. 대출 방식으로 직접 돈을 빌리는 것과 리스 방식으로 해당 물건을 빌리는 것은 왼쪽 그림에서와 같이 거래 구조상의 차이를 보인다.

한편 금융리스는 거래 특성 면에서도 운영리스와 차이가 날 수밖에 없는데 운용리스와 대비되는 주요 특징들을 들자면 다음과 같다.

⊙ 운용리스 vs. 금융리스

구분	운용리스	금융리스
거래 성격	렌트 혹은 임대차	물적 금융 (물건을 매개로 한 신용제공)
물건 소유자	리스 회사	(실질상) 리스 고객
리스 기간	비교적 단기(1~5년)	비교적 장기(5~10년)
리스료 성격	이용에 대한 사용료	물건 구매비용에 대한 원리금 상환 성격
잔존가치	리스료 반영에 산정	리스료 반영에 미산정
관리 주체	리스 회사	리스 고객
종료 시 처리	반환이 원칙	소유권 취득이 원칙
주요 대상	범용성이 큰 물건 (예: 복사기, 컴퓨터, 자동차, 사무기기 등)	범용성이 낮은 물건 (예: 항공기, 선박, 건설기계, 의료장비 등)

※ 다만 물건 유형에 따라 리스 방식이 정해져 있는 것은 아니며, 자금 사정이나 필요에 따라 적합한 리스 방식을 선택할 수 있다.

리스 거래,
불리한 점은 없을까?

산업화 시대의 유용한 금융수단으로 자리잡은 리스 거래는 고객들에게 다양한 혜택을 제공해 주었다. 그에 따른 가장 큰 이점은 거액의 초기 비용을 들이지 않고도 고가의 장비나 시설을 이용할 수 있게 해준다는 점이다. 특히나 대출이 어렵거나 부적합한 상황하에서는 구입대금 전액을 융자받는 것과 동일한 효과를 거둘 수 있다. 이를 통해 비축한 자금은 새로운 투자나 경영환경 개선 등 기업이 처한 상황에 따라 적재적소에 활용할 수 있다.

하지만 그 혜택 못지않게 리스 거래에서 발생할 수 있는 여러 제약 요인들 역시 가볍게 여겨서는 안 된다. 먼저 리스 거래는 물건의 이용 면에서 대단히 효율적인 수단이지만 그에 따른 대가 역시 수반된다. 리스료에는 물건의 이용료 외에도 리스 회사가 제공하는 서비스의 대가나 이윤까지 반영된다. 이 때문에 대출에 비해 더 높은 비용이 부과될 수밖에 없다. 매달 지급한 리스료의 합계액을 따진다면 물건을 직접 구매했을 때보다 훨씬 비싼 대가를 지불하게 된다. 이처럼 리스 거래는 장기적으로는 비용 증가의 원인이 되기도 하므로 과다한 리스료는 재무상황이나 신용에 악영향을 미칠 수 있다.

또한 리스 회사가 물건에 대한 소유권을 갖는다는 점 역시 리스 고객에게는 상당한 부담 요인이다. 남의 물건을 빌려 쓰는 것인 만큼 자기 물건보다 더 조심스럽게 다뤄야 하기 때문이다. 리스 기간 동안 리스 회사의 요구에 맞춰 물건을 이용해야 하며 그렇지 못했을 때에는 계약 위반에 따른 책임을 져야 한다. 이를 위해 통상 리스 거래에서는 목적물에 대한 엄격한 유지·관리 의무나 까다로운 반환 조건들을 계약을 통해 미리 규정하고 있다. 고객 입장에서는 물건을 자유롭게 이용하는 데 있어 상당한 제약이 따르게 된다.

리스 거래는 장기간에 걸쳐 진행되는 만큼 시장 상황이나 경제 사정의 변동에 탄력적으로 대응하기 어려운 특성도 있다. 가령 5년에 걸쳐 자동차 리스 계약을 체결한 상태에서 갑자기 실직을 하거나 해외로 이주해야 하는 상황을 가정해 보자. 자기 소유의 자동차라면 이를 즉시 처분하는 것으로 쉽게 대응할 수 있을 것이다. 하지만 리스 거래는 장기 계약 형태로 체결되는 만큼 이를 중간에 종료하기가 쉽지 않으며 그러기 위해서는 상당한 위약금을 감수해야 한다.

리스는 기업들을 위한 영리한 판매전략이자 자금 운영의 효율성을 높여주는 창의적인 금융수단으로 활용되어 왔다. 하지만 최근 리스 거래는 기업을 넘어 개인 차원으로까지 확대되고 있는 양상이다. 자동차 구매에서는 물론이고 구독 경제를 통해 전자제품이나 서비스를 이용하는 모습이 요즘 들어 부쩍 익숙해졌다. 소유보다는 이용이나 거래 경험을 더 중시하는 성향이 반영된 결과일 테다. 물론 개인들 역시 이와 같은 거래를 통해 효율적으로 물건을 이용하는 혜택을 누릴 수 있다. 다만 리스의 혜택을 십분 활용했던 기업들과 마찬가지로 개인에게 있어서도 무엇보다 중요한 일은 이를 영리하게 활용하는 일이다.

핀테크와
암호화폐

FINANCE

은행업(banking)은 필요하지만,
은행(bank)은 더 이상 필요하지 않다.

———————————

빌 게이츠(Bill Gates)

동물의 왕국을 변화시킨 모바일 혁명

——— 통신회사 사파리콤의 새로운 기회

아프리카 대초원 지대에 자리잡은 케냐의 마사이 마라 국립공원. 탄자니아의 세렝게티 국립공원과도 맞닿아 있는 이곳은 매년 전 세계의 관광객들로 붐비는 장소다. 드넓은 초원을 누비는 동물들을 직접 보기 위해서다. 천혜의 자연 환경을 품고 있는 이 지역은 동물들에게는 더할 나위 없는 천국이다. 하지만 이 곳에 살고 있는 사람들에 관해서라면 이야기가 좀 다르다. 관광산업과 커피산업으로 유명한 케냐이지만 도로나 철도, 에너지, 교육과 같은 사회기반시설은 선진국에 비해 열후하기 짝이 없다. 이는 금융에 있어서도 예외가 아니다.

약 5,600만 명의 인구를 가진 케냐의 면적은 우리나라의 6배 정도다. 그렇지만 2000년대 초반까지 전국에 분포되어 있는 은행 지점은 수백여 개에 불과했다. 무인자동화기기Automated Teller Machine, ATM의 수는 3,000대가 되지 않았다. 그나마도 이러한 시설들은 나이로비와 같은 대도시에서나 찾아볼 수 있었다. 꾸준히 경제활동에 참여하거나 신용도를 확인할 수 있는 사람들 역시 극히 일부에 지나지 않았다. 신용카드는 고사하고 은행 계좌를 가진 사람의 비율은 전체 인구의 20% 수준에 머무르고 있었다.

열악한 금융 인프라로 인해 은행 업무를 보는 것은 여간 불편한 일이 아니었다. 저축을 하려면 직접 현금을 들고 먼 거리의 은행 지점을 방문해야 했다. 외곽에 거주하는 사람이라면 은행 일을 보는 데만 꼬박 하루를 소비해야 했다. 이 때문에 타지에 있는 가족에게 돈을 보낼 때에는 수고비를 들여 버스 기사나 지인에게 도움을 부탁하는 일이 다반사였다. 하지만 이 같은 거래 관행은 시간이나 비용 면에서 비효율적인 것은 물론 안전성 면에서도 취약했다. 현금 뭉치를 지닌 사람들은 범죄 표적이 되기 일쑤였으며 운송과정에서의 배달사고 역시 적지 않게 발생하곤 했다.

그렇지만 2000년대 중반부터 급속히 보급되기 시작한 휴대폰은 금융거래에도 획기적인 변화를 불러왔다. 당시 해외 중저가 폰을 중심으로 휴대폰이 대중화되면서 은행 계좌는 없어도 휴대폰은 갖고 있는 사람들의 수가 급증했다. 2007년 무렵 케냐에서는 1만 개 이상의 휴대폰 대리점이 생겨났고 성인 인구의 절반 이상이 휴대폰을 소지하고 있을 징도였다. 때마침 새 시장 개척에 큰 관심을 갖고 있던 케냐의 통신회사 사파리콤Safaricom의 CEO 마이클 조지프는 이를 엄청난 기회로 받아들였다.

"은행 계좌를 만들 수 없다면 휴대전화를 계좌처럼 사용할 수는 없을까?"

그가 생각한 아이디어의 요체는 결국 은행을 거치지 않고 휴대폰을 이용해 고객들에게 금융 서비스를 제공한다는 것이었다.

─────── 엠페사M-Pesa에서 시작된
거대한 변화

모바일 기기를 이용한 금융 서비스 플랫폼인 엠페사M-pesa의 역사는 이로부터 시작되었다. 엠페사라는 이름은 모바일의 'M'과 돈을 뜻하는 스와힐리어 'pesa'를 결합해 만들어진 것이었다.

새로운 금융 서비스 제공을 위해 우선 사파리콤은 식당, 상점 등 누구라도 방문할 수 있는 대리점들을 대량으로 확보했다. 대리점을 통해 신분을 확인하고 금융거래에 사용할 휴대전화 번호를 등록하기 위해서였다. 이러한 방식으로 휴대전화 번호를 은행 계좌로 사용한다면, 굳이 은행을 방문하지 않더라도 손쉬운 금융거래가 가능할 수 있었다.

엠페사가 제공하는 금융거래 서비스는 편의성이나 접근성 면에서 월등했다. 만약 현금을 입금하고자 한다면 가까운 엠페사 대리점을 은행 지점처럼 활용하면 된다. 대리점에 들러 현금을 건네면 그만큼의 돈이 휴대폰 내의 계정에 입금된 것으로 표시된다. 대리점이 수금한 돈은 사파리콤의 은행 계좌를 통해 안전하게 보관되는데 일정 금액(10만 케냐 실링, 2024년 9월 기준 약 770달러)에 대해서는 정부에 의한 예금자 보호도 이루어진다. 다른 사람에게 돈을 보내는 것은 이보다 더 편리하다. 휴대폰을 통해 상대방 전화번호와 보낼 금액을 입력하고 메시지를 전송하면 수초 내에 송금이 완료된다.

은행 계좌가 없던 수천만 명의 사람들에게 이는 새로운 세상이 열린 것이나 다름없었다. **휴대폰만 있다면 저축이나 송금, 공과금 납부 등 멀게만 느껴지던 은행 서비스를 무리 없이 이용**할 수 있었다. 이후 엠페사의 성장세는 놀라운 수준이었다. 서비스 개시 후

10년이 지났을 무렵에는 휴대폰을 가진 성인 대부분이 엠페사를 이용할 만큼 생활 속 일부로 스며들었다. 더불어 송금 및 결제 시장에서 차지하는 비중도 80%를 넘어섰다. 단순한 금융 플랫폼을 넘어 국가 금융 시스템의 한 축으로까지 발전한 모습이었다.

엠페사가 불러온 긍정적인 변화는 비단 금융 분야에 한하지 않았다. 엠페사를 통해 임금이나 거래대금이 제때에 투명하게 지급되고 거래 비용과 시간 역시 크게 줄어들었다. 이는 결과적으로 정부의 세수 증대로도 이어져 국가적으로는 공공부문에 대한 투자 재원을 추가로 확보할 수 있었다. 금융거래의 안정성이 확보되면서 절도와 같은 범죄가 줄어들었다. 모바일 금융이 금융소외계층에 대한 지원을 넘어 경제 수준과 삶의 질까지 향상시키는 효과를 불러온 것이다. 2015년 〈포춘〉이 선정한 '세상을 바꾸는 최고의 혁신기업'에 구글을 제치고 사파리콤이 선정된 것도 그리 놀랍지 않은 일이었다.

엠페사의 성공은 열악한 금융 인프라를 가진 인근 국가들에도 영향을 미쳤다. 엠페사 서비스는 이후 콩고, 모잠비크, 탄자니아 등지로도 확대되어 나갔다. 현재는 아프리카 7개국 총 5,100만 명의 고객들이 엠페사를 이용해 편리한 금융 서비스의 혜택을 누리고 있다. 엠페사를 통한 연간 거래금액 규모는 3,140억 달러에 이른다.

⊙ 모바일 금융 혁신을 불러온 엠페사와 대리점

출처 | https://www.flickr.com/photos/imtfi/20421361873(좌)
https://www.flickr.com/photos/worldremit/30302946185/in/photostream(우)

IT 기술과 금융의 결합이 불러올 나비효과

　　오늘날 우리가 경험하는 금융 시스템은 중세 은행가들이 구축한 모델을 토대로 변화와 발전을 거듭해 온 산물이다. 그렇지만 1900년대 중반에 이르기까지 금융거래의 모습은 중세 시대와 비교해 큰 차이가 없었다. 비록 은행이 다루는 돈의 규모가 커지고 외연이 확장되었을지는 몰라도 종이 형태의 장부나 증서를 이용해 수기로 거래가 이루어지던 모습은 동일했다.

　　또한 산업혁명을 계기로 은행업은 급속도로 성장하게 되었지만 실상 이때에도 과거처럼 금융 서비스의 혜택을 누릴 수 있는 사람들은 소수에 불과했다. 은행 계좌를 갖거나 계좌이체 방식으로 돈을 보낸다는 것은 일부 계층의 특권에 가까웠다.

서구권에서조차 대다수 사람이 보편적으로 은행 서비스에 접근할 수 있게 된 것은, 경제성장과 더불어 복지국가 이념이 확산된 1950~60년대 들어서다. 하지만 2017년 세계은행 보고서에 따르면 전 세계 성인 인구의 약 31%에 해당하는 17억 명가량의 성인 인구는 여전히 금융시스템 밖에 놓여 있다. 이른바 금융소외계층에 해당하는 사람들이다. 아프리카, 중남미 등 개발도상국들에서 이런 현상이 두드러지는데, 이들은 은행 계좌가 없는 것은 물론 다양한 금융 서비스를 이용하기도 어려운 환경에 놓여 있다.

엠페사의 사례는 위와 같은 문제들에 있어 전혀 새로운 차원의 가능성을 제시해 준다. 모바일 기술과 금융 서비스를 결합해 기존 금융 시스템의 한계를 얼마든지 극복해 낼 수 있음을 보여주었기 때문이다. 엠페사는 막대한 비용이 드는 물리적 인프라의 구축 없이도 많은 이들에게 다양한 금융 서비스의 혜택을 제공해 주었다. 이처럼 **금융**finance**과 기술**technology**을 결합해 새로운 형태의 금융 서비스를 제공하는 일련의 방식을 넓은 범주에서 핀테크**fintech **금융**이라 부른다.

사실 핀테크가 금융산업의 주요 키워드로 떠오른 것은 비교적 최근의 일이다. 핀테크라는 개념이 정립되고 이를 이용한 금융 서비스들이 제공되기 시작한 것은 2000년대 중반 무렵부터였다. 그렇지만 이와 무관하게 이미 오래전부터 IT 기술의 발전과 금융의 변화는 떼려야 뗄 수 없는 관계였다. 1960년대 이후 은행들이 메인 프레임(대규모 데이터 처리가 가능한 고성능 컴퓨터)을 통해 전산화된 방식으로 금융거래를 처리한 일이나, 마그네틱 띠가 첨부된 플라스틱 신용카드를 선보인 것도 IT 기술의 접목 없이는 불가능한 일들이었다.

이용자들의 입장에서 핀테크 효과를 직접 체감할 수 있었던 최초의 사건은 ATM의 출현이었다. 스코틀랜드의 발명가 존 셰퍼드는 세계 어디서건 손쉽게 돈을 찾을 수 있는 방법을 궁리한 끝에 ATM 기계를 손수 개발했다. 초콜릿 자판기를 응용해 기계에서 초콜릿 대신 돈이 나오게끔 한 것이다. 이후 1967년 6월 바클레이즈 은행은 런던 북부의 한 지점에 세계 최초의 ATM 기기를 설치하기도 했다.

ATM 기기는 그 도입 이래 현재에도 요긴한 금융거래 수단으로 활용되고 있다. 현재 전 세계적으로는 약 300만 대 이상의 ATM 기기가 설치되어 있을 정도다. 다만 모바일 뱅킹과 간편결제 수단의 확대로 인해 ATM 기기 수는 전반적으로 감소하는 추세다. 국내의 금융 이용자 역시 그로 인한 혜택을 누리기는 마찬가지다. ATM 기기를 통해 은행원의 손을 거치지 않고도 송금이나 계좌이체, 세금 납부 등 다양한 금융거래를 처리할 수 있다.

⊙ 바클레이즈 은행이 선보인 세계 최초의 ATM 기기

출처 | Mirropix

─────── ### 언제 어디서나 이용 가능한 금융서비스, 인터넷 뱅킹과 모바일 뱅킹

1990년대 들어 금융과 IT기술이 접목된 대표적인 사례는 인터넷 뱅킹이었다. 고객들은 시간의 제약 없이 해외에서도 인터넷에만 연결되어 있다면 손쉽게 금융거래를 처리할 수 있었다. 인터넷 뱅킹의 효용을 기반으로 1995년 미국에서는 세계 최초의 인터넷전문은행도 탄생했다('Security First Network Bank'가 그 주인공인데 이 은행은 1998년 캐나다 RBC은행에 합병되었다).

인터넷 뱅킹 서비스를 부가적으로 제공하는 전통 은행들과는 달리 **인터넷전문은행은 모든 은행업무를 인터넷을 통해 비대면 방식으로만 처리**한다. 호화로운 은행 건물도 창구 업무를 담당하는 수천 명의 직원들도 필요 없는 형태다. 운영에 드는 비용이 적은 만큼 금리나 수수료 면에서 보다 유리한 조건을 제시할 수 있는 것이 인터넷전문은행 고유의 특성이다. 이 외에도 24시간 서비스 제공이 가능하다는 점이나, 은행 이용이 어려운 고객들에게 원활한 접근권을 보장한다는 점 역시 빼놓을 수 없는 장점들이다. 국내에서는 2016년 케이뱅크가 출범한 것을 시초로 이후 카카오뱅크와 토스뱅크가 인터넷전문은행으로 탄생한 바 있다.

2000년대 이후 광범위하게 확산된 또 다른 핀테크 금융수단은 **모바일 뱅킹**이다. **PC나 노트북과 같은 장비 없이도, 휴대폰을 통해 '내 손 안의 금융'을 가능하게 해주는 방식**이다. 사실 기능면에서 본다면 모바일 뱅킹은 인터넷 뱅킹을 보다 작은 화면으로 구현한 것에 불과하다고 볼 수도 있다. 그렇지만 편의성이나 접근성 면에서 보자면 그 장점은 월등한 수준이다. 이는 특히 금융 시스템이 광범위하게 자리잡지 못한 국가들에서 더욱 두드러진다. 엠페사를 쓰고 있는 여러 국가들에서는 휴대폰이 단순한 입출금이나 결제수단을 넘어섰다. 공과금 납부나 임금 지급, 단기대출 등 다양한 목적으로 활용되며 그 효용을 증명하고 있다.

하지만 지금까지 살펴본 모습만으로 핀테크를 혁신적인 금융수단이자 금융 무대의 새로운 주역으로 평가하기는 무리다. 금융거래 장소가 웹이나 모바일 화면으로 옮겨 가긴 했지만 금융거래 자체에 근본적인 혁신이 있었다고 보기는 어렵기 때문이다. IT 기술을 통해 금융 서비스를 보다 편리하게 이용할 수 있지만 금융 무대의 주인공은 여전히 은행과 같은 전통 금융기관들이었다. 금융 시스템의 중앙에 자리잡고 있는 이들 기관을 통해 대출이나 송금, 지급결제와 같은 서비스들을 제공받아야 한다는 점은 변함이 없었다.

그렇지만 최근 빠르게 변화하고 있는 핀테크 금융은 금융 무대의 조연을 넘어 새로운 주인공으로 발돋움 해가는 모습이다. 금융기관을 거치지 않고서도 핀테크를 통해 금융의 혜택을 누릴 수 있는 방안이 곳곳에서 마련되고 있다. 이러한 변화는 금융기관의 역할을 대신하는 것을 넘어 금융산업의 구조를 뿌리부터 뒤바꿀 수 있을 만큼 광범위하게 진행되고 있다. 핀테크가 금융거래에 어떤 변화의 바람을 불러오고 있는지 먼저 P2P 대출을 통해 살펴보기로 하자.

금융회사가 필요 없는
개인 간 금융거래

새로운 패러다임의 시작,
B2P에서 P2P로

소설 《걸리버 여행기》의 작가로 유명한 조너선 스위프트Jonathan Swift. 그가 살던 18세기 아일랜드의 풍경은 풍족함과는 거리가 멀었다. 잦은 비와 산성을 띤 토지 탓에 곡식을 재배하기 어려운 환경이었기 때문이다. 습한 기후에서도 비교적 잘 자라는 감자가 아니었다면 대부분의 가정은 끼니를 해결하기 벅찰 정도였다. 가난했던 대부분의 사람에게 금융거래를 통해 생활의 부족함을 메운다는 것은 딴 세상 이야기였다. 이들에게는 최소한의 신용은 고사하고 담보로 맡길 변변한 재산조차 없었다. 작가이기 이전에 성공회 소속 성직자이기도 했던 조너선은 이들을 위해 과연 어떤 일을 할 수 있을지 고민했다.

고심 끝에 그가 마련한 방안은 은행가들을 대신해 사람들에게 금융의 혜택을 제공하는 것이었다. 이를 위해 조너선은 1720년 사재를 털어 500파운드의 돈을 마련했다. 아이리쉬 론 펀드Irish Loan Fund(1720~1915)로 발전해 약 200년간 영세민들의 든든한 후원자 역할을 한 대출기금의 시작이었다. 조너선은 경제적으로 궁핍한 처지에 있던 사람들에게 5~10파운드에 이르는 소액의 자금을 빌려주었다. 도덕적 해이를 막기 위해서 매주 빌린 돈의 일부라도 갚도록 했다. 또한 두 명의 이웃을 보증인으로 세우고 돈을 갚지 못하면 법정에도 같이 서게끔 했다. 조너선의 이 같은 전략은 매우 효과적이었다. 비록 영세한 사람들이 주대상이었지만 이들의 근면함과 성실함 덕분에 빌려준 돈은 거의 예외 없이 상환되었다(이러한 아이디어는 오늘날 마이크로 파이낸싱이라 불리는 소액대출 제도를 통해 그 명맥이 유지되고 있다).

그렇다면 조너선이 제공했던 금융 서비스는 이전의 모습과 비교할 때 어떤 차이점이 있을까? 과거 금융 기능은 이탈리아의 은행가나 유대 상인과 같이 은행업에 특화된 상인들을 통해 제공되는 것이 일반적이었다. 이러한 모습은 현대에 있어서도 별반 다르지 않다. 은행, 보험사와 같은 대규모 상인(오늘날에는 회사 형태를 띠고 있다)을 거치지 않고서는 금융 서비스의 혜택을 누리기 어렵다. 이처럼 종래 금융 서비스는 상인이 소비자를 대상으로 하는 B2C^{business to consumer} 또는 B2P^{business to person} 형태를 띠는 것이 전형적인 모습이었다. 금융업처럼 수익성이 월등한 사업을 영위하려면 상인들은 국가로부터 별도의 면허를 얻고 엄격한 관리·감독도 받아야 했다.

하지만 조너선이 고안한 모델은 영리를 목적으로 하는 상인의 개입이 배제된 형태였다. '상인 대 소비자' 관계가 아닌 '개인 대 개인' 간 관계를 기초로 하는 것이었다. B2P 방식과 비교하자면 P2P^{person to person 혹은 peer to peer} 방식에 해당하는 것이었다. 이를 통해 과거 금융 서비스의 사각지대에 놓여 있던 많은 사람이 새로운 혜택을 누리게 되었다. 끼니를 걱정하던 사람들이 기금을 통해 구제를 받는가 하면 영세한 수공업자들은 사업을 위한 종잣돈을 마련할 수 있었다. 아일랜드 내 은행 시스템이 자리잡기 전까지 조너선과 그의 뜻이 반영된 아이리쉬 론 펀드는 서민들을 위한 훌륭한 금융 중개자의 역할을 수행했다.

──────── 합의 가능한 영역Zone of Possible Agreement을 찾아라

조너선을 통해 엿볼 수 있었던 개인 간 대출 모델은 인터넷 저변의 확대와 더불어 2005년 새로운 방식으로 나타났다. '합의 가능한 영역Zone of Possible Agreement'의 머리글자를 따 설립된 ZOPA라는 영국의 신생기업에 의해서였다. 이 회사가 제공하는 핵심적인 기능은 **온라인 플랫폼을 통해 개인과 개인 간에 대출이 이루어지도록 하는 P2P 대출 서비스**였다. 은행과 같은 금융 회사의 개입을 배제한 채 차입자와 대부자를 직접 연결해 주는 형태였다.

ZOPA의 서비스에 대한 시장의 반응은 기대 이상이었다. 기존 거래 방식보다 신속하고 효율적인 것은 물론 참여자들 모두에게 이익이 되는 거래로 보였기 때문이다. 가령 돈을 빌리려는 사람이 P2P 대출을 활용하면 은행의 까다로운 심사나 수일이 소요되는 승인 절차를 거칠 필요가 없었다. 돈을 빌려주는 사람 역시 은행에 예금 형태로 돈을 맡기는 것보다 더 높은 이익을 기대할 수 있었다. 그렇다면 이처럼 금융회사의 개입 없이도 개인 간 금융거래가 대량으로 이루어질 수 있었던 것은 왜일까? 그 비결은 ZOPA라는 회사의 이름 안에 숨어 있다. 아래 사례를 통해 P2P 대출이 어떻게 새로운 금융 서비스로 자리 잡을 수 있었는지 상세히 살펴보기로 하자.

- **급전이 필요한 A씨**: 가족의 수술비로 700만 원 가까운 돈이 필요한 A는 대출을 위해 은행을 찾았다. 연 10% 이하의 낮은 이율로 돈을 빌리기 위해서였다. 하지만 은행은

A의 낮은 신용등급을 이유로 대출을 거절했다. A는 대부 업체도 알아보았지만 생각보다 높은 연 15%대의 이율을 요구했다. A는 현재 그 어느 곳에서도 만족할 만한 대출을 받기가 어려운 상황이다.

- **여유자금을 굴리려는 B씨**: B는 그동안 모은 1,000만 원을 어떻게 운용할지가 고민이다. 은행에 예금으로 맡겼을 때 수익률은 연 2~3% 수준에 불과하다. 그렇다고 주식이나 펀드처럼 손실이 날 수 있는 상품에는 관심이 없다. B는 일부를 생활자금으로 남겨두더라도 적어도 500만 원 이상의 자금을 운용해 연 7% 이상의 수익을 낼 수 있는 방안을 찾고 있다.

위 사례에서 자금수요자 A와 자금공급자 B, 두 사람 간에 접점을 찾기란 쉽지 않아 보인다. 하지만 각각의 요구를 조정해 줄 수 있는 매개자가 있다면 모두에게 이익이 되는 결과를 이끌어낼 수도 있다. 두 사람 간에는 오른쪽 그림과 같이 상호 합의 가능한 영역이 존재하기 때문이다. 그림에서 보듯이 A와 B 사이에는 500만 원에서 700만 원 범위 내에서 대출이 성사될 수 있는 공통의 영역이 존재한다. 이자율에 있어서도 연 7~10% 수준까지 합의 가능한 영역이 존재한다. 이처럼 두 사

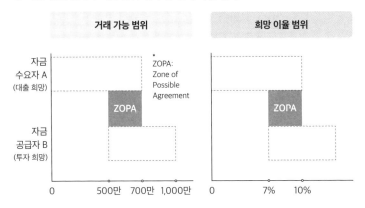

⊙ 자금 수요자(A)와 자금 공급자(B) 간 합의 가능 영역

| 거래 가능 범위 | 희망 이율 범위 |

자금
수요자 A
(대출 희망)

* ZOPA:
Zone of
Possible
Agreement

ZOPA

자금
공급자 B
(투자 희망)

ZOPA

0   500만 700만 1,000만   0   7%   10%

람 간에 합의 가능한 영역을 찾아내고 서로를 매칭시켜 줄 수
있다면 세부 조건의 조율을 통해 P2P 방식의 거래가 성사될 수
있다. 대출금 600만 원에 대해 연 8%의 이자를 적용하는 것과
같이 말이다.

합의 가능한 영역을 찾기 위해서라면 자금수요자와 자금공
급자가 반드시 1:1로 매칭될 필요도 없다. B가 제공할 수 있는
돈이 충분하지 않다면, 투자자 C를 추가로 매칭해 B와 C가 공
동으로 돈을 빌려주는 것도 가능하다. 새로운 투자자를 연결함
에 있어서는 그의 자금 여력이나 기대수익률, 위험에 대한 성향
등을 종합적으로 고려하게 된다.

금융회사 없는
금융거래

이후 P2P 대출은 짧은 기간에도 불구하고 비교적 안정적으로 자리잡아 갔다. ZOPA의 서비스가 개시된 이래 영국에서는 2020년 무렵까지 약 50만 명이 넘는 사람들이 개인 간 대출 서비스를 받았다. 누적 대출 규모는 60억 파운드에 이른다. 은행을 이용하기 어렵거나 보다 신속하고 간편한 절차를 선호하는 고객들은 ZOPA를 통해 최대 2만 5,000파운드까지 대출을 받아갈 수 있었다. 투자자들 역시 개인 간 대출 모델을 통해 연평균 4~6% 수준의 이익을 거두어 갔다. ZOPA의 온라인 플랫폼을 통해 차입자와 투자자들을 한데로 불러 모으고 각각의 요구 조건에 따라 서로를 연결해 준 결과였다(다만 ZOPA는 단순한 대출 중개 플랫폼을 넘어 2020년 ZOPA Bank라는 온라인 은행으로 탈바꿈했다. 이를 통해 현재는 예금이나 대출, 신용카드 등 은행 업무 전반에 걸친 서비스를 제공하고 있다).

온라인 플랫폼을 활용한 P2P 금융 모델이 널리 활용되고 있는 것은 대서양 건너 미국에서도 다르지 않은 상황이다. ZOPA의 탄생 이후, 미국에서는 프라스퍼prosper, 렌딩클럽lending club, 펀딩 써클funding circle과 같은 주요 P2P 대출업체들이 생겨났다. 특히 2008년 말 금융위기를 계기로 은행 문턱이 크게 높아지면서 많은 사람이 앞다투어 P2P 대출 시장으로 눈을 돌리기도 했다.

대표적인 P2P 대출업체인 프라스퍼의 경우, 차입자들은 플랫폼을 통해 희망 대출금액과 이자율, 신용 등에 관한 정보를 제공하고 2,000~50,000달러의 자금을 빌릴 수 있다. 신용이 저조한 사람이라도 의료비, 주택 수리, 학자금 마련 등 다양한 목적으로 해당 플랫폼을 이용할 수 있다. 투자자들은 이러한 정보를 토대로 적합한 대상자를 찾게 되면 최소 25달러부터 투자가 가능하다. 기대이익 수준은 투자 성향이나 위험도에 따라 연 4~20% 수준까지 다양한데 출시 후 평균 수익률은 연 5.5% 수준을 보이고 있다. 현재까지 프라스퍼는 200만 명이 넘는 고객들을 대상으로 총 260억 달러에 이르는 자금을 연결해 주고 있다.

국내에서도 P2P 대출은 전통 금융시장의 틈새를 효과적으로 파고드는 모양새다. 핀테크 열기가 한창이던 2020년, 국내에 설립된 P2P 대출 업체는 200여 개를 넘어설 정도였다. 시장 규모는 10조 원을 상회했다. 예상보다 훨씬 가파른 성장세를 보여준 것인데 이는 P2P 대출 고유의 특성과 자금 수요자들의 필요가 맞아떨어졌기 때문이기도 하다. 우선 낮은 신용으로 은행의 도움을 빌리기 어려운 사람들이 P2P 대출을 이용하는 데 별다른 제약이 없었다. 또한 제2금융권이나 대부업체에 비해 유리한 금리를 적용받거나 대출 실행에 걸리는 기간도 훨씬 짧은 편이었다. 특히 비제도권 금융으로서 대출 심사 기준인

LTV^{Loan to Value}나 DSR^{Debt Service Ratio}(모든 유형의 대출 원리금 상환액을 고객의 소득으로 나눈 비율) 규제로부터 자유롭다는 점은 P2P 대출의 확산을 불러온 주요 요인이기도 했다.

다만 국내의 경우 P2P 대출 업체의 무분별한 난립은 어느 정도 정리된 상태다. 2020년 시행된 '온라인투자연계금융업법'에 따라 일정 요건을 갖추어 승인을 받은 업체에 한해서만 P2P 대출 서비스가 가능하기 때문이다. 이에 따라 현재 국내에서는 피플펀드(현재 사명은 '크플'로 변경되었다), 8퍼센트, 렌딧 등과 같은 업체가 P2P 대출을 위한 주요 플랫폼 역할을 수행하고 있다. 국내 1호 등록업체인 피플펀드의 경우 순수한 개인도 최소 10만 원으로 투자에 참여할 수 있는데 2024년 9월 기준 누적 투자금액 2.1조 원, 투자 건수 290만 건, 평균 수익률 10.8% 수준을 보이고 있다.

다양한 형태로 확산되는 P2P 금융

한편 P2P 방식의 금융이 활용되는 분야도 다양한 형태로 확산되고 있다. 초창기 P2P 금융은 개인 간 대출 서비스를 주요 대상으로 한 것이었다. 하지만 최근 들어서는 벤처 기업, 신생 기업과 같은 회사들 역시 P2P 방식으로 자금을 조달

2부 핀테크와 암호화폐

하는 것이 전혀 생소하지 않다. 자금이 필요할 때면 은행에 손을 벌릴 수밖에 없었던 과거와는 판이한 양상이다. 일례로 앞서 언급했던 펀딩 써클은 여전히 P2P 대출의 기본 모델을 토대로 운영되고 있지만 소매 고객을 대상으로 한 서비스는 더 이상 제공하지 않는다. 그보다는 신생기업이나 중소기업 대상 대출 서비스에 주력하고 있다. 대출 투자자들 역시 기관투자가나 공공기관, 정부 등으로 한정되어 있다.

또한 초창기 P2P 금융은 대출 형태가 주를 이루었지만 현재는 **P2P 방식으로 주식이나 채권을 발행하는 것도 가능**하다. 투자은행의 개입 없이 온라인 중개 플랫폼을 통해 자금이 필요한 회사와 투자자들을 직접 연결하는 방식을 통해서다. 불특정 다수의 대중들로부터 직접 자금을 마련하는 이와 같은 방식은 흔히 크

⊙ 전통 금융 모델 vs. P2P 모델

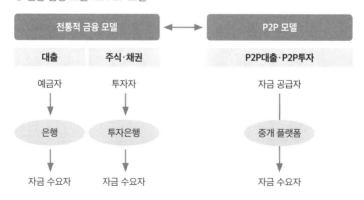

라우드 펀딩으로도 불린다(크라우드 펀딩에 대해서는 2부 3장에서 보다 자세히 살펴보기로 한다).

P2P 대출 시장의 앞날은 밝기만 할까?

P2P 대출의 성장은 이제 더 이상 금융이 금융회사만의 전유물이 아니라는 점을 보여주었다. 이를 통해 더 많은 사람에게 금융의 혜택이 돌아가고 새로운 투자 기회가 생겨난 것은 분명 P2P 금융이 갖는 순기능에 해당한다. 하지만 아직은 발전 단계에 있는 만큼 **P2P 대출에 따른 위험이나 시장의 성장을 가로막는 장애 요인 역시 존재**한다.

P2P 대출의 가장 큰 위험 요인을 꼽는다면 무엇보다도 차주의 신용 리스크가 크게 부각된다는 점이다. P2P 대출의 주 이용 고객은 은행거래에 필요한 신용도를 갖추지 못한 사람이 대부분이다. P2P 업체들 역시 우량 고객보다는 중신용자 또는 저신용자들을 주요 타깃 고객으로 삼는다. 이 때문에 투자자 입장에서 높은 수익을 기대하고 P2P 대출에 참여하더라도 막상 만기가 되었을 때 돈을 돌려받지 못할 가능성도 크다. 이는 은행 이용자들의 연체율이 1% 미만인 데 반해 P2P 대출의 경우 연체율이 10% 가까운 데서도 드러난다.

P2P 대출을 이용하는 고객 입장에서도 그 부담은 만만치 않은 수준이다. 신용도가 낮은 고객들을 대상으로 상대적으로 더 위험한 대출이 취급되는 만큼 이자율은 은행 거래에 비해 훨씬 높다. 통상 최저 이율 수준이 연 10%대다. 또한 이와 별개로 대출 중개에 대한 1~5%가량의 플랫폼 수수료도 지불해야 한다. 이러한 비용들을 감안하면 실제 적용되는 이율은 15~20%에 육박한다.

P2P 투자금에 대해서는 예금과 같은 공적 보험의 혜택이 적용되지 않는 점도 불리한 요소다. 은행에 예금 형태로 돈을 맡겼다면 만에 하나 은행이 파산해도 국가가 나서 일정 금액을 보장해 준다. 하지만 P2P 대출은 금융기관 없이 개인 간에 체결되므로 이 같은 혜택에서 배제된다. 플랫폼 회사 역시 대출에 관한 중개 역할을 한 것에 불과하므로 직접적인 책임 주체로 고려되지 않는다. 최근에는 P2P 투자금과 대출 상환금의 안전한 보관을 위해 제3의 예치기관인 은행 등이 활용되고 있지만 대출이 연체되었을 때 원금 손실이 초래되는 것은 불가피하다.

하지만 그 무엇보다 P2P 금융의 광범위한 확산에 장애요인이 되는 것은 변화된 규제 환경이다. 사실 P2P 대출이 처음 나타났을 때만 해도 이렇다 할 규제가 없었다. 새로운 방식의 거래인 만큼 기존의 규제를 그대로 적용하기 어려웠기 때문이다. 하지만 P2P 대출이 초래할 수 있는 역기능, 가령 대출 사기나 신뢰 저하, 소비자 보호의 공백과 같은 문제들이 하나둘씩 불거지면서 P2P 금융에 대한 규제도 점차 강화되고 있는 추세다. 2020년대 들어 ZOPA나 렌딩클럽이 디지털 은행으로 전환한 것도 이 같은 환경 변화와 무관하지 않다. 펀딩 서클 역시 중소기업 대상 서비스에 주력하면서 순수한 '개인 간' P2P 대출 서비스는 중단한 상태다.

이상의 점들을 감안하면 아직은 P2P 금융이 기존의 금융 방식을 완전히 대체했다고 보기는 무리다. 그렇지만 ZOPA를 통해 선보인 개인 간 금융거래 방식은 금융의 패러다임을 전환시킬 작지만 위대한 시작일지도 모른다. 금융회사를 거치지 않고도 얼마든지 금융거래가 이뤄질 수 있다는 가능성을 확인시켜주었기 때문이다. P2P 금융의 성장세는 다소 주춤한 상황이지만 앞으로의 변화와 발전 가능성에 대해서는 여전히 관심을 갖고 지켜볼 일이다.

우리 생활을
편리하고 스마트하게

──── 페이팔이 몰고 온
지급결제 혁신

오늘날 핀테크의 기능을 가장 직접적으로 체감할
수 있는 분야는 이제는 누구에게나 익숙한 카카오페이, 네이버
페이와 같은 지급결제 분야다. 두툼한 지갑 안에 현금이나 신
용카드를 챙겨 다니지 않아도 경제생활을 하는 데 아무런 지장
이 없을 정도다. 하지만 지금은 너무나 당연한 듯 여겨지는 이
런 모습이 우리 생활의 일부로 녹아든 것은 불과 십수년 전의
일이다. 그렇다면 지급결제 분야에서의 이 같은 변화는 어떤
계기로 시작된 것이었을까?

핀테크를 통해 지급결제의 혁신을 몰고 온 대표적인 기업을 꼽는다면 단연 미국의 페이팔^PayPal을 들 수 있다. 페이팔은 1998년 컨피니티^Confinity라는 이름으로 출발해 인터넷 기반의 지급결제 서비스를 목적으로 설립된 회사였다. 이후 2002년 전자상거래업체 이베이^eBay에 인수되면서부터 세계 최대의 핀테크 기업으로 거듭났다. 온라인 상거래의 폭발적인 성장세와 맞물려 이베이에서 이루어지는 거래의 결제나 송금 업무를 도맡아 처리한 데 따른 것이었다. 페이팔은 현재 약 4억 명 이상의 사용자를 보유하고 있으며 200여 개 국가에서 쓰이고 있을 만큼 막강한 영향력을 자랑한다.

페이팔이 단기간 내 큰 성공을 거둘 수 있었던 데는 복잡하고 비효율적인 금융시스템도 한몫했다. 페이팔이 탄생하기 전 미국에서는 같은 나라 안에서도 주洲 간 금융거래를 위해 비교적 높은 수수료를 물어야 했다. 각 주별로 구분되어 있는 금융거래 시스템과 감독 체계 때문이었다. 이 때문에 거래비용이 증가하는 것은 물론 최종적으로 결제가 완료되기까지 상당한 시간이 소요되었다. 시차로 인해 각 주별로 업무처리 시간이 다르다거나 결제 인프라 수준에 차이가 나는 것도 사소하지만 신속한 금융거래를 저해하는 요인이었다. 이 같은 배경하에 인터넷을 통해 사용자들에게 보다 편리하고 효율적인 결제 시스템을 제공하는 것이 페이팔이 추구한 궁극적인 목표였다.

이메일만으로도 가능한
간편결제의 원리

구체적으로 페이팔은 어떤 방식으로 이용자들이 만족해하는 결제 서비스를 제공할 수 있었을까? 그 요체는 고객별로 부여된 전자지갑을 통해 회원들 간에 손쉽게 돈을 송금하고 결제가 이루어지도록 한 것이었다. 세부 과정을 들여다보자면 다음과 같다(아래 그림 참조).

우선 고객이 페이팔에 가입하면 각 고객별 전자지갑에 해당하는 페이팔 내의 가상계좌가 부여된다. 가입 시에는 고객 확인을 위한 이메일과 은행 계좌 혹은 신용카드 정보를 함께 등록한다. 고객은 은행 계좌 등을 통해 전자지갑에 잔고를 충전하며, 결제금액이 부족한 때에는 이를 추가로 보충한다(①). 만

⊙ 페이팔의 간편결제 구조

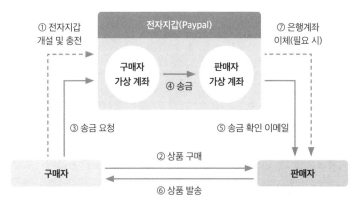

약 고객이 물품을 구매해 대금을 치러야 할 상황이 되면(②), 판매자에 대한 송금 요청을 통해 해당 자금이 판매자의 전자지갑으로 이체되도록 한다(③, ④). 이후 판매자는 이메일을 통해 송금사실을 확인한 다음 고객이 구매한 물품을 발송하게 된다(⑤, ⑥). 이때 판매자의 전자지갑에 이체된 자금은 필요에 따라 다른 거래에 활용하거나 은행 계좌로 전송해 현금화할 수도 있다(⑦).

이러한 방식에 따르면 이용자들은 번거롭게 상대방의 은행 계좌나 신용카드 번호를 일일이 확인할 필요가 없었다. 상대방의 이메일 주소만 알고 있다면 최초 거래 시에 등록해 둔 결제 정보를 활용해 간단한 클릭 몇 번만으로 결제를 완료하는 것이 가능했다. 해외에 있는 상대방과 거래할 때에는 은행을 거칠 것 없이 결제 시스템 내에서 환전 서비스도 제공 받을 수 있었다.

이 같은 핀테크 기반의 결제는 신용거래가 자리잡지 못한 상황하에서 거래 안전을 확보하기 위한 훌륭한 수단이 되기도 한다. 가령 중국에서는 아직도 위조지폐가 쓰이거나 주문한 것과는 전혀 다른 상품이 배송되는 사기 거래가 빈번하게 발생하곤 한다. 상대방에 대한 믿음을 기초로 하는 신용거래가 뿌리 내리기 어려운 상황이다. 중국의 대표적인 지급결제 플랫폼인 알리페이Alipay는 이를 위해 핀테크의 기능을 십분 활용했다. 알리페이에서는 구매자가 돈을 지불했어도 실제 물품을 확인하기 전까지는 판매자에게 대금이 지급되지 않는다. 이러한 보증결제 방식을 통해 알리페이는 신뢰받는 지급결제 플랫폼을 넘어 세계 최대의 온라인 결제 플랫폼으로 성장할 수 있었다.

페이팔이나 알리페이의 사례에서 나타나듯 핀테크를 활용한 **지급결제 서비스는 거래 과정에서 신뢰할 수 있는 제3자로서 거래대금을 이체 또는 보관하는 기능을 제공**하는 것이 그 핵심이다. 이후 나타난 핀테크 업체들의 지급결제 서비스 역시 대부분 위와 같은 모델에 기초하고 있다고 해도 과언이 아니다. 물론 지급결제를 위해 활용되는 수단은 이메일 외에도 다양한 방식이 추가되었다. 바코드나 QR 코드 인식, NFC(근거리 무선통신기술로 애플페이나 삼성페이에 적용되는 방식이다) 등 다채로운 방안이 활용되고 있다. 하지만 그 근간이 되는 요소는 크게 다르지 않다. 다양한 IT 기술을 활용해 이용자 정보를 확인·교환하고 이와 연계된 은행 계좌나 전자지갑을 통해 편리하고 신속한 결제가 이루어지도록 하는 것이다.

─────── ## 전방위로 뻗어 나가는 핀테크 금융

금융과 기술의 결합이 불러올 수 있는 변화는 앞서 보았던 P2P 대출이나 간편결제에 한하지 않는다. 핀테크 혁신은 금융산업의 전방위에 걸쳐 현재에도 진행되고 있으며 자연스레 금융 생활의 일부로 녹아들고 있다. 이러한 변화상을 분야별로 나누어 살펴보자면 핀테크는 크게 다음과 같은 영역을 중심으로 진행되고 있다.

- **결제 및 송금**: 은행과 같은 금융기관을 대신해 간편하고 신속한 지급결제 기능을 제공하는 분야다. 핀테크 기업을 통한 간편결제 외에도 이체나 해외송금 등이 주요 서비스다.
- **금융 플랫폼**: 온라인 중개자 역할을 통해 금융회사 없이도 다양한 금융 서비스 제공이 가능하도록 하는 분야다. 플랫폼을 매개로 한 P2P 대출이나 크라우드 펀딩, 환전, 자산관리 등이 주요 서비스다.
- **금융데이터 분석**: 개인이나 기업에 대한 데이터 수집 및 분석을 통해 새로운 부가가치를 만들어 내는 분야다. 빅데이터, 인공지능에 기반한 신용평가나 자산관리 서비스가 대표적이다. 이외에도 신규 보험상품 개발이나 이상거래탐지 등의 분야에서도 널리 활용되고 있다.
- **금융 소프트웨어**: 이는 IT 기술을 활용해 보다 효율적인 업무처리를 지원하는 분야에 해당한다. RPA^{Robotic Process Automation}를 통한 단순업무의 자동화나 회계처리 및 위험관리 업무의 수행, 새로운 보안·인증 서비스를 적용하는

2부 핀테크와 암호화폐

것 등이 대표적이라 할 수 있다.

- **레그테크**: 이는 규제^{regulation}와 기술^{technology}이 결합된 용어로 날로 복잡해지는 법률이나 규제 사항의 준수를 지원하는 분야다. 검은돈 거래를 차단하는 자금세탁방지 업무를 비롯해 정보 보호나 감사 업무 등 수행에 있어 활용도가 높아지고 있다.

그렇다면 실제 금융거래에 있어 핀테크는 어떤 모습으로 활용되고 있을까? 이하에서는 핀테크가 적용되는 영역별로 해당 분야의 주요 혁신 기업들이 제공하고 있는 핀테크 서비스의 내용을 구체적으로 살펴보기로 하자.

보다 현명한 송금을 위해서라면, 트랜스퍼 와이즈

간편결제와 더불어 핀테크가 활용되는 대표적인 분야는 송금시장이다. 2011년 영국에서 설립된 트랜스퍼 와이즈(현재 회사명은 '와이즈'로 변경되었다)는 해외송금 분야에서 괄목할 만한 변화를 가져온 핀테크 기업이다. 사실 은행을 통해 해외에 돈을 보내기 위해서는 생각보다 많은 비용과 시간이 소요된다. 세계은행에 따르면 전 세계적으로 평균 송금 비용은 송금액의 6~7% 수준에 이른다. 최종적으로 결제가 완료되기까지는 통상 3영업일 이상의 시간이 소요된다. '스위프트'라는 은행 간 전산시스템을 통해 국내외의 중개은행과 지급은행을 거쳐 최종 수취인에게 이르기까지 여러 단계를 거치기 때문이다. 그렇다면 트랜스퍼 와이즈는 어떤 방법으로 해외송금에 드는 시간과 비용을 획기적으로 절감할 수 있었을까?

가령 한국에 있는 A가 미국에 있는 자녀 B에게 원화를 환전해 1,000달러를 송금한다고 해보자. 또 미국에 거주하는 X는 한국의 가족 Y에게 1,000달러를 환전해 원화로 송금하려는 상황을 가정해 보자. 이 경우 기존의 송금 방식을 따른다면, A와 X가 요청하는 두 건의 해외송금이 일어난다(오른쪽 그림의 상단). 환전과 해외송금 과정에서 높은 수수료가 발생하는 것은 물론 최종 송금이 되기까지 수일이 걸린다.

하지만 트랜스퍼 와이즈는 **각국의 외환 거래 수요자들을 상호 연결해 주는 방식으로 이를 해외송금이 아닌 국내송금으로 간단히 처리**했다. 이용자들이 서로 다른 나라에 있더라도 동일한 해외송금 수요만 있다면 이러한 일은 얼마든지 가능했다. 오른쪽 그림의 하단과 같이 A가 미국으로 보낼 돈과 X가 한국으로 보낼 돈을 플랫폼을 동해 상호 교환하게 되면 환전이나 해외송금 없이도 그와 동일한 효과를 낼 수 있다.

트랜스퍼 와이즈로 인한 비용 절감은 무시할 수 없는 수준이

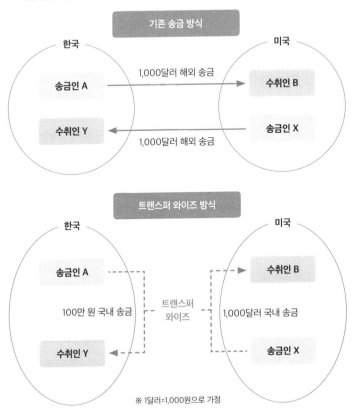

⊙ 기존 송금 방식 vs. 트랜스퍼 와이즈의 송금 방식

기존 송금 방식

한국   미국

송금인 A   1,000달러 해외 송금→   수취인 B

수취인 Y ←1,000달러 해외 송금   송금인 X

트랜스퍼 와이즈 방식

한국   미국

송금인 A   수취인 B

100만 원 국내 송금   트랜스퍼 와이즈   1,000달러 국내 송금

수취인 Y   송금인 X

※ 1달러=1,000원으로 가정

다. 은행을 통한 송금과 비교할 때 자금이 국경을 넘나들지 않아 송금비용은 평균 1/10 수준에 불과하다(통화별로 차이는 있지만 대략 0.3%에서 1.5% 사이의 비용이 부과된다). 시간상으로도 통상 당일 내로 송금이 완료되며 거래가 빈번한 일부 통화는 몇 분 내로 거래가 완료되기도 한다. 설립일로부터 10여 년이 지난 지

금 트랜스퍼 와이즈는 현재 160개 국가에서 40여 종의 통화를 대상으로 송금 서비스를 제공하고 있다. 영국 최고의 핀테크 기업 중 하나로 성장한 이 회사의 목표는 분명하다. 송금은 쉽고 저렴하며 빨라야 한다는 것이다. 기존의 금융 관행을 깨트린 또 하나의 핀테크 혁신이라 하지 않을 수 없다.

트랜스퍼 와이즈가 선보인 서비스는 해외송금 중에서도 페어링pairing 방식으로 분류된다. 다양한 송금 수요자들이 플랫폼에서 짝을 맺듯이 연결된다는 점에서 붙여진 이름이다. 하지만 해외송금을 처리하는 핀테크 기업들은 다른 방식으로 고객들을 지원하기도 한다. 고객별로 신청한 여러 건의 송금 요청들을 모아 한 건의 송금으로 처리하는 방식은 풀링pooling 방식으로 불린다. 마치 공동구매 형태로 해외송금을 처리하는 것에 가까운데 고객들은 이를 통해 보다 저렴하게 해외송금을 이용할 수 있다. 또 다른 유형으로는 사전 예치prepay 방식도 있다. 이는 핀테크 기업이 세계 각국에 있는 파트너 업체의 도움을 빌려 해외송금을 처리하는 형태다. 현지 파트너 기업의 계좌에 일정 자금을 예치해 둔 다음, 고객이 송금 요청한 돈을 이 계좌에서 빼내어 처리하는 방식이다.

킥스타터와 크라우드 펀딩

　금융 플랫폼은 금융회사의 개입 없이도 다양한 금융서비스를 제공한다. 현재 금융 플랫폼은 지급결제나 송금, 대출 등 다방면으로 쓰이고 있지만 개인이나 단체를 위한 자금조달 방안으로도 활용될 수 있다. 크라우드 펀딩은 이처럼 **금융 플랫폼을 통해 일반 대중**crowd**으로부터 필요한 자금을 조달**funding**하는 핀테크 분야**의 하나다(크라우드 펀딩이란 용어는 2008년 이후 인디고고 Indiegogo, 킥스타터Kickstarter와 같은 크라우드 펀딩 플랫폼의 출시를 계기로 대중화되었다).

　크라우드 펀딩 중 가장 성공적인 사례 중 하나는 페블Pebble의 스마트워치smart watch 프로젝트다. 기관 투자자들로부터의 자금조달이 가로막혔던 이 회사는 그 대안으로 킥스타터의 크라우드 펀딩 플랫폼을 활용했다. 대중들로부터 제품 개발에 필요한 비용을 직접 마련하기 위해서였다. 목표 금액은 10만 달러였다. 하지만 저렴한 가격으로 스마트폰과 연동해 사용할 수 있는 이 기기에 사람들은 기대 이상의 관심을 보였다. 2012년 4월, 자금 모집을 시작한 지 불과 2시간 만에 목표 금액을 채웠다. 펀딩이 진행된 한달여 동안 최종적으로는 1,000만 달러가 넘는 자금이 모였고 페블은 무리 없이 제품 개발을 완료할 수 있었다.

위 사례에서 보듯 크라우드 펀딩은 전통 금융시스템을 대신해 훌륭한 자금 중개자의 역할을 수행한다. 하지만 그 역할은 단순한 금융 기능의 제공에 그치지 않는다. 창의적인 아이디어나 흥미로운 프로젝트를 현실화할 수 있게 도와주는 훌륭한 조력자이기도 하다. 현재에도 킥스타터, 인디고고와 같은 크라우드 펀딩 플랫폼에서는 소설이나 영화, 패션, 게임 등 다양한 분야의 창작자들을 후원하기 위한 프로젝트들이 활발히 진행되고 있다.

크라우드 펀딩은 광범위한 활용 가능성을 갖는 만큼 그 목적이나 대가성 유무에 따라 보다 세분화된 형태로 구분할 수도 있다. 먼저 '기부형'은 보상에 대한 기대 없이 순수한 자선이나 나눔 목적으로 이루어지는 형태다. 거금의 수술비가 필요한 사람이나 어려움에 처한 이웃을 돕기 위해 참여하는 것이 이에 해당한다. '후원형'은 문학, 예술과 같은 창작활동이나 문화행사 혹은 공익활동을 지원하는 것을 목적으로 한다. 기부형과 마찬가지로 금전적 보상을 목적으로 하진 않지만 후원자에게는 도서나 공연 티켓, 기념품과 같은 보답이 뒤따르기도 한다. '대출형'은 플랫폼을 매개로 자금을 빌려주고 이에 대한 상환 및 이자 지급의무가 따르는 유형이다. 중개 플랫폼을 통해 이루어지는 P2P 방식의 대출이 대표적인 형태다. 마지막으로 투자목적으로 활용되는 유형으로는 '증권형(또는 지분형)' 크라우드 펀딩도 있다. 이러한 유형은 신생 기업이나 상업적 프로젝트에 대한 지원을 주목적으로 하는데 참여자들은 그에 대한 보상으로 주식이나 지분을 얻어 수익 배분에 참여할 수 있다.

민트^{Mint}에서 시작된
온라인 자산관리

금융회사가 제공하는 자산관리 서비스는 고액 자산가나 VIP 고객 등 일부만의 혜택으로 인식되곤 한다. 하지만 2006년 설립된 민트는 미국, 캐나다에서 일반 개인을 대상으로 종합 자산관리 서비스를 제공하는 핀테크 기업이다. 인터넷이나 스마트폰으로 해당 서비스에 가입하면 누구라도 자신만의 온라인 금융 비서를 둔 것과 같은 혜택을 누릴 수 있다. 설립 후 10년 만에 2,000만 명 이상의 고객을 확보했을 만큼 이용자 저변도 넓다.

이 기업은 고객이 제공하는 금융 데이터를 기초로 여러 기관에 흩어져 있는 은행 계좌와 자산, 신용카드 내역 등 고객의 금융 상황을 한눈에 파악한다. 이를 바탕으로 고객의 소비패턴을 분석한 다음 적합한 지출이나 예산 설정 방안에 대해 안내해 준다. 지출 삭감이 필요한 항목을 조언해 주는 것은 물론 곧 결제일이 도래하는 채무도 알려준다. 나아가서는 고객별로 특별한 혜택을 누릴 수 있는 신용카드나 보다 유리한 조건의 대출상품을 추천해 주기도 한다. 이러한 **온라인 자산 및 금융관리 서비스를 통해 개개인의 재정관리를 지원하고 높은 수준의 신용도를 유지하게끔 도움**을 준다(다만 민트는 2009년 모기업인 인튜이트Intuit에 의해 인수된 바 있는데, 2024년부터는 인튜이트가 운영하는 신용관리 플랫폼인 크레딧 카르마 Credit Karma로 대부분의 서비스가 통합되었다).

국내에서는 뱅크샐러드와 같은 기업이 민트와 유사한 서비스를 제공하고 있다. 2018년 온라인 가계부 앱 출시 1년 만에 200만 명의 고객을 확보했던 이 기업은 현재는 데이터 기반의 대표적인 온라인 자산관리 플랫폼으로 성장했다. 개인별 수입/지출 내역을 관리하는 것은 물론이고 광범위한 금융 데이터 수집을 통해 고객 맞춤형 자산관리 서비스를 제공한다. 개인이 일일이 파악하기 어려운 수백여 개의 금융상품을 비교해 예금이나 대출, 보험, 신용카드 등 거래에서 가장 유리한 상품을 추천해 주기도 한다.

─────── **핀테크와
금융 소프트웨어**

금융거래에 필수적인 신원확인 업무는 핀테크 기반의 금융 소프트웨어 활용이 두드러진 분야다. 어떤 금융거래

이든 거래과정에서 요구되는 첫 번째 절차는 거래를 요청하는 자가 본인임이 맞는지 여부를 확인하는 일이다. 부정한 거래나 범죄 행위를 원천적으로 차단하기 위해서다. 이를 위한 가장 일반적인 방식은 창구 직원에게 본인의 신분증을 제시하는 것이다. 하지만 금융거래에 IT 기술이 접목되면서 본인 인증을 위한 방안은 훨씬 다채로워지고 있다. 전자적 형태의 인증서 발급이 보편화된 후로 이제는 은행 방문 없이도 손쉽게 본인임을 인정받고 금융거래를 수행할 수 있다. 이 외에도 얼굴이나 음성, 지문 등 본인만의 고유 정보를 활용하는 생체인증 역시 핀테크가 적용된 대표적인 인증 방식이다.

최근 그 중요성이 더욱 부각되고 있는 부정거래탐지 시스템은 금융거래 정보를 실시간으로 수집, 분석해 이상거래를 적발해 내는 보안 기술이다. 예컨대, 짠돌이 소비패턴을 보이는 고객이 느닷없이 고가의 해외 명품을 구매하는 것과 같은 행위들을 걸러낸다. 비정상거래를 사전 포착해 금융사고나 범죄 행위를 방지하고 고객들을 보호하기 위해서다.

결제 분야 역시 금융 소프트웨어의 활용으로 보다 놀라운 변화가 초래될 것으로 예상되는 분야다. 생체인식이나 스마트워치와 같은 웨어러블 기기를 통해 계산대를 지나기만 해도 자동으로 결제가 이루어지는 시스템은 머지않아 일상화된 모습으로 자리잡게 될 것이다.

───── 은행의 강력한 경쟁자로 떠오른
IT 기업

이상의 사례들로 금융이 더 이상 은행, 증권사와 같은 금융회사만의 전유물이 아니라는 사실을 알 수 있다. 지급결제나 송금, 대출, 자산관리 등의 분야에서 짧은 시간에 핀테크 기업들이 이루어 낸 성과는 그저 놀랍기만 하다. 하지만 전통 금융회사의 영역을 침범해 오고 있는 것은 금융 서비스에 특화된 핀테크 기업에 한하지 않는다. 이러한 변화가 진행되는 사이 일반 IT 기업들 역시 서서히 금융 분야로 영역을 확장해 오고 있다.

IT 기반의 거대 유통기업인 아마존이 그 대표적인 사례다. 아마존은 이미 2007년도에 페이팔과 유사한 자체 온라인 지급결제 시스템인 '아마존 페이'를 출시했다. 신용불량 등으로 은행 계좌나 신용카드를 만들기 어려운 고객들을 위해서는 '아마존 캐시'를 통해 전자 지급결제 서비스를 제공한다. 적어도 아마존 생태계 내에서 아마존은 여느 핀테크 기업이나 은행 못지않은 역할을 수행하고 있는 셈이다. 아마존의 행보는 여기서 그치지 않았다. 2011년에는 중소 사업자를 대상으로 한 자체 대출 프로그램인 '아마존 렌딩' 서비스도 출시한 바 있다. 은행 거래에서 요구되는 대출 심사는 불필요하며 다수의 거래처를 확보하고 양호한 매출실적이 있는 사업자라면 최대 75만 달러까지 대출을 받을 수 있었다(다만 아마존 렌딩 서비스는 연체율 증가와 위험관리상의 이유로 2024년 3월부로 중단된 상태다). 물론 이러한 조치들은 아마존 생태계 안으로 더 많은 이용자를 끌어들이기 위한 것이 일차적인 목적이다. 하지만 그와 더불어 IT 기업과 금융업 간의 경계가 조금씩 허물어져 가고 있는 모습을 보여주기도 한다.

IT 기업이 금융 분야로 영역을 넓혀 가는 사례는 은행업에 한하지 않는다. 중국의 전자상거래업체 알리바바는 IT 기업이 투자 영역에까지 손을 뻗친 사례다. 알리바바는 2013년 6월, 고객들의 알리페이 계좌에 남아 있는 잔액을 단기 투자상품으로 운용할 수 있는 MMF^{money market fund}(단기금융상품에 투자해 수익을 얻는 펀드를 말한다) 상품을 선보였다. '푼돈의 보물'이라는 의미를 지닌 위어바오 펀드다. 해당 상품은 출시 이후 시중 자금을 블랙홀처럼 빨아들이며 기존 금융회사들을 압도하는 성과를 냈다. 2017년 세계 최대 규모의 MMF로 성장했고 한때 중국 인구의 절반 가까이가 이 상품에 가입하고 있을 정도였다. 위어바오 펀드가 선풍적인 인기를 끌자 다른 IT 업체들의 참여도 이어졌다. 중국 최대의 검색업체 바이두가 선보인 바이파(큰 성장 또는 발전의 의미를 담고 있다) 펀드에는 출시 하루 만에 10억 위안이 몰려 큰 화제가 되었다. 알리바바의 경쟁업체인 텐센트 역시 차이푸퉁(재물의 통로를 뜻한다) 펀드를 출시해 유사한 행보를 보였다. 과거 투자은행이나 증권회사가 맡아 오던 역할을 대형 IT 기업들이 대신한 것이었다.

국내 IT 기업들의 대응 역시 크게 다르지 않다. 네이버페이, 카카오페이와 같은 회사들은 간편결제나 금융 데이터 사업을 넘어 종합 금융 플랫폼으로의 변신을 꾀하는 중이다. 물론 아직은 위 회사들을 통해 직접 은행 계좌를 개설하거나 대출이 실행되는 단계까지 이른 것은 아니다. 하지만 금융회사들과의 업무 제휴를 통해 기존의 경계를 조금씩 허물어 가고 있는 것만은 분명하다. 은행 연계통장 출시나 새로운 신용평가 모델을 통한 대출 지원, 고객 맞춤형 투자상품 추천 등 금융 플랫폼을 통해 제공되는 서비스는 날로 확장되고 있는 추세다.

그렇지만 대부분의 국가에서 유지되고 있는 금산분리(금융자본과 산업자본을 분리해 상호 간 소유나 지배를 금지하는 것을 말한다) 원칙이나 금융산업에 대한 까다로운 규제로 인한 금융과 비금융 부문 간 경계는 아직까지는 유효한 모습이다. 또한 IT 기업의 부상을 심각한 위기로 받아들이고 있는 전통 금융회사들의 대응 역시 만만치 않다. 이들 역시 시대적 변화에 발맞추어 IT 경쟁력 강화에 큰 힘을 쏟고 있다. 일례로 골드만삭스의 CEO였던 블랭크페인은 "골드만삭스는 이제 금융회사가 아니라 IT 기업"이라고 공공연히 말하고 다닐 정도였다. 이를 증명하기라도 하듯 2010년대 중반 무렵부터 이미 임직원의 1/3 가량은 IT 인력으로 채워졌다. 간편결제나 송금, 암호화폐, AI 등에 특화된 유망 핀테크 기업들을 대상으로는 집중적인 투자를 이어오고 있다.

미래 금융시장의 주역은 과연 어떤 모습을 하고 있을까? 전통의 금융회사들이 여전히 그 자리를 지키고 있을까 아니면 IT 기반의 대형 기업들이 이들을 대신하고 있을까? 이노 서도 아니면 전혀 새로운 형태의 기관이나 존재가 금융시장을 지배하고 있을까? 현재의 상황만 놓고 보면 여전히 은행 같은 전통 금융회사가 우위를 점하고 있는 것으로 보이지만 앞으로 변화해 나갈 모습에 대해서는 그 누구도 장담하기 힘들 것이다. 그렇지만 누가 미래 금융시장의 주역으로 자리잡든 변하지 않는 사실이 있다. 금융은 사람들의 필요와 편의를 위해 존재해 왔고, 앞으로도 그러할 것이라는 점이다. 은행업은 여전히 필요하겠지만 은행은 꼭 그렇지 않을 수도 있다는 빌 게이츠의 예측은 이러한 점에서 충분히 이해될 수 있다.

모든 암호화폐*의 시작

하이퍼 인플레이션과 추락한 화폐 가치

핀테크가 금융 시장 전반에 신선한 변화와 활력을 불어넣고 있을 즈음, 세상에는 여태까지 보지 못했던 새로운 유형의 화폐가 나타났다. 2009년 사토시 나카모토라는 익명의 프로그래머가 만든 것으로 알려진 비트코인이 그 주인공이다. 비

＊　시장에서는 비트코인과 같은 유형의 자산을 암호화폐, 가상화폐(가상자산), 디지털 자산 등 다양한 명칭으로 부르고 있는데, 이는 해당 자산의 특정한 성질을 강조한 용어들에 해당한다. 가령 가상화폐는 현실 세계가 아닌 가상의 공간에서 활용된다는 점에, 암호화폐는 암호화 기술을 적용해 만든 화폐라는 점에 주안점을 둔 용어다. 디지털 자산은 해당 재산이 실물 없이 전자적 형태로 존재한다는 점을 부각한 용어다. 다만 이 책에서는 여러 용어 가운데 가장 일반적으로 쓰이고 있는 암호화폐라는 용어를 주로 사용하기로 한다.

트코인을 필두로 이후 이더리움, 테더, 리플과 같은 다양한 암호화폐들이 나타났고 전 세계 사람들로부터 뜨거운 관심을 받았다. 그리고 그 파급효과는 이때까지 나타났던 그 어떤 사건들보다도 막강했다. 중앙은행과 법정화폐를 기초로 운영되는 그간의 금융시스템을 뿌리에서부터 뒤흔들 정도다.

교환의 매개체이자 가치저장 수단으로도 활용되는 화폐는 과거부터 다양한 형태로 존재해 왔다. 역사상 최초의 화폐는 실물 형태의 '상품화폐'였다. 조개껍데기나 직물, 곡식, 소금을 비롯해 화폐 용도로 사용된 상품들은 총 170여 종에 이른다. 이후 상거래와 교역이 활발해진 후로는 보다 표준화되고 간단한 형태로서 금이나 은과 같은 금속 형태의 '주조화폐'가 활용되었다. 하지만 오늘날 널리 활용되고 있는 달러화나 원화와 같은 화폐는 종이 형태의 '신용화폐'다. 그 자체로는 아무런 가치가 없는 종이조각 위에 인위적으로 일정한 가치가 부여된 방식이다.

신용화폐는 사회 구성원 공동의 신뢰와 약속하에 화폐에 기재된 금액만큼의 가치를 지닌 것으로 인정받는다. 그 가치는 화폐의 독점적 발행 주체인 국가나 중앙은행을 통해 보장되며 사람들은 이를 신뢰하고서 화폐를 사용한다. 하지만 화폐가치에 대한 신뢰는 언제나 유지될 수 있는 것일까? 애석하게도 과거의 사례들을 보자면 이 같은 신뢰가 무참히 깨어지는 일도 비일비재하다.

제1차 세계대전 후, 패전국 독일에게 남은 것은 1,320억 마르크(현재 가치로 약 330억 달러) 규모의 전쟁 배상금이었다. 하지만 전쟁으로 경제가 붕괴되고 세금을 걷기도 어려운 상황에서 이만한 돈을 마련하는 것은 애당초 불가능에 가까운 일이었다. 전쟁 배상금 마련을 위해 독일 정부가 할 수 있는 일이라곤 결국에는 중앙은행을 통해 돈을 무제한으로 찍어 내는 것뿐이었다. 그 결과 독일에서는 어떠한 일이 발생하게 되었을까?

바로 하이퍼인플레이션hyperinflation이다. 이 시기 독일에서는 그야말로 상상하기 힘든 수준의 인플레이션이 발생했다. 1921년 1마르크였던 빵 가격이 1922년 150마르크 수준으로, 1923년에는 10억 마르크 수준으로 치솟았다. 빵 한 조각을 사기 위해 수레 가득 돈을 싣고 가야 할 정도였다. 불과 2년 만에 물가가 10억 배나 상승한 만큼 액면가 1조 마르크 화폐까지 등장했다. 그러자 당시 독일의 경제환경은 고대 사회로 회귀한 듯한 모습이었다. 곳곳에서 물물교환 형태의 거래가 이루어지고 가죽이나 도자기 조각 등을 상품화폐로 사용하는 일마저 발생했다. 이러한 상황에서 화폐는 아무런 쓸모가 없었다. 국가가 갖고 있는 화폐발행권의 남용으로 화폐가치가 폭락하고 자국민들은 그 피해를 고스란히 떠안아야 했다.

유사한 일들은 비교적 근래인 2000년대 이후로도 심심치 않게 목격되곤 한다. 2000년대 중반 짐바브웨나 2010년대 후반 베네수엘라에서는 수억 퍼센트대에 달하는 물가폭등 사태가 빚어진 바 있다. 정부는 피폐해진 경제를 복구하고자 화폐를 찍어내거나 화폐 개혁까지 단행하지만 이미 무너진 화폐가치를 회복하기란 쉽지 않은 일이다. 국가에 대한 신뢰가 무너진 이상 국민들은 재산을 지키기 위해 스스로 노력하는 수밖에 없다. 언제 휴지 조각으로 변할지 모를 자국 화폐를 대신해 미리 달러화로 교환해 두는 것이 안전한 방책이다. 오후에 또 값이 폭등할 수 있는 빵을 아침 일찍 사두거나 금과 같은 실물 자산을 확보해 놓는 것도 그 대책 중 하나다.

─────── **중앙은행에 대한 불신에서 비롯된 비트코인**

2008년 10월 31일, 사토시 나카모토가 비트코인에 관한 9쪽 분량의 논문을 세상에 공개했을 때의 사정도 위와 별반 다르지 않았다. 당시는 서브프라임 사태의 여파로 미국발 금융위기가 한창이던 시절이었다. 연방준비제도FRB는 이후 대형 금융회사들의 연쇄 부도를 막고 위기 확산을 차단하고자 양적 완화 조치를 단행했다. 쉽게 말해 앞선 사례들처럼 중앙은행이 화폐를 찍어내는 방식으로 당면 위기를 수습하고자 했던 것이다. 하지만 이를 통해 위기 발생의 주범이던 투자은행들은 오히려 막대한 손실금을 보전받아 갔다. 이에 더해 고위 경영진들은 수백에서 수천만 달러에 이르는 거액의 상여금까지 챙겨갔다. 대중들의 눈에 비친 이들의 행태는 부도덕함의 극치였다.

또다시 금융 시스템에 대해 깊은 회의를 품게 하는 사건이었다. 신용화폐 시스템의 근간이라 할 수 있는 통화가치에 대한 신뢰를 중앙은행 스스로 깨트리고 있었기 때문이다.

사토시는 2009년 1월 3일, 최초의 비트코인(흔히 '제네시스 블록'으로 불린다)을 생성하면서 다음과 같은 메시지를 포함시켰다.

The Times 03/Jan/2009 Chancellor on brink of second bailout for banks

2009년 1월 3일 더타임스지, 두 번째 구제금융을 앞두고 있는 영국 재무장관

사토시는 이 메시지를 통해 화폐권력을 독점하고 있는 국가와 중앙은행에 대한 반감을 은연중에 드러냈다. 그로서는 **보다 중립적이고 정부에 의해 가치가 좌우되지 않는 새로운 화폐 시스템의 구축**이 절실했다. 그가 새로운 화폐 체계로서 비트코인을 탄생시키고, 관련 논문의 제목을 〈비트코인-개인 간 전자적 화폐 시스템Bitcoin- peer to peer electronic cash system〉으로 정한 것도 이와 같은 배

⦿ 최초의 비트코인이 생성될 당시의 영국 더타임스의 헤드라인

출처 | www.reddit.com/r/CryptoCurrency

※ 헤드라인에 '두 번째 구제금융을 앞두고 있는 영국 재무장관'이라고 쓰여 있다.

경에서였다.

  그렇다면 중앙은행이 필요 없는 새로운 화폐 시스템인 비트코인이란 과연 무엇이며 기존 화폐와는 어떤 점이 다를까? 비트코인은 모든 데이터를 0과 1의 조합으로 구현하는 디지털 세계의 최소 정보 단위인 '비트bit'와 동전을 의미하는 '코인coin'이 합쳐진 용어다. 즉, 비트코인은 기본적으로 실물이 존재하지 않는 디지털 형태의 화폐다. 이와 같은 비트코인 고유의 특징은 사토시가 공개한 앞의 논문에 상세히 나타나 있다. 이에 따르면 비트코인이란 ① 신뢰할 수 있는 제3자의 개입 없이 ② 암호학적 증명을 기반으로 ③ 두 당사자 간 직접 거래를 가능하게 하는 전자적 지급

시스템으로 이해할 수 있다. 이하에서는 각각의 의미에 대해 하나씩 살펴보기로 하자.

────── 비트코인의 주요 특징:
탈중앙화, 암호화, 공동의 거래검증

먼저 비트코인의 가장 고유한 특징으로 들 수 있는 것은 은행과 같은 중개기관의 개입 없이 탈중앙화decentralization 형태의 거래가 이루어진다는 점이다. 가령 A가 B에게 10만 원을 송금하는 것과 같은 금융거래를 떠올려 보자. 이 경우 전통적인 방식에 따르면 제3자로서 공신력을 갖춘 중개기관인 은행을 통해 해당 자금이 오간다. 참여자들의 모든 거래가 은행을 거쳐 이루어진다는 점에서 중앙집중적인 거래방식이라 할 수 있다. 하지만 비트코인은 해당 암호화폐가 운영되는 전자시스템 내에서 개인 간의 P2P 방식으로 거래가 이루어진다. 신뢰할 수 있는 제3자(=금융기관)의 개입이 배제된 탈중앙화 방식의 거래다.

둘째로, 당사자 간 거래 내용의 진실성을 보장하고 이를 기록·관리하기 위해 암호화 기술이 활용된다는 점도 특징적이다. 기존 금융거래에서는 A의 계좌에서 10만 원이 인출되고, B의 계좌에 10만 원이 입금되었다는 내용이 은행의 책임하에 대형 서버를 통해 관리된다. 하지만 비트코인과 같은 탈중앙화 방식의 거래에서는 은행 같은 중앙집중기관의 개입이 배제되어 있다. 따라서 당사자들 간 거래 내용은 전자 시스템 내에서 암호화된 형태로 생성·관리된다. 이를 통해 위·변조나 해킹 등 보안 위험에 대비하는 것은 물론 거래의 투명성과 진실성을 확보하고자 한다.

셋째로, 개인 간 직접 거래가 가능한 전자적 지급시스템으로서 안정적으로 운영될 수 있는 이유는 무엇일까? 이는 비록 중앙집중기관의 관여는 없지만 다수 참여자들에 의해 해당 시스템의 운영 및 거래 검증이 공동으로 이루어지기 때문이다. 비트코인이 거래되는 온라인 네트워크에는 실상 누구라도 참여가 가능한데 모든 거래내역은 참여자들 전원에게 분산·공유된 형태로 보관된다(이러한 참여자들은 '노드Node'로 불리는데 다만 이를 위해서는 고성능 하드웨어 장비에 비트코인의 공식 소프트웨어를 설치한 다음 24시간 온라인 상태를 유지해야 한다).

따라서 참여자 중 일부가 거래 조작을 시도하기란 사실상 불가능하며 네트워크 참여자들 공동의 노력으로 전자적 지급시스템의 신뢰를 유지해 나간다.

한편 비트코인 탄생의 본래 목적인 화폐가치의 중립성 유지와 관련해서는 어떤 장치가 마련되어 있을까? 이에 대해 사토시는 비트코인 발행량을 미리 예정해 두는 방식으로 대응했다.

2140년까지 총 발행 수량을 2,100만 개로 제한하고, 4년마다 도래하는 반감기마다 신규 발행량이 50%씩 줄어들도록 설계했다. 2024년 10월 기준으로 약 1,970만 개의 비트코인이 발행된 상태인데, 2140년 이후로 비트코인의 신규 발행은 중단될 예정이다. 이와 같은 방식으로 과거 중앙은행이 보여왔던 발권력의 남용과 그로 인한 화폐가치 하락 문제에 대비하도록 했다.

⊙ 비트코인 거래의 특성

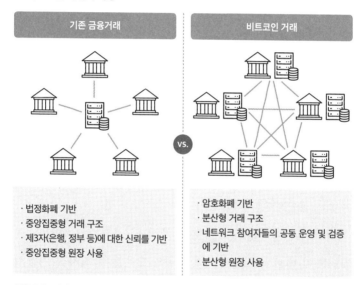

기존 금융거래	비트코인 거래
·법정화폐 기반 ·중앙집중형 거래 구조 ·제3자(은행, 정부 등)에 대한 신뢰를 기반 ·중앙집중형 원장 사용	·암호화폐 기반 ·분산형 거래 구조 ·네트워크 참여자들의 공동 운영 및 검증에 기반 ·분산형 원장 사용

출처 | 금융보안원

2부 핀테크와 암호화폐

디지털 서명으로 이루어지는
비트코인 거래

개인 간 전자화폐 용도로 탄생한 비트코인은 거래 모습 역시 기존 화폐와 상이할 수밖에 없다. 실물 지폐를 주고받거나 은행을 통해 자금을 이체하는 방식을 그대로 적용하기는 어렵다. 온라인 네트워크 참여자들 간에 P2P 기반의 전자적 방식으로 거래될 뿐이다. 그렇다면 비트코인은 구체적으로 어떤 원리에 따라 화폐의 기능을 대신하게 되는 것일까?

사토시는 **비트코인의 속성을 디지털 서명이 연속된 전자화폐로 규정**한다. 비트코인 거래는 디지털 서명에 의해 이루어지게 되는데 이에 필요한 서명은 다시 '공개키'와 '개인키'로 세분화된다. 이 둘의 관계는 마치 자물쇠와 열쇠와도 같아 비트코인을 거래할 때에는 두 가지 서명 정보가 모두 필요하다.

공개키는 비트코인 거래 시에 은행 계좌번호와 같은 역할을 하는 디지털 정보다. 네트워크상의 모든 참여자에게 공개되며 비트코인을 송금하거나 이체할 때 거래 당사자를 식별하기 위한 용도로 활용된다. 이에 반해 개인키는 거래를 위한 비밀번호 또는 인증서와 같은 역할을 하는 것으로 거래자 본인만 알고 있는 정보다. 이 때문에 개인키를 분실하는 것은 비트코인 자체를 분실하는 것과 마찬가지다.

개인키는 자신이 공개키의 정당한 소유자이며, 본인의 의사에 따라 거래를 한다는 점에 대한 확인 용도로 쓰이게 된다.

가령 A가 B에게 일정 금액의 비트코인을 송금하고자 하면 송금인의 공인키와 거래금액이 담긴 메시지가 생성된다. 이후 A는 거래내역을 확인하고 자신의 개인키를 활용해 디지털 서명을 하는 방식으로 이체를 실행하게 된다. 비트코인을 대상으로 한 새로운 거래가 이루어질 때마다 위와 같은 디지털 서명은 반복된다.

이처럼 비트코인은 디지털 서명에 의한 전자적 화폐 수단으로 고안되었지만 이 시스템이 제대로 작동하기 위해서는 반드시 해결되어야 할 문제가 있다. 바로 거래 과정에서 발생할 수 있는 이중지불double spending의 위험을 해소하는 일이다. **이중지불의 문제란 동일한 화폐가 두 사람을 상대로 중복해서 결제될 때 발생할 수 있는 위험**을 말한다. 예를 들어 실제로는 계좌에 10만 원밖에 없는 구매자 X가 거래 조작을 통해 두 명의 판매자 Y와 Z를 상대로 각각 10만 원씩을 결제하는 것과 같다.

이중지불의 위험은 전통 금융시스템하에서는 은행과 같은 신뢰할 수 있는 제3자를 통해 방지되고 있다. 위 사례에서 X의 계좌에서 Y의 계좌로 10만 원이 송금되면 이 금액이 즉시 차감되어 X의 계좌 잔액은 0원으로 처리된다. X가 Z를 상대로 이중으로 결제할 수 있는 여지는 없다. 은행이 관리하는 중앙집중형 원장을 통해 금융거래의 정확성과 신뢰성이 담보된 결과다.

하지만 은행과 같은 관리기관 없이 개인들 간에만 전자적으로 돈을 주고받는다면 어떠할까? 이때는 앞서 언급했던 이중지불의 위험이 언제든 현실화될 수 있다. 해커가 Y에게 10만 원을 송금한 후 거래 조작을 통해 이 돈을 찾아오고, Z에게 같은 금액을 송금하는 것도 충분히 가능한 일이다. 이때는 강력한 보안망을 갖고 있는 은행 서버가 아닌 Y의 개인용 컴퓨터만 조작하면 되기 때문이다.

블록체인과 분산원장으로 이중지불 위험을 막다

이중지불 위험에 대한 사토시의 해결책은 블록체인 기술과 분산원장 방식을 활용하는 것이었다. 비트코인의 생성과 거래 검증 과정을 통해 위와 같은 위험이 어떻게 방지될 수 있는지 상세히 파악해 보자.

사토시가 고안한 운영시스템에 따르면 다음 그림과 같이 비트코인에 관한 모든 거래는 블록체인 형태로 기록된다. 이때 **비트코인이 현금을 대신하는 전자화폐라면 블록체인은 비트코인의 거래 내역을 기록하는 전자 장부**와도 같다. 따라서 비트코인을 대상으로 한 개별 거래가 있으면(①), 이러한 거래 정보들을 한데 모아 블록 형태의 데이터 저장 공간에 보관한다(②). 하나의 블록은

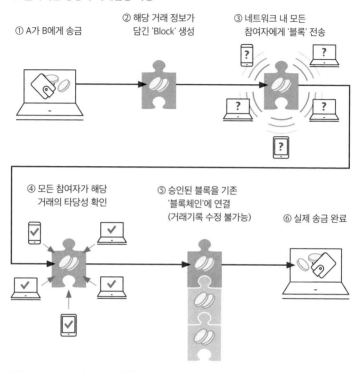

⊙ 블록체인 생성과 거래검증 과정

① A가 B에게 송금

② 해당 거래 정보가
담긴 'Block' 생성

③ 네트워크 내 모든
참여자에게 '블록' 전송

④ 모든 참여자가 해당
거래의 타당성 확인

⑤ 승인된 블록을 기존
'블록체인'에 연결
(거래기록 수정 불가능)

⑥ 실제 송금 완료

출처 | Financial Times(2015. 11), 미래창조과학부

1MB 크기로 2,000건 내외의 거래 정보를 담을 수 있다. 이렇게
생성된 블록들은 네트워크 내 모든 참여자들에게 전송되는데
(③), 이후 참여자들은 해당 거래의 타당성에 대한 검증 작업을
수행한다(④). 참여자들의 과반수가 해당 거래를 승인하면 해당
블록은 바로 전 단계의 블록에 연결되고(⑤), 비트코인 거래도
확정되게 된다(⑥). **블록체인이라는 용어는 이처럼 비트코인의 거래기**

록을 담은 블록들이 체인 형태로 순차적으로 연결된다는 점에서 붙여진 이름이다. 비트코인 거래가 누적될 때마다 블록은 약 10분 단위로 추가 생성되며 이는 최초의 블록이 생겨난 시점부터 현재까지 이르는 모든 거래 정보들을 담고 있다. 그리고 블록 내에 개별 거래를 기록하고 이를 담은 블록을 이후의 블록과 연결히는 과정에서 암호화 기술이 적용돼 거래의 위변조를 방지한다.

이중지불 방지를 위해 또 다른 핵심적인 역할을 하는 것은 분산원장이다. 앞의 ③에서 보듯 비트코인 거래에서는 네트워크 참여자들이 모든 거래내역을 공유하는 분산원장 방식이 적용된다(이와 대비되는 것은 은행 등 중앙기관이 단독으로 거래내역을 관리하는 중앙집중형 원장 방식이다). 분산원장 방식하에서는 X가 Y에게 10만 원을 송금했다는 사실을 조작하기 위해 Y의 컴퓨터만 해킹하는 것으로는 충분하지 않다. X와 Y 사이에 이루어진 거래정보를 공유하고 있는 네트워크 참여자 전원의 컴퓨터를 해킹해 블록에 담겨있는 정보를 변경해야 한다. 현재 약 19,000여 개에 이르는 노드들의 컴퓨터를 대상으로 10분마다 새로이 생성되는 블록체인 전체의 기록을 변경하기란 불가능에 가까운 일이다. 분산원장을 통해 비트코인 거래에 관한 위조나 변조를 막고, 이중지불 위험을 차단하는 원리다.

다만 그림의 ④에 나타난 참여자들의 거래 검증이 자발적으로 이루어지기 위해서는 이에 대한 보상도 필요하다. 이는 **작업**

증명proof of work이라 불리는 방식에 의해 **새로운 블록 생성 및 연결에 필요한 암호 값을 가장 빨리 찾아낸 참여자에게 비트코인을 지급**하는 방식으로 이루어진다. 이를 통해 블록들이 끊임없이 연결되고 전자적 화폐 시스템이 지속적으로 유지되게끔 한다. 작업증명을 통해 비트코인을 얻는 과정은 흔히 광산에서 금을 찾아내기 위한 노력에 빗대어 채굴이라 불리기도 한다.

그렇지만 블록 생성에 필요한 암호 값을 찾아내는 것은 그리 쉬운 일이 아니다. 해당 암호 값은 기존 블록과 새로운 블록 연결에 필요한 임의의 숫자를 일일이 대입해 찾아내도록 설계되어 있는데 엄청난 컴퓨팅 파워를 필요로 한다. 2024년 기준으로도 수십 조에서 수백 조 번에 이르는 시도를 거쳐야 하며 난이도는 갈수록 높아지는 상황이다. 전문 채굴장비로 무장한 업자들이 아니고서야 개인용 컴퓨터로 암호값을 찾아낸다는 것은 생각하기 어려운 일이다.

최초의 암호 해독자 외에 다른 참여자들에 대해서는 보상이 이루어지지 않는다. 이들은 거래 검증자로서 작업증명이 완료된 블록의 내용이 거짓없이 유효하게 기록되었는지를 확인하고 해당 블록을 승인하는 역할만을 수행한다. 이렇게 승인이 완료되고 나면 해당 블록은 기존의 블록들에 연결되고 비트코인 거래도 확정된다. 모든 거래정보를 공유하고 채굴과 검증 과정에 자발적으로 참여하는 수많은 노드에 의해 비트코인은 탄생 이후 현재까지 무리없이 운영되어 오고 있다.

──── 비트코인 피자데이, 전자적 화폐로서의 가능성을 보다

비트코인이 세상에 공개된 후, 암호학 관련 종사자나 코딩 개발자들 사이에서 비트코인에 대한 입소문이 서서히 퍼져나갔다. 온라인상의 비트코인 커뮤니티에도 꾸준히 유저들이 유입되었다. 이들의 관심 덕택에 새로운 비트코인들이 채굴되고 시스템도 그럭저럭 굴러갔다. 하지만 사토시 나카모토의 본래 의도대로 비트코인이 전자적 화폐로 쓰일 수 있을지는 여전히 미지수였다. 미국 플로리다에 거주하던 라스즐로 핸예츠^{Laszlo hanyecz}라는 인물 역시 동일한 의문을 품고 있었다. 그는 초창기 비트코인 유저로 상당량의 비트코인을 갖고 있었지만 이것으로 과연 무엇을 할 수 있을지 궁금했다.

이윽고 2010년 5월 무렵, 그는 비트코인을 화폐처럼 사용할 수 있을지 직접 실험해 보기로 했다. 비트코인 커뮤니티를 통해 피자 두 판을 주문해 주면 그 대가로 1만 비트코인을 지급하겠다는 제안을 올렸다(당시 시세로는 피자 두 판에 해당하는 금액이었지만 2024년 10월 초 기준으로 약 8,300억 원에 해당하는 금액이다). 큰 기대 없이 자신의 궁금증을 해소해 보려는 의도가 컸다. 하지만 며칠 뒤 실제로 이 제안에 응한 사람이 나타났다. 런던에 거주하는 제레미 스투디번트라는 이름의 청년이었다. 그가 파파존스 홈페이지를 통해 피자 값을 결제하자 피자는 곧장 라스즐로의 집 앞까지 배송되었다. 라스즐로는 처음 약속대로 기꺼이 1만 비트코인을 영국인 청년에게 송금해 주었다. 비트코인이 돈처럼 쓰일 수 있다는 가능성을 보여준 첫 번째 사례였다. 이렇게 비트코인 지급이 이루어졌던 2010년 5월 22일은 일명 '비트코인 피자데이'로, 역사적인 첫 거래일로 기념되고 있다.

위와 같은 일이 있고 난 후, 비트코인에 대한 세간의 관심은 크게 늘어났다. 2011년 미국의 한 신혼부부는 세계 각지를 여행하며 오로지 비트코인으로만 결제를 하고 이를 다큐멘터리 영화로 제작하기도 했다. 이후 온·오프라인 거래를 불문하고 비트코인을 결제수단으로 활용하려는 움직임이 널리 확산됐다. 이 같은 분위기에 트렌드를 선도하는 유명 기업들의 참여도 이어졌다. 전기차 제조사인 테슬라, 우주관광회사인 버진 갤러틱, SNS 서비스 업체 레딧을 포함한 여러 회사가 비트코인을 유효한 지불 수단으로 인정하기 시작했다. 이는 국내외의 소규모 상점들도 예외가 아니었다. 2010년대 후반까지만 해도 비트코인 사용이 가능한 레스토랑이나 카페 등이 우후죽순 생겨나면서 간단한 검색만으로도 이를 찾을 수 있을 정도였다.

──── 전자화폐 본래의 기능은
제대로 발휘되고 있을까?

　　최초의 비트코인 거래가 있은 후 십수년이 지난 현재의 상황은 어떠할까? 코인 거래소 FTX의 파산, 암호화폐 테라·루나의 몰락과 같은 대형 사건들을 겪으면서 한껏 부풀었던 비트코인에 대한 열기도 조금은 사그라진 상태다. 또한 아직까지는 여전히 신용카드나 간편결제 서비스가 주요 지불 수단으로서의 지위를 유지하고 있는 양상이다. 우리 주변의 생활상만 놓고 보더라도 비트코인을 이용해 결제대금을 치르는 모습은 거의 찾아보기 힘들다. 어느 모로 보나 비트코인이 그 본래 의도인 전자적 화폐 수단으로 안착했다고 평가하기는 쉽지 않은 상황이다.

　　다만 이러한 모습과는 달리 일부 국가들은 비트코인을 법정화폐로 인정하고 지급 수단으로 적극 활용하려는 움직임도 보이고 있다. 대표적으로 엘살바도르는 2021년 9월, 세계 최초로 비트코인을 법정화폐로 인정한 나라다. 세계 최빈국 가운데 하나인 이곳에서는 국민 대다수가 해외에서 일하는 가족들이 보내준 돈으로 살아간다. 미국에서만 약 200만 명의 사람들이 고국으로 달러를 송금하는데 송금에 드는 전체 비용은 10%를 상회한다. 비트코인을 새로운 법정화폐로 인정한 것은 이와 같은 자국민들의 부담을 덜어주기 위한 목적에서였다. 엘살바도르는 이를 통해 연간 4억 달러의 비용을 절감하고 달러에 의존하고 있는 자국 경제를 보다 안정화시킬 수 있을 것으로 내다 보았다.

그렇지만 엘살바도르의 실험은 현재로서는 그리 성공적이라고 평가하기 어려운 상황이다. 자국민들을 상대로 치보^{Chivo}라는 비트코인 지갑 앱을 대대적으로 배포했지만 비트코인을 통한 송금거래 비중은 갈수록 낮아지는 실정이다. 비트코인의 높은 변동성이나 비트코인 지갑에 대한 해킹 및 다수의 개인정보 침해 사례 역시 새 화폐 수단으로서의 신뢰도를 떨어뜨리는 요인이다.

이 외에 중앙아프리카공화국이나 브라질도 비트코인을 법정화폐 혹은 새로운 유형의 지불 수단으로 인정하고 있는 국가들이다. 하지만 중앙아프리카공화국의 경우 10%에도 못 미치는 인터넷 보급률로 인해 온라인 기반의 전자화폐 사용을 기대하기 어려운 환경이다. 브라질은 비트코인을 법정화폐로 인정한다기보다는 자국 통화인 헤알화의 가치 하락이나 인플레이션 위험에 대비하기 위한 목적이 크다.

이상의 내용을 보면 비트코인이 보편적인 화폐 수단의 하나로 자리잡았다고 보기에는 여러 모로 무리인 점이 많다. 이는 화폐로서 갖추어야 할 기본적인 기능면에서 보더라도 마찬가지다. **화폐가 수행하는 기능으로는 일반적으로 가치척도 기능, 교환기능,**

가치저장 기능이 언급된다.

하지만 탄생 이래 비트코인이 보여주고 있는 모습은 원활한 '가치척도' 기능의 수행을 어렵게 하고 있다. 가치척도 기능을 위해서는 해당 화폐의 가치가 안정적으로 유지되는 것이 필수 요소다. 그렇지만 현재까지 나타난 비트코인의 가치는 법정화폐 수준의 안정성과는 거리가 멀다. 2022년 이후만 놓고 보더라도, 1비트코인의 가치는 16,000~70,000달러에 이를 만큼 높은 변동성을 보였다. 비트코인으로 표시된 상품 가격이 이와 같은 등락을 보일 수 있는 상황에서 비트코인을 객관적인 가치척도의 지표로 활용하기는 무리다.

또한 하루에도 수억 건이 넘는 금융거래가 처리되는 오늘날, 비트코인은 '안정적인 교환수단'으로 쓰이기에 한계가 있다. 비트코인은 초당 약 7건 정도의 거래가 처리되며 블록이 생성되는 주기인 10분마다 거래가 확정된다. 비록 처리 속도는 지속적으로 개선되고 있다고 하나 이 같은 속도로는 대량의 거래를 처리하기가 불가능하다. 비자와 같은 글로벌 결제사가 초당 65,000건의 거래를 처리할 수 있는 것과 비교하면 확연한 차이다. 이 밖에도 비트코인의 경우 해킹 등 보안 위험이 따른다거나 국가와 같은 지급보장 기관이 없다는 점도 교환수단으로서의 기능을 방해하는 요소다.

그렇지만 비트코인이 전자적 화폐 수단으로서 완전히 실패했다고 단정짓기는 이르다. 전통 금융시스템이 제 역할을 하지 못하는 상황에서 비트코인은 훌륭한 대안통화로서의 가능성을 보여주고 있기 때문이다. 가령 러시아와의 전쟁 초기, 우크라이나에서는 온라인 뱅킹이나 ATM 등 은행 시스템이 마비되는 사태가 발생했다. 우크라이나에 있는 가족들에게 송금을 할 수도 정부 후원금을 낼 수도 없는 상황이었다. 하지만 돈을 보내려는 사람들은 비트코인이나 암호화폐를 전송하는 방식으로 이를 얼마든지 우회할 수 있었다. 또한 우크라이나 내부에서도 만일의 사태에 대비해 암호화폐를 취득하려는 수요가 크게 늘어났다. 이 때문에 암호화폐 거래량이 갑작스레 급증하는 일마저 벌어지기도 했다. 인터넷에만 연결되어 있다면 시간과 국경의 제약 없이 거래가 가능한 전자화폐 수단의 장점을 십분 활용한 것이었다.

오늘날 비트코인의 기능이 두드러지게 발휘되는 것은 화폐의 가치저장 기능이다. 비트코인의 가치 상승을 예상하고 이를 통해 부를 저장하거나 늘려가기 위한 수단으로 활용하는 것이다. 희소성을 토대로 고유한 가치를 유지하고 있는 금에 빗대어 비트코인을 '디지털 금'으로 표현하는 것도 이러한 맥락에서다. 이를 반증하기라도 하듯 최근 글로벌 기업들은 주식이나 채권 가격의 하락이나 인플레이션 위험에 대비하기 위해 비트코인으로도 눈을 돌리고 있다. 비트코인이 다른 자산의 가치 하락을 상쇄해 주는 보완 수단이자 새로운 가치저장 수단으로 쓰일 수 있다는 점을 반영한 결과다.

투자자 입장에서는 비트코인을 훌륭한 대안투자의 대상으로 고려하기도 한다. 헤지펀드, 연기금과 같은 기관투자자들은 이미 비트코인을 투자 포트폴리오에 적극 반영하고 있다. 가격의 부침은 있겠지만 이를 통해 거둘 것으로 예상되는 높은 수익에 대한 기대 때문이다. 비트코인에 투자하는 대다수 개인 투자자들의 목적 역시 비슷하다. 주식에 투자하듯 비트코인을 사고팔아 이익을 얻으려는 것도 기본적으로는 비트코인이 갖는 가치저장 기능에 주목한 것이라 할 수 있다.

어디선가 현재의 상황을 주시하고 있을지도 모를 익명의 프로그래머 사토시 나카모토. 그는 이 같은 일들을 두고 과연 어떤 생각을 하고 있을까? 어쩌면 그의 본래 의도와는 다소 다른 양상에 약간의 실망감을 내비칠지도 모르겠다. 그의 본심이야 알 길이 없지만 비트코인이 그 어떤 사건보다도 금융에 지대한 영향을 끼쳤다는 점은 부인하기 어려운 그의 공적이다. 이후 수많은 암호화폐가 생겨나고 디지털 금융 세상이 열리게 된 것도 그가 아니었다면 시작되기 어려웠을 것이다.

토큰 이코노미를 불러온
2세대 암호화폐

퇴짜를 맞은
비탈릭 부테린의 제안

비트코인은 제3자의 개입 없이도 작동 가능한 금융 인프라를 구현했다는 점에서 그 탄생만으로도 역사적인 사건이었다. 하지만 비트코인이 암호화폐 세계 전반에 더 큰 변화를 몰고 올 수 있었던 이유는 그 운영 형태에서 찾을 수 있다. 바로 비트코인의 작동원리를 담은 프로그램 코드기 오픈소스 방식으로 운영되기 때문이다. 따라서 누구라도 비트코인의 소스 코드(프로그램 제작에 사용되는 설계도에 해당한다)를 열람하고 프로그램의 수정 및 응용을 통해 이를 발전시켜 나가는 것이 가능했다.

이를 통해 비트코인 탄생 후 블록체인 원리를 기반으로 수많은 암호화폐들이 생겨났다. 현재 전 세계적으로는 약 2만 2,000개 이상의 암호화폐가 존재하며 그 숫자는 계속해서 늘어나고 있다. 알트코인Alternative coin이란 이처럼 비트코인 이후 나타난 새로운 암호화폐들을 총칭해서 부르는 말이다. 그렇다면 여러 알트코인 중에서도 암호화폐 세계에 가장 큰 영향을 끼친 것이 있다면 무엇일까? 하나를 꼽는다면 단연 이더리움ethereum이라 할 수 있다.

러시아 태생의 캐나다 이민자인 비탈릭 부테린은 이더리움의 개발자로 유명한 인물이다. 컴퓨터 과학자였던 아버지의 영향을 받아 그는 어린 시절부터 수학이나 프로그래밍에 빼어난 재능을 보였다. 게임 개발을 위해 코딩을 독학하고 국제정보올림피아드 대회에 나가 동메달을 수상하기도 했다. 그러던 중 우연히 아버지로부터 비트코인에 관한 이야기를 듣게 되었는데 그것은 그의 인생에 일대 전환점과도 같은 일이었다. 이후로 그의 머리속은 온통 암호화폐에 대한 관심으로 가득 차 있었다. 비트코인을 지지하는 개발자 커뮤니티에도 가입해 적극적인 활동을 이어 나갔다. 고등학생 시절 매주 30달러의 비트코인을 원고료로 받고 〈비트코인 매거진Bitcoin Magazine〉에 기고를 할 만큼 해박한 지식도 갖추고 있었다.

2012년 워털루 대학에 입학해서도 꾸준한 활동을 이어가던 그는 비트코인 커뮤니티에 색다른 제안 하나를 했다. 비트코인을 단순히 전자화폐로 사용하는 것을 넘어 다양한 분야로 활용 방안을 넓혀 가자는 것이었다. 비트코인의 거래 기록을 담고 있는 블록 안에 일정한 거래 조건이나 계약서와 같은 정보들을 추가로 담는 것이 얼마든지 가능하다는 생각에서였다. 비트코인에 새로운 프로그램 코드를 결합시킨다면 그 활용 가능성은 무궁무진해 보였다.

하지만 그의 제안은 커뮤티니 내부에서 퇴짜를 맞았다. 대다수 개발자들은 비트코인이 본래 목적인 지급 수단 외의 용도로 변질되는 것을 꺼렸다. 거래기록 외에 다른 데이터까지 블록에 담게 되면 비트코인 시스템이 제대로 작동하지 못할 것을 우려한 것이었다. 그러자 부테린은 독자적으로 새로운 블록체인 네트워크를 구축하기로 결심했다. 블록체인 기술의 무한한 잠재력에 대한 확신이 있었기에 가능한 일이었다. 이후 그는 2013년 11월, 〈차세대 스마트 계약과 탈중앙화 애플리케이션 플랫폼A Next-Generation Smart Contract and Decentralized Application

◉ 이더리움 개발자인 비탈릭 부테린

출처 | commons.wikimedia.org

2부 핀테크와 암호화폐

Platform〉이라는 백서를 통해 자신의 구상을 구체화했다. 2014년
에는 다니던 대학마저 중퇴했다. 이더리움 재단을 설립해 새로
운 암호화폐 프로젝트에 매진하기 위해서였다. 이윽고 2015년
7월 30일, 그는 새로운 블록체인 네트워크인 이더리움을 세상
에 공개했다. 시가총액 약 550조 원 수준으로(2024년 11월 12일 기
준), 비트코인에 이어 두 번째로 큰 규모의 암호화폐인 이더리움
이 탄생한 순간이었다.

암호화폐의
세대별 진화 과정

이더리움은 비트코인에서 영감을 얻어 개발된 것
인 만큼 초기 운영 방식은 비트코인과 유사했다. 블록 내에 일
정한 거래정보를 담고, 블록 연결에 필요한 암호를 가장 먼저
찾아낸 참여자에게 보상을 지급하는 작업증명 방식으로 운영
되었다. 채굴에 대한 보상으로는 이더리움 네트워크에서 사용
되는 암호화폐인 이더^{ETH}가 지급되며 거래 수수료로 가스비^{Gas}
^{fee}라는 개념을 도입했다. 이에 더해 하나의 블록에 더 많은 거
래 정보가 담길 수 있도록 하고 블록 생성 시간도 15초 내외로
단축해 성능을 한층 업그레이드시켰다(이더리움은 2022년 9월부터
는 지분증명$^{Proof\ of\ Stake}$ 방식으로 전환했다. 이는 거래 검증에 참여한 사람

들의 지분 비율에 따라 보상이 지급되는 방식으로, 과도한 연산 작업이 수반되지 않아 참여자들의 진입장벽이 낮고 에너지 소비가 적다는 장점이 있다).

그렇다면 이더리움은 비트코인과 그 이후 나타난 암호화폐들과는 어떤 점에서 차이가 나는 것일까? 여기서 잠깐 시기별로 나타난 암호화폐들의 주요한 특징과 그 변화 과정에 대해 간단히 짚고 넘어 가보자.

암호화폐를 세대별로 구분해 본다면 비트코인과 이와 유사한 기능을 갖는 암호화폐들은 1세대 암호화폐로 분류된다. 비트코인은 본래 전자적 지급 수단으로서, 송금이나 결제 기능을 목적으로 만들어진 것이었다. 이처럼 화폐 대용 목적으로 고안된 암호화폐는 비트코인 이후로도 여러 종류가 생겨났다. 금융기관 간 신속한 국제송금 기능을 지원하는 리플[XRP]이나, 블록 생성에 드는 시간과 노력을 단축시킨 라이트코인[LTC]과 같은 것들이 대표적이다. 비트코인 블록체인으로부터 분리되어 나온 비트코인캐시[BCH]나 일론 머스크가 트위터에 올려 유명해진 도지코인[Doge]도 마찬가지다. 이러한 1세대 암호화폐들은 비트코인을 기초로 처리 속도나 거래 용량 등 비트코인의 기능을 일부 보완한 것들에 해당한다.

이더리움으로 대표되는 2세대 암호화폐는 1세대 암호화폐의 기능을 대폭 확장한 것이 특징이다. 단순한 전자지급 수단을 넘어 디지털 생태계 내에서 다양한 활동을 지원하는 플랫폼

역할을 수행한다. 이는 **이더리움이 암호화폐 이더**^{ETH}**와 수천 개의 탈
중앙화(혹은 분산형) 애플리케이션을 구동하는 커뮤니티 운영 기술**로 정
의되는 데서도 드러난다(이더리움 홈페이지 참조. 한편 '이더리움'과 '이
더'라는 용어는 혼용되어 사용되기도 하는데 둘의 정확한 의미에는 차이가
있다. 이더리움이 블록체인 기반의 분산형 네크워크를 의미하는 보다 포괄적
인 개념이라면, 이더는 이 네트워크 내에서 사용되는 암호화폐를 의미한다).
2세대 암호화폐인 이더리움의 출현을 계기로 블록체인 내 다
양한 활동의 지원이 가능해졌고 이는 디지털 금융 생태계의 구
축으로도 이어졌다. 뒤에서 살펴볼 코인공개^{ICO}나 디파이^{DeFi},
NFT와 같은 새로운 형태의 금융 역시 이더리움이 제공하는 다
양한 기능들을 토대로 한 것들이다.

  이더리움 이후 나타난 주요 암호화폐들은 3세대 암호화폐
로 불린다. 이들 역시 기본적으로 탈중앙화 방식으로 거래되며
비트코인이나 이더리움처럼 독립된 블록체인 네트워크를 기
반으로 한다. 하지만 이전 세대의 암호화폐들이 갖는 한계점들
을 개선한 것이 특징이다. 가령 이더리움만 하더라도 거래가
급증하면 처리속도가 지연되고 수수료 역시 큰 폭으로 상승했
다. 또한 다른 블록체인 네트워크와는 상호 호환이 어려워 디
지털 생태계를 자유롭게 넘나들기 어려운 문제도 있었다. 솔라
나^{SOL}, 카르다노^{ADA}, 아발란체^{AVAX}, 폴카닷^{DOT}과 같은 3세대 암호
화폐들은 이에 대한 대안수단으로 등장한 것들이다. 빠른 처리

◉ 주요 암호화폐 종류(2024. 11.12 기준)

가격 단위: 달러

순위	명칭	개당 가격	시가총액	유통량	비중
1	비트코인BTC	87,458	1조 7,300억	19,781,162 BTC	58.8%
2	이더리움ETH	3,296	3,970억	120,423,718 ETH	13.4%
3	테더USDT	1	1,240억	124,012,870,444 USDT	4.23%
4	솔라나SOL	213	1,008억	471,918,671 SOL	3.42%
5	비앤비BNB	627	904억	144,099,230 BNB	3.08%
6	도지코인DOGE	0.391	574억	146,758,836,384 DOGE	1.98%
7	USD코인USDC	0.999	367억	36,762,055,878 USDC	1.26%
8	리플XRP	0.637	362억	56,868,662,755 XRP	1.25%
9	카르다노ADA	0.586	205억	35,018,528,522 ADA	0.70%
10	시바이누SHIB	0.000026	156억	589,260,555,848,326 SHIB	0.53%
11	트론TRX	0.174	150억	86,405,595,091 TRX	0.52%
12	아발란체AVAX	34.66	141억	407,324,017 AVAX	0.48%
13	톤코인TON	5.27	134억	2,545,463,433 TON	0.46%
14	체인링크LINK	14.28	89.4억	626,849,970 LINK	0.31%
15	비트코인캐시BCH	438	86.7억	19,787,263 BCH	0.30%
17	폴카닷DOT	5.39	81.8억	1,517,336,261 DOT	0.28%
20	라이트코인LTC	77.1	58.0억	75,186,993 LTC	0.20%
21	유니스왑UNI	9.24	55.4억	600,425,074 UNI	0.19%
22	다이DAI	0.999	53.6억	5,365,382,703 DAI	0.18%
33	폴리곤POL	0.401	30.9억	7,711,817,665 POL	0.10%

출처 | 코인마켓캡

2부 핀테크와 암호화폐

속도와 낮은 수수료, 타 블록체인과의 호환성, 효과적인 거래검증 방식 등은 이들 암호화폐의 공통된 특성이다.

이더리움의 차별적 특성
① 스마트 계약

비트코인 이후 2세대 암호화폐에 해당하는 이더리움의 차별성은 구체적으로 어떤 면에서 드러날까? 그리고 이더리움이 암호화폐 세계의 확장에 큰 영향을 끼쳤다고 평가받는 것은 왜일까? 이에 대한 해답은 다음의 세 가지 요소에서 찾을 수 있다.

- 이더리움에 적용된 '스마트 계약smart contract'
- 다양한 서비스 제공 매체로 활용되는 '디앱DApp'
- 디앱을 통해 발행되는 암호화폐인 '토큰token'

먼저 이더리움에서 구현되는 대표적 기능 가운데 하나인 스마트 계약이란 뭘까? 스마트 계약이란 일정한 조건이 만족되었을 때 계약 내용이 저절로 실현되는 자동화된 계약을 뜻하는 말이다. 이 개념은 1994년 암호학자 닉 재보에 의해 처음 소개되었는데 그는 음료수 자판기를 예로 들어 이를 설명했다. 만

약 1,000원짜리 음료를 판매하는 자판기 기계에 주머니 속 잔돈을 모두 털어 900원만 넣는다면 어떻게 될까? 누구나 알고 있듯 이때는 자판기 앞에서 아무리 기다려 보았자 음료는 제공되지 않는다. 거래에 필요한 조건이 만족되지 못한 상태기 때문이다. 하지만 자판기에 표시된 1,000원의 돈이 전부 지급되면 이때는 상대방이 누구든 상관없이 음료가 제공된다. 거래조건이 충족되면 자동으로 계약이 실행되는 원리와 같다.

이더리움에 반영된 **스마트 계약**은 위와 같이 **특정 조건을 부여하고, 그 조건이 달성되었을 때 자동으로 계약이 이행되도록 하는 컴퓨터 프로그래밍 코드**다. 다시 말해 'If …, then …' 명령 구조를 가진 프로그램을 이더리움 네트워크를 통해 실행하는 형태다.

가령 이더리움과 비트코인을 20:1의 비율로 교환하는 조건을 설정해 두었다면 이더리움 20개가 제공되었을 때 자동으로 비트코인 1개로 교환해 준다. 이더리움이 1개라도 부족하면 교환 거래는 실행되지 않는다. 이러한 원리는 암호화폐로 게임 캐릭터, 가상 부동산 등 디지털 자산을 사고팔 때도 동일하게 적용된다. 이를 통해 스마트 계약은 상대방의 신용이나 제3자의 개입 없이도 일관성 있고 예측가능한 거래를 가능하게 한다.

이더리움의 차별적 특성
② 디앱

　디지털 생태계의 다양성과 확장성에 지대한 영향을 끼친 디앱decentralized application이란 무엇일까? 스마트폰에서 작동되는 응용 프로그램인 '앱application'은 누구에게나 익숙한 용어일 것이다. 국민 앱인 카카오톡을 비롯해 이용자들의 휴대폰 안에는 금융거래나 쇼핑, SNS 등 다양한 목적의 앱들이 깔려 있다. 이더리움에서 활용되는 디앱의 기능이나 역할도 이와 다르지 않다. 다만 **디앱은 이더리움과 같은 블록체인 네트워크상에서 실행되는 응용 프로그램**이다. 디앱을 일컬어 탈중앙화 혹은 분산형 애플리케이션으로 부르는 것도 이런 이유에서다.

　디앱은 특정한 목적을 가진 사업자나 개발자에 의해 만들어지는데, 블록체인 기반의 네트워크와 스마트 계약은 디앱 운영을 위한 핵심 요소다. 이를 통해 디앱은 중앙 관리자의 개입 없이도 자율적으로 작동할 수 있으며 거래는 블록체인 형태로 기록·관리된다.

　이와 같은 디앱의 활용 분야는 암호화폐 대출이나 교환, 보험, 탈중앙화 거래소 등 금융 분야에 한정되지 않는다. 블록체인상에서 게임이나 교육, 디지털 예술품 거래, 메타버스 등 다양한 서비스를 제공한다. 현재 이더리움에서는 4,000개 이상의 프로젝트가 디앱을 통해 운영되고 있으며 5,300만 건이 넘는 스마트 계약이 실행되고 있다. 이더리움 네크워크를 통해 보관, 거래되는 자산 규모는 총 4,100억 달러에 이른다(이는 국가별 GDP 순위로 보면 전 세계 30위권에 해당하는 규모다). 아래는 여러 프로젝트 중에서도 금융이나 상거래 목적으로 활용되고 있는 대표적인 디앱들이다.

- **유니스왑**Uniswap: 암호화폐 교환 및 거래 플랫폼
- **컴파운드**Compound: 암호화폐 대여 및 이자 수취
- **에이브**Aave: 암호화폐 대여 및 이자 수취
- **밸런서**Balancer: 암호화폐 자산관리 및 거래 플랫폼
- **연**Yearn **파이낸스**: 암호화폐 예치 및 투자
- **넥서스 뮤추얼**Nexus Mutual: 해킹 및 거래 오류에 대한 보험
- **신세틱스**Synthetix: 암호화폐 기반 파생상품 거래 및 투자
- **오픈씨**OpenSea: 디지털 자산 및 NFT 거래 플랫폼
- **슈퍼레어**SuperRare: 디지털 아트 및 NFT 거래 플랫폼
- **디센트럴랜드**Decentraland: 가상 부동산 구매 및 거래

◉ 이더리움 내 디앱 안내화면(카테고리: 금융)

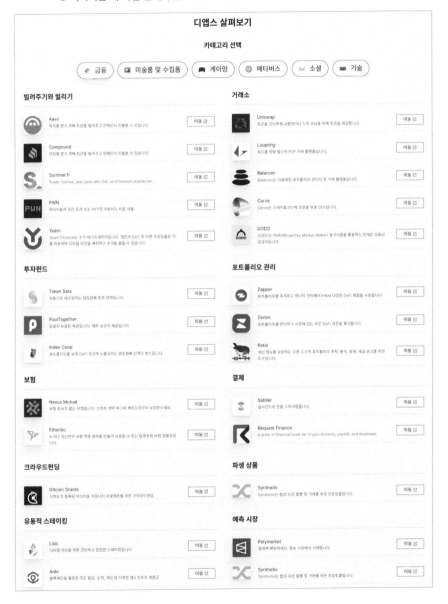

이더리움의 차별적 특성
③ 토큰 발행

이더리움을 통해 발행되는 토큰^{token} 역시 디지털 생태계를 이해하는 데 있어 놓쳐서는 안 될 요소다. 토큰은 사전적 의미로 돈 대신에 쓰이는 금속이나 플라스틱 형태의 물체를 뜻하는 말이다. 과거 버스 승차권으로 쓰이던 동전 형태의 금속이나 카지노에서 사용하는 칩이 대표적이다. 이용자 입장에서는 버스를 이용하거나 게임에 참여할 때 토큰을 통해 그에 관한 권리나 자격을 인정받을 수 있다. 디지털 생태계 내에서 쓰이는 토큰 역시 기능 면에서 이와 대단히 흡사하다. 다만 과거 금속이나 칩을 통해 나타내던 권리나 자격을 디지털 형태의 '전자적 토큰'으로 구현한다는 점에서 차이가 난다.

이더리움은 **토큰을 생성하는 데 필요한 공통의 기준을 담은 'ERC-20' 표준안을 통해 다양한 토큰 발행을 지원**한다(ERC는 'Ethereum Request for Comment'의 약어로, ERC-20이란 이더리움 네트워크의 개선을 위해 제출된 20번째 제안이라는 의미다). 이러한 공통 기준을 토대로 이더리움 네트워크에서는 참여자 누구라도 손쉽게 토큰을 발행하는 것이 가능하다. 또한 표준안에 의해 동일한 원리로 생성·작동뇌는 만큼 토큰 간 호환성이 확보되고 원활한 거래 수행을 가능하게 한다. 주요 암호화폐 가운데 테더^{USDT}나 USD코인^{USDC}, 다이^{DAI} 등은 ERC-20 표준안을 통해 발행된 대표적인 암호화폐들이다.

위 표준안에 따라 디앱 내에서도 해당 생태계 안에서 활용되는 자체 토큰이 얼마든지 발행될 수 있다. 가령 유니스왑, 에이브, 밸런서와 같은 디앱에서는 각각 'UNI', 'AAVE', 'BAL'로 표시되는 고유의 토큰들이 쓰이고 있다. 이러한 토큰들은 이더리움 네트워크 안에서 이더와도 교환 가능하며 그 자체로 암호화폐 투자의 대상이 되기도 한다. 오늘날 수많은 암호화폐와 다양한 디앱들이 등장하게 된 것도 이처럼 이더리움을 통해 토큰 발행의 기반이 형성되었기 때문이라 할 수 있다.

한편 시장에서는 암호화폐를 뜻하는 말로 '코인'과 '토큰'이라는 용어가 혼용되어 쓰이기도 한다. 그렇지만 위 두 용어는 기술적 관점에서는 다음과 같이 구분될 수 있다. 일반적으로 **코인은 자체적인 블록체인 네트워크를 기반으로 발행된 암호화폐**를 지칭하는 용어다. 이러한 점에서 본다면 각각 비트코인 네트워크와 이더리움 네트워크를 통해 발행되는 비트코인[BTC], 이더[ETH]는 코인에 해당하는 암호화폐다. 3세대 암호화폐로서 독자적인 블록체인 네트워크를 갖고 있는 솔라나, 카르다노 등도 마찬가지다. 코인은 블록체인 네트워크에서 다른 토큰과의 교환수단이나 수수료 지급 수단으로 쓰인다는 점에서 일종의 기축통화와도 같은 역할을 한다.

이에 반해 **토큰은 전용 블록체인 네트워크 없이 타 블록체인 네트워**

크를 빌려서 발행되는 암호화폐를 지칭하는 용어다. 이더리움 네트워크 내에서 개별 디앱을 통해 발행되는 유니스왑, 에이브, 밸런서와 같은 암호화폐는 이러한 점에서 토큰에 해당하는 것들이다.

하지만 코인과 토큰 모두 블록체인 기반의 디지털 생태계에서 없어서는 안 될 요소들이다. 디지털 생태계의 육성에 있어 코인과 토큰은 상호 보완적인 역할을 하는 만큼 어느 것이 더 중요하다고 단정짓기는 힘들다. 블록체인 네트워크를 통해 구현되는 경제 전반을 일컬어 흔히 토큰 이코노미로 부르는데 이 둘은 토큰 이코노미를 떠받치는 두 기둥과도 같다.

───── ## 토큰의 세부 유형:
지불형, 유틸리티형, 증권형

그렇다면 토큰 이코노미 내에서 암호화폐는 세부적으로 어떤 용도로 쓰일 수 있을까? 암호화폐의 종류는 천차만별이지만 그 기능이나 목적에 따라서는 크게 아래의 세 가지 유형으로 구분할 수 있다.

첫 번째 유형은 '지불형 토큰'이다. 이는 주로 디지털 경제 생태계 내에서 결제나 대가 지급 수단으로 쓰이는 것들이다. 기존 화폐에 대한 대용물로서의 성격이 부각되는 유형이다. 전자적 지급 수단으로 고안된 비트코인이나 은행 간 국제송금 용도로 활용되는 리플과 같은 암호화폐가 이에 해당한다. 또한 달러화에 연동된 안정된 가치를 기반으로 타 암호화폐와의 교환이나 결제수단으로 인기가 높은 테더, USD코인 역시 이러한 지불형 토큰의 성격을 갖는다.

두 번째 유형은 '유틸리티형 토큰'이다. 이는 블록체인 네트워크나 이를 통해 제공되는 서비스에 대한 참여 또는 이용 권리를 나타내는 것과 유사하다. 가령 이더를 보유한 사람은 거래검증에 참여할 수 있는 권리가 있으며 스마트 계약을 이용하기 위한 수수료로 이더를 활용할 수 있다. 게임 서비스를 제공하는 디앱의 토큰을 보유한 사람이라면 이를 통해 게임에 참여하거나 필요한 게임 캐릭터를 구매할 수도 있다. 이처럼 토큰을 통해 일정한 참여권한이나 이용권한이 부여되는 것은 유틸리티형 토큰에서 나타나는 대표적인 특성이다. 실상 디앱을 통해 발행되는 대부분의 토큰은 이와 같은 유틸리티형 토큰에 해당한다.

세 번째 유형인 '증권형 토큰'은 전통 금융상품인 주식에 가까운 형태다. 토큰을 통해 투자금을 유치한다거나 투자수익·배당과 같은 경제적 이익을 기대할 수 있는 유형이다. 증권형 토큰의 가장 큰 특징은 앞선 유형과는 달리 법률상의 엄격한 제한이 가해질 수 있다는 점이다. 이에 따라 주식을 발행할 때 적용되는 증권 관련 규제나 투자자 보호 의무를 준수해야 할 수도 있다. 그렇지 않을 경우 암호화폐나 토큰이라는 새로운 형태를 빌려 얼마든지 규제를 회피할 수 있기 때문이다. 이로 인해 특정 암호화폐가 증권에 해당하는지 여부는 암호화폐 시장 참여자들에게 가장 민감한 문제로 떠오르고 있다.

물론 아직은 과도기인 만큼 증권형 토큰에 관한 명확한 분류 기준은 정립되어 있지 않은 상태다. 하지만 암호화폐 업계 종사자들의 기대와는 달리 최근 세계 각국에서는 암호화폐에 대한 규제를 점점 강화해 나가는 추세다. 대표적으로 미국 증권거래위원회는 리플, 솔라나, 카르다노, 비앤비 등 주요 암호화폐 상당수를 증권과 동일하게 봐야 한다는 입장이다. 이에 따라 암호화폐의 발행부터 유통에 이르는 전 과정에 걸쳐 감독당국의 규제와 투자자 보호의무를 이행할 것을 요구하고 있다. 규제가 강화될수록 초창기 암호화폐 시장에 불었던 광적인 투자 열기도 잦아들 수밖에 없을 것이다.

이상 비트코인과 이더리움의 탄생을 계기로 암호화폐 시장이 무서운 속도로 성장할 수 있었던 배경에 대해 살펴보았다. 현재에도 두 암호화폐는 시가총액 1, 2위를 기록하며 암호화폐 시상에서 가장 큰 영향력을 행사하고 있다. 시장 점유율은 비트코인과 이더리움이 각각 58.8%, 13.4%로, 암호화폐 시장의 70%가량을 차지한다(2024년 11월 12일 기준). 사실상 두 암호화폐가 시장 전체의 바로미터라 해도 과언이 아닐 정도다. 그렇다면 이들 외에 암호화폐 세계에서 고유의 역할을 수행하며 상당한 비중을 차지하고 있는 암호화폐로는 어떤 것이 있을까? 다음 장에서는 안정적인 가치를 기반으로 디지털 생태계 내 교환수단으로 널리 활용되고 있는 스테이블 코인에 대해 살펴보기로 하자.

미래의 디지털 세상에서는 무엇이 돈을 대신할까?

실패로 끝난 메타의 암호화폐 제국의 꿈

2019년 6월, 메타는(구 페이스북)는 '리브라'라는 명칭의 암호화폐 출시 계획을 발표했다. 프로젝트의 목적은 전 세계인들이 보다 쉽고 편리하게 사용할 수 있는 글로벌 단일화폐를 제공하는 것이었다. 메타가 운영하는 페이스북, 인스타그램 등 이용자 수가 35억 명 정도인 점을 감안하면 사실상 지구상 대부분의 사람들이 대상 고객이었다. 특히나 이 같은 조치는 전 세계 약 17억 명에 이르는 금융소외계층에게 가뭄 속 단비와 같은 일이기도 했다. 메타의 SNS 이용자라면 은행 계좌가 없어도 리브라를 통해 송금이나 결제 업무를 처리할 수 있었기 때문이다. 위 계획대로라면 리브라는 머지 않아 달러화의 지위마저 위협할 것으로 예상될 만큼 파급력이 큰 것이었다.

리브라 프로젝트의 요체는 기본적으로 여느 암호화폐들과 다르지 않았다. 비트코인이나 이더리움과 마찬가지로 블록체인 기술을 이용해 독자적인 암호화폐를 발행하는 것이었다. 메타의 자체 블록체인 네트워크를 통해 리브라 코인을 발행하고, 네트워크 내에서 리브라가 화폐 대신 쓰이도록 한 것이었다. 고객들은 은행 계좌를 대신해 '칼리브라^{Calibra}'로 불리는 전자지갑을 통해 리브라를 송금하거나 보관할 수 있었다.

블록체인 네트워크의 운영은 리브라 연합이라는 비영리 독립단체가 맡기로 했다. 이 연합에는 비자와 마스터 카드, 페이팔 등 20여 개 굴지의 파트너사들이 동참하기로 해 메타의 구상에 힘을 실어 주었다(이처럼 블록체인 네트워크 운영에 제한된 참여자들만 관여하는 형태는 '프라이빗^{private} 블록체인'으로 불린다. 이에 반해 비트코인과 같이 네트워크 참여자 누구라도 운영에 관여할 수 있는 형태는 '퍼블릭^{public} 블록체인'에 해당한다). 또한 글로벌 단일화폐로서의 안정성과 신뢰 확보를 위한 조치도 마련했다. 바로 리브라 준비금제도이다. 달러, 유로 등 주요국의 법정화폐로 구성된 통화 바스켓 형태의 이 준비금은 리브라의 가치 유지와 지급보장 목적으로 활용된다. 리브라의 가치를 통화 바스켓의 가치에 연동시커 변동성을 줄이고, 법정화폐에 의해 그 지급이 담보되도록 한 것이었다.

리브라 프로젝트의 공표 이후 이를 바라보는 시장의 반응은 어떠했을까? 결과는 메타의 당초 기대와는 정반대였다. 마치 공공의 적이라도 된 것마냥 리브라 프로젝트는 미국과 유럽의 주요 감독당국들로부터 집중 포화를 맞았다. 메타의 창립자 저커버그 역시 여러 차례 청문회에 불려 나가 비판에 직면해야 했다. 주된 이유는 민간기업에 불과한 메타가 글로벌 단일통화에 대한 지배력을 가질 경우 예상되는 부작용 때문이었다. 각국의 통화 주권이 침해되는 것은 물론 세계 금융 안정에도 위해가 될 것이라는 우려가 쏟아졌다. 감독권 행사가 소홀한 틈을 타 불법자금 모집이나 프라이버시 침해와 같은 문제가 발생할 가능성도 심각하게 비쳐졌다.

예상보다 큰 반발에 직면한 저커버그는 2020년 12월, 당초 계획을 대폭 수정한 '디엠^{Diem} 프로젝트'를 발표했다. 전 세계 단일통화를 발행하겠다는 계획에서 한발 물러선 것이었다. 대신에 주요국의 법정화폐 가치와 1:1로 연동된 여러 종류의 암호화폐를 발행해 비판을 비켜가고자 했다. 달러화 준비금을 기초로 한 디엠달러^{Diem USD}, 유로화 준비금을 기초로 한 디엠유로^{Diem EUR} 등을 발행하는 방식이었다. 전 세계 단일통화에 비해 송금 편의성은 떨어지지만 안정된 가치를 기반으로 화폐처럼 쓰이도록

◉ 리브라 프로젝트로 청문회에 출석한 마크 저커버그

하려는 의도는 동일했다. 하지만 이 같은 노력에도 불구하고 당초의 우려를 완전히 불식시키기는 어려웠다. 결국 앞으로도 국가적 승인을 얻기 어렵다고 판단한 메타는 2022년 2월 프로젝트를 전면 중단한다고 발표했다. 중앙은행에 대한 정면 도전으로도 비춰졌던 리브라 프로젝트는 이렇게 막을 내리고 말았다.

───── **법정화폐를 담보로 한**
스테이블 코인의 시초, 테더

비트코인, 이더리움을 비롯한 암호화폐가 법정화폐를 대신하기에는 분명 한계가 있다. 주식처럼 큰 폭의 등락을 거듭하는 상황에서 암호화폐가 안정적인 교환수단으로 기능하기란 쉽지 않다. 또한 수요·공급 원리 외에 가치 보장을 위한 별다른 장치가 없다는 점에서 지불 수단으로서의 신뢰가 하루아침에 무너질 수도 있다. 비록 실패로 끝나긴 했지만 리브라 프로젝트는 이 같은 암호화폐의 한계를 뛰어넘기 위한 시도이기도 했다. 하지만 현재 암호화폐 시장에서는 안정적 지불 수단으로서의 가능성을 보여주는 몇몇 암호화폐들이 성공적으로 자리잡고 있다. 높은 시가총액을 형성하며 활발히 거래되고 있는 테더, USD코인, 다이와 같은 스테이블 코인stable coin이 그 주인공이다.

스테이블 코인이란 일정한 원리를 토대로 안정적인 가치를 유지하게끔 만들어진 암호화폐 유형을 말한다(코인이라는 명칭을 쓰고 있지만, 실상 이더리움과 같은 타 블록체인 네트워크를 빌려 발행되는 토큰인 경우가 대부분이다). 이를 바탕으로 타 암호화폐와의 교환수단으로 쓰이거나 디지털 생태계 내 지불 및 담보 수단으로 널리 활용되는 것은 스테이블 코인 고유의 특징이다. 또한 블록체인 네트워크를 바탕으로 투명하고 신속한 거래를 지원한다는 점 역시 빼놓을 수 없는 장점 가운데 하나다.

2014년 테더 리미티드Tether Limited에 의해 발행된 암호화폐 **테더는 법정화폐인 미국 달러를 담보로 발행되는 스테이블 코인의 시초**다. 현재 비트코인, 이더리움에 이어 시가총액 3위에 자리할 만큼 광범위하게 쓰이고 있는 암호화폐다. 테더Tether는 사전적으로는 밧줄이라는 의미를 갖고 있는데 이는 테더의 가치가 1달러에 고정되도록 설계되었다는 점에서 이해할 수 있다. 그렇다면 테더는 어떠한 원리에 의해 그 가치를 안정적으로 유지할수 있는 것일까? 아래 그림을 통해 테더의 발행과 작동 원리를 구체적으로 살펴보기로 하자.

테더가 발행되기 위해서는, 우선 고객이 테더 발행에 필요한 금액을 테더 리미티드에 지급해야 한다. 테더는 법정화폐인 달러를 담보로 1:1의 교환비율로 발행되게끔 설계되어 있다. 따라서 고객은 테더 발행을 원하는 수량만큼 테더 리미티드의 은행 계좌에 달러화를 지급한다(①).

이후 테더 리미티드는 고객이 발행을 요청한 테더를 고객의 암호화폐 지갑으로 전송해 준다(②). 이때 테더 리미티드는 고객으로부터 받은 돈을 테더의 상환을 위한 준비금으로 보관하

◉ 테더의 운영 메커니즘

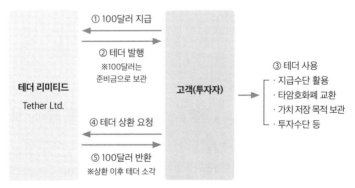

고, 이를 통해 테더와 달러의 가치가 1:1의 비율로 연동되게끔 한다. 다만 발행 수수료 등 거래비용이 일부 차감되므로 실제로는 100테더보다는 적은 수량의 암호화폐가 지급된다.

테더를 전송받은 고객은 거래 목적에 따라 이를 다양한 용도로 사용할 수 있다(③). 암호화폐 거래소에서 테더를 이용해 타 암호화폐를 구매하거나, 디앱에서 상품이나 서비스를 결제하기 위한 수단으로도 활용할 수 있다. 이외에 디지털 형태의 가치저장 수단으로 테더를 보관하거나 변동폭이 작긴 해도 투자용도로 취득하는 것도 가능하다.

한편 테더 보유자는 이를 달러로 교환할 필요가 있을 때는 테더 리미티드를 상대로 테더의 상환을 청구하는 것도 가능하다(④).

이 경우 테더 리미티드는 1:1의 교환비율로 달러를 내어주고 테더를 회수하게 된다(⑤). 그리고 이렇게 회수한 테더는 다시 유통되는 것이 아니라 전량 소각처리된다. 준비금 이상으로 테더가 유통되는 것을 막고 법정화폐와 1:1 교환비율이 유지되도록 하기 위해서다.

테더는 현재 달러화 가치와 연동된 것 외에도 유로화나 위안화 가치와 연동된 스테이블 코인도 발행하고 있다. 테더유로 EURT, 테더위안CNHT이라는 명칭의 스테이블 코인은 각각 유로화와 위안화를 담보로 해당 법정화폐와 1:1의 교환비율로 발행된다. 이뿐만이 아니다. 2020년에는 금과 같은 실물자산의 가치와 연동된 테더골드^{XAUt}도 선보였다. 이는 실제 금을 담보로 1:1의 교환비율로 발행되는 스테이블 코인이다. 테더골드를 보유한 사람은 물리적으로 금을 보관하지 않더라도 금을 소유한 것과 동일한 효과를 기대할 수 있다. 이러한 점에서 보자면 테더는 법정화폐나 실물 자산의 가치를 담고 있는 디지털 형태의 토큰과도 같다.

——— 테더와 유사한 또 다른 스테이블 코인들

테더와 함께 스테이블 코인 시장을 양분하고 있는 USD코인 역시 대표적인 법정화폐 담보형 스테이블 코인이다. 골드만삭스로부터 초기 투자를 받은 핀테크 기업 서클^{Circle}과 암호화폐 거래소 코인베이스의 협업하에 2018년 탄생한 스테이블 코인이다. 초기에는 이더리움 ERC-20 토큰 형태로 발행되었지만 현재는 다른 스테이블 코인과 마찬가지로 다양한 블록체인 네트워크에서 발행을 지원한다.

USD코인의 발행구조나 가치 안정화 방식은 테더와 크게 다르지 않다. USD코인의 가치는 미화 1달러에 고정되도록 설계되어 있으며 코인을 발행할 때마다 그만큼의 준비금을 달러나 단기국채 형태로 보관한다. USD코인의 강점은 엄격한 기준하에 금융규제를 준수하고 투명성이 높다는 점이다. 코인 발행량과 준비금 내역, 자산관리 현황 등에 대해 정기적으로 감독당국의 점검을 받는다. 이 때문에 타 암호화폐에 비해 높은 신뢰성을 갖는 것으로 평가되고 있다.

스테이블 코인 시장에서 테더와 USD코인이 차지하는 비중은 80%를 상회할 만큼 절대적이다. 하지만 암호화폐 시장에서는 동일한 원리에 기반한 다른 스테이블 코인들도 꾸준히 나타나고 있다. 페이팔이 자체 출시한 암호화폐인 페이팔USD^{PYUSD}나 퍼스트디지털USD^{FDUSD}, 트루USD^{TUSD} 등은 미국 달러화에 1:1로 연동된 법정화폐 담보형 스테이블 코인이다. 바이낸스 거래소에서 타 암호화폐와의 교환수단으로 주로 쓰이고 있는 바이낸스USD^{BUSD}도 마찬가지다.

──── 암호화폐 담보형 스테이블 코인, 다이

암호화폐의 가치를 유지하는 또 다른 방식은 비트코인, 이더리움과 같은 주요 암호화폐를 담보로 활용하는 것이다. 스테이블 코인 중 테더와 USD코인에 이어 시가총액 3위에 해당하는 다이는 대표적인 암호화폐 담보형 스테이블 코인이

다. 이는 이더리움 기반의 디앱 가운데 하나인 메이커 다오^{Maker}

^{DAO}를 통해 2017년 선보인 코인이다. 메이커 다오는 탈중앙화 방식으로 금융 서비스를 제공하는 플랫폼의 일종이다. 이용자로부터 암호화폐를 담보로 제공받으면 그에 상응하는 DAI토큰을 스마트 계약을 통해 자동으로 생성해준다.

다이가 테더, USD코인과 구분되는 가장 큰 특징은 **'1다이 =1달러'의 가치 유지를 위해 법정화폐가 아닌 암호화폐를 담보로 활용**한다는 점이다. 가령 100달러 가치의 이더리움을 메이커 다오에 담보로 맡기면 100개의 다이를 스마트 계약으로 발행해주는 방식이다. 다만 담보로 맡길 수 있는 암호화폐는 신뢰도가 높고 비교적 안정적인 가치를 유지하는 것에 한한다. 담보의 종류는 메이커 다오 토큰 보유자들의 투표로 결정되는데 현재 이더리움이나 비트코인, USD코인 등이 담보로 활용되고 있다.

그렇지만 위와 같은 방식만으로는 다이의 가치를 일정하게 유지하는 데 한계가 있다. 테더나 USD코인은 담보로 제공된 '달러'와 1:1로 교환되지만, 다이의 가치를 담보하는 '암호화폐'는 얼마든지 가격이 하락할 수 있기 때문이다. 위 사례에서 100개의 다이 발행을 위해 담보로 제공했던 이더리움의 가치가 80달러로 떨어지면 다이 보유자는 실상 80달러밖에 회수할 수 없게 된다.

이 때문에 암호화폐 담보형 스테이블 코인에서 활용되는 것이 바로 '최소 담보비율' 요건이다. 가령 최소 담보비율이 150%로 정해져 있다면 100개의 다이를 발행하기 위해서는 150달러 이상의 이더리움을 담보로 맡겨야 한다. 이를 통해 담보가치의 하락에 대비하고, 다이가 1달러와 안정적으로 교환될 수 있도록 한다.

만약 담보로 맡긴 이더리움의 가치가 130달러로 하락(담보비율 130% 수준)하게 되면 어떤 일이 발생하게 될까? 이때는 최소 담보비율을 충족하지 못한 상태이므로 스마트 계약에 따라 담보의 자동 청산 및 다이에 대한 상환 절차가 진행된다. 이에 따라 담보물인 이더리움을 매각해 130달러를 확보하고 100개의 다이 보유자에게 100달러를 상환하게 된다. 상환 후 남은 30달러는 매각비용이나 수수료를 공제한 후 잔여재산으로 반환한다. 이러한 메커니즘을 통해 담보가치 하락 시에도 다이의 가치를 일정 수준으로 유지한다.

현재 암호화폐 시장에서 거래되는 에테나USDe^{USDe}, 프랙스^{FRAX} 역시 기본적으로는 이더리움이나 USD코인 등 암호화폐를 담보로 운영되는 스테이블 코인들이다.

알고리즘형 스테이블 코인, 테라와 루나

      법정화폐나 암호화폐와 같은 담보 없이 일정한 조건에 따라 설계된 프로그램에 의해 암호화폐의 가치를 유지하는 유형도 있다. 무담보형 혹은 알고리즘형 스테이블 코인으로 불리는 것이 이에 해당한다. 이는 암호화폐 가격에 변동이 생겼을 때 해당 암호화폐의 공급이나 수요를 조정하는 방식으로 일정 가격을 유지하는 것이 기본적인 작동원리다. 담보 제공에 따른 부담을 덜고 알고리즘에 의해 그 가치를 유지한다는 점에서 혁신적인 유형으로 평가받기도 한다.

      알고리즘형 스테이블 코인 중 가장 널리 알려진 것은 2022년 5월, 일순간에 가치가 폭락하며 50조 원가량의 피해를 야기한 암호화폐 테라^{UST}다. 현재 암호화폐 시장에서는 트론스테이블코인^{USDD}, 앰플포스^{AMPL}와 같은 것들도 알고리즘을 기반으로 일정 가치를 유지하고 있는데, 거래 비중은 그리 높지 않은 편이다. 그렇다면 이와 같은 알고리즘형 스테이블 코인은 어떤 방식으로 그 가치를 유지하는 것일까? 암호화폐 분야에서 빼놓을 수 없는 사건 중 하나인 테라·루나 사태를 통해 그 원리를 살펴보기로 하자.

      테라^{UST}는 2019년, 테라폼랩스^{Terraform Labs}가 자체 블록체인 네트워크를 통해 발행한 스테이블 코인이다. 테라폼랩스의 주도하에 광범위한 디지털 경제 생태계를 구축하고 테라를 기축 통화로 쓰려는 것이 이 회사의 궁극적인 목표였다. 라틴어로 땅 혹은 지구를 의미하는 'Terra'와, 형성의 의미를 담은 영단어 'form'을 결합한 회사명은 이러한 목적을 반영한 것이었다. 국내에서는 테라폼랩스의 설립자가 한국인이라는 점과 이들이 개발한 암호화폐가 세계적 규모로 성장했다는 점 때문에 특히나 큰 관심이 일기도 했다.

테라가 1달러의 가치를 유지하는 방식은 앞선 유형의 스테이블 코인과는 상이하다. 달러 등 담보자산을 활용하는 것이 아니라 **알고리즘을 통해 테라에 대한 수요와 공급을 조절함으로써 1달러 가치가 유지**되도록 한다. 그리고 이를 위한 수단으로는 블록체인을 통해 발행되는 별도의 암호화폐인 루나^{Luna}가 활용된다. 즉, 루나는 스테이블 코인인 테라의 가격변동을 흡수할 목적에서 만들어진 자매 토큰이다. 테라와 루나를 이용한 가격 유지의 원리는 구체적으로 오른쪽 그림에 나타난 바와 같은데 이를 위한 알고리즘의 기본 전제를 정리하자면 다음과 같다.

기본 전제

- 테라^{UST}는 1달러의 가치를 유지하도록 설계된 스테이블 코인으로 발행된다.
- 테라의 가격변동이 있을 경우 가격안정을 위한 수단으로 자매 토

2부 핀테크와 암호화폐

큰인 루나를 활용한다.

- 테라의 가격 상승이나 하락은 루나를 통해 흡수하며, 이를 위해 **'테라 1개'는 '1달러어치의 루나'와 상호 교환**된다.

이와 같은 조건에서 만약 '테라 가치 < 1달러' 상황, 즉 테라 1개의 시장가격이 0.9달러로 떨어지게 되면 어떤 일이 발생하게 될까? 똑똑한 투자자라면 0.9달러에 테라를 산 다음 이를 1달러어치의 루나와 맞바꾸려 할 것이다. 한 번의 거래

◉ 테라·루나의 작동 원리

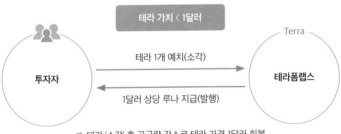

➡ 테라 '소각' 후 공급량 감소로 테라 가격 1달러 회복

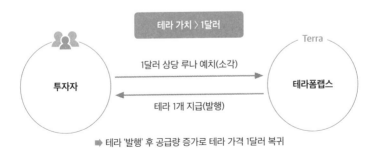

➡ 테라 '발행' 후 공급량 증가로 테라 가격 1달러 복귀

를 통해 0.1달러의 차익을 낼 수 있기 때문이다. 이렇게 투자자가 매입한 '테라 1개'를 테라폼랩스에 예치하면 '1달러어치의 루나'를 발행해 투자자에게 지급해 준다. 그리고 이 과정에서 루나와의 교환에 쓰인 테라는 즉시 소각한다(앞의 그림 상단). 이렇게 되면 소각된 양만큼 테라의 공급이 줄게 되어(가격 상승요인) 테라 가격이 1달러 선으로 상승하게 된다.

반대로 '테라 가치 > 1달러' 상황으로, 테라의 시장가격이 1.1달러로 상승한 경우라면 어떨까? 이때는 '1달러어치의 루나'를 '테라 1개'로 교환하는 것이 이득이다. 1달러 가격으로 1.1달러짜리 테라를 보유할 수 있기 때문이다. 따라서 투자자로서는 앞선 경우와는 반대로 1달러어치의 루나를 예치해 소각하고 그 대가로 새로운 테라를 발행받는다(앞의 그림 하단). 결국 그만큼 테라의 공급이 늘게 되어(가격 하락요인) 테라 가격은 1달러 선으로 하락하게 된다.

──── 죽음의 소용돌이에 휩싸이게 된 테라와 루나

테라폼랩스는 위와 같은 가치안정 메커니즘과 더불어 더 많은 이용자를 끌어들이기 위한 유인책도 제공했다. 앵커 프로토콜anchor protocol로 불리는 금융 서비스 플랫폼을 통해 암호화폐 예치 및 대출 서비스를 제공하고 투자자들에게는 높은 이율을 보장해 주었다. 이러한 조치는 테라 생태계가 급성장하는 데 있어 중요한 기폭제 역할을 하기도 했다.

가령 테라 보유자들을 대상으로는 테라를 위 플랫폼에 맡겨두기만 해도 연 20% 내외의 이자를 지급해 주었다. 고수익을 얻으려는 투자자들이 몰리면서 테라의 인기가 치솟고 가격상승 요인으로 작용하게 된 것은 당연지사였다. 그리고 이는 자매 토큰인 루나의 가격상승으로도 이어졌다. 앞의 가격안정 메커니즘에 따르면, 테라 가격이 상승하게 되면 테라 발행이 늘고 그만큼 루나는 소각될 수밖에 없었다. 이에 따른 공급량의 축소가 루나 가격의 상승마저 불어온 것이었다.

한편 투자자들은 앵커 프로토콜을 통해 루나를 담보로 맡기고 테라를 빌릴 수도 있었는데 이 또한 루나의 가격 상승을 부채질했다. 루나를 담보로 연 10%대 이율로 테라를 빌린 후 이를 다시 예치하면 투자자들은 손쉽게 연 20%의 수익을 올릴 수 있었다. 그야말로 땅 짚고 헤엄치기에 가까운 투자였다. 이로 인해 담보물인 루나에 대한 수요가 폭증하면서 루나 가격의 상승에 직접적인 영향을 미쳤다.

결국 테라가 투자자들의 엄청난 관심을 끌게 되면서 자매 토큰인 루나에 대한 투자 열기도 한껏 고조되는 결과가 발생했다. 발행 초기 1달러 내외 수준이던 루나의 가격은 2022년 4월 무렵에는 119달러까지 치솟았다. 이로 인해 루나의 시가총액은 한때 400억 달러를 넘어서며 전 세계 암호화폐 중 8위 규모로까지 성장했다.

하지만 이후 테라와 루나의 지속가능성을 위협하는 중대 사건들이 발생했다. 2022년 5월 7일 어느 익명의 투자자가 8,500만 테라를 일시에 팔아치웠다. 누가 어떤 목적으로 한 것인지는 확인된 바 없지만 대량 매도로 인해 테라의 가치가 0.98달러까지 떨어지는 디페깅^{depegging} 상황이 발생했다. 그렇지만 1차 위기는 그럭저럭 수습되는 듯 보였다. 테라폼랩스 측은 테라의 가격방어를 위해 대량의 비트코인을 확보하며 가격안정에 대한 의지를 내비쳤다. 1테라의 가격도 곧 1달러를 회복했다.

그로부터 이틀 뒤인 5월 9일에는 더 큰 위험이 찾아왔다. 또 다른 익명의 투자자들이 20억 달러가 넘는 테라를 대량으로 매도한 것이다(이에 대해서는 테라 알고리즘의 허점을 이용한 악의적인 공격이었다는 추측도 있으나, 해당 의혹을 받았던 시타델증권과 블랙록은 이를 공식적으로 부인했다). 1테라의 가격이 1달러 이하로 하락하는 디페깅 상황이 재연되었다. 그렇지만 이번만큼은 테라의 가격도 쉽사리 회복되지 않았다. 테라의 안정성에 대한 의구심이 확산되면서 투자자들의 투매 행렬이 이어졌다. 5월 10일 테라의 가치는 0.68달러 수준까지 떨어졌다.

이러한 일이 있고 나자 테라의 안정성에 대한 의혹은 의심에서 확신 수준으로 변해 있었다. 테라폼랩스가 내세웠던 가격안 정 메커니즘도 '코인런'과 같은 상황 앞에서는 속수무책이었다. 차익거래로 이익을 얻기는커녕, 한시라도 빨리 테라와 루나를 팔아치우는 것이 손실을 최소화할 수 있는 길이었다. 불안해진 투자자들은 루나마저 시장에 내다팔기 시작했고 5월 10일 루나의 가치는 29달러 수준까지 떨어졌다. 전날과 비교해 불과 하루 사이에 가치가 반토막난 것이었다.

이후 벌어진 일들에 대해서는 백약이 무효였다. 두 암호화폐에 대한 불신이 극에 달한 상태에서 테라가 루나를 끌어내리고 루나는 다시 테라를 끌어 내리는 죽음의 소용돌이 사태가 빚어졌다. 끝 모르고 추락하던 루나의 시세는 2022년 5월 12일 99.99%나 폭락하며 0달러에 수렴했다. 테라 역시 스테이블 코인이라는 말이 무색하게 5월 12일 1달러에 한참 못 미치는 0.2

⊙ 2022년 테라와 루나의 시세 변화

달러 수준까지 하락한 후 반등하지 못했다. 다음 날인 5월 13일 세계 최대 암호화폐 거래소인 바이낸스는 루나의 거래를 중단할 수밖에 없었다. 암호화폐 역사상 최대의 손실을 야기한 테라·루나 사태는 이로써 일단락되었다.

스테이블 코인은 법정화폐를 대신할 수 있을까?

테라·루나 사태는 알고리즘형 스테이블 코인의 독창적인 운영원리와 그로부터 초래될 수 있는 위험을 극단적으로 보여주었다. 이에 반해 테더나 USD코인 등 자산담보형 스테이블 코인의 안정성은 상대적으로 더 부각된다. 가격변동 폭이나 거래량 면에서도 비교적 안정적으로 자리잡아 가는 모습이다. 그렇다면 앞으로 스테이블 코인이 법정화폐를 대신하게 될 가능성은 얼마나 될까? 또한 스테이블 코인이 갖는 한계로서 극복되어야 할 요소들로는 어떤 것들이 있을까?

이와 관련해 경제학자들은 법정화폐가 갖추어야 할 주요 요건들로 안정성, 시장수용성, 분할가능성, 최종 책임자, 운반성 및 내구성을 든다. 우리가 살펴본 스테이블 코인들은 상당 부분 법정화폐로서의 요건에 부합하지만 아직은 미진한 부분도 있다. 이하에서는 스테이블 코인이 보여주는 법정화폐로서의 가능성과 그 한계에 대해 살펴보자.

안정성

테더, USD코인, 다이와 같은 주요 스테이블 코인의 경우 안정성 면에서는 상당히 견고한 편이다. 이들 암호화폐는 대부분 1달러 혹은 이에 매우 근접한 시세를 보여준다. 최근 1년의 상황만 놓고 보자면 대부분 1달러에서 ±0.002 달러 범위 내에서 시세가 형성되고 있다(코인마켓캡 기준). 달러와 외국통화 간 환율 변동과 비교해도 손색이 없을 정도다. 이들이 법정화폐 등 충분한 담보를 기반으로 발행된다는 점에 기인한 바가 크다. 하지만 시장 참여자들의 차익거래 수요를 토대로 가격안정을 꾀하는 알고리즘형 스테이블 코인은 그 변동폭이 다소 큰 편이다. 이 때문에 최근에는 알고리즘형 스테이블 코인도 담보 취득을 결합한 복합적인 형태로 운영되는 것이 일반적이다. 앞서 보았던 테라와 루나는 순수 알고리즘형 코인의 위험성을 극명하게 보여준 사례다.

시장수용성

스테이블 코인이 경제생활 내 보편적인 지불 수단으로 쓰일 가능성은 얼마나 될까? 사실 법정화폐가 안정적으로 통용되고 신용카드나 간편결제 수단이 보편화된 국가에서는 스테이블 코인을 사용할 동기가 그리 크지 않다. 그렇지만 향후 온라인 시장이나 메타버스와 같은 가상 생태계 내에서 스테이블 코인이 유용하게 쓰일 가능성은 얼마든지 열려 있다. 또한 금융시스템이 열악한 국가에서는 스테이블 코인이 새로운 대안으로 고려될 수 있다. 중남미나 아프리카의 일부 국가에서는 현재에도 자국 통화보다 달러화가 선호된다. 비트코인과 같은 암호화폐를 대안 지급 수단으로 활용하려는 분위기 역시 강하다. 이들에게는 달러에 가치가 고정되어 있고 암호화폐의 편의성도 갖추고 있는 스테이블 코인이 더 나은 선택지가 될 수도 있다.

분할가능성

화폐가 광범위하게 쓰일 수 있기 위해서는 소액 단위로 분할이 가능해야 한다. 이러한 점에서 본다면 스테이블 코인은 현재의 화폐보다 더 큰 편의성을 제공한다. 디지털 형태로 존재하는 만큼 기술적으로는 나눌 수 있는 단위에 제한이 없다. 1달러의 가치를 갖는 테더는 현재 소수점 이하 6자리까지 분할이 가능하다. 따라서 스테이블 코인의 경우 분할 가능성이나 화폐 단위로 인한 거래의 어려움은 거의 없는 편이다.

최종 책임자의 존재

신용화폐 시스템에서는 중앙은행에 의해 화폐가 발행되고

최종적인 지급이 보장된다. 그렇다면 스테이블 코인은 어떨까? 물론 스테이블 코인도 발행주체는 존재할 수 있다. 테더 리미티드, 테라폼랩스와 같은 법인 형태의 조직이나 메이커 다오와 같은 탈중앙화 조직일 수도 있다. 하지만 이 기관들은 암호화폐의 독점적 발행기관이 아니며 스테이블 코인의 지급을 최종적으로 보장하는 것도 아니다. 테라·루나 사태에서처럼 스테이블 코인이 무용지물이 되더라도 그에 따른 책임은 전적으로 코인 보유자의 몫이다. 법정화폐와 스테이블 코인의 차이가 가장 두드러지게 나타나는 것도 바로 이 대목이다.

최종 책임자가 존재하지 않는 문제는 발행기관이 적립하는 준비금이나 담보재산에 의해 일정 부분 보완될 여지는 있다. 그렇지만 이 역시도 전통적 형태의 금융회사가 아닌 이상 감독권 행사의 제약에 따른 한계가 있다. 가령 대표적인 스테이블 코인인 테더는 과거 준비금 적립과 관련해 상당한 의구심을 자아내기도 했다. 2017년 11~12월 두 달 동안 기존 발행량의 5배에 이르는 테더가 한꺼번에 발행된 바 있는데, 그에 맞추어 준비금을 제대로 적립했는지에 대해서는 명확히 확인된 바가 없었다. 또한 2019년 담보자산의 손실을 은폐한 혐의에 관해서는 이후 1,850만 달러의 벌금을 부과받기도 했다. 이를 계기로 테더 리미티드가 정기적인 회계감사를 실시하고 준비금 현황을 공개하기로 한 것은 그나마 다행스러운 일이었다.

운반성 및 내구성

스테이블 코인의 운반성이나 내구성은 기존 법정화폐와 비교하더라도 나무랄 데가 없어 보인다. 전자적 형태인 만큼 손쉽게 보관이나 이전이 가능하며 물리적인 손상 위험도 없기 때문이다. 하지만 스테이블 코인은 전혀 의외의 상황에서 화폐의 기능을 발휘하지 못할 수도 있다. 자연재해나 전쟁, 대규모 정전과 같은 재난이 닥쳤을 때다. 스테이블 코인은 인터넷 환경을 기반으로 작동되는 만큼 인터넷 불능 사태가 발생하면 화폐로 사용하기가 불가능하다. 수억 원의 스테이블 코인이 있다 한들 빵 한 조각 살 수 없는 그야말로 가상세계 속의 재산에 그치고 만다.

스테이블 코인은 가치안정을 기반으로 법정화폐를 대신할 수 있는 가능성을 보여주고 있다. 하지만 아직까지는 법정화폐를 대신했다고 보기 이르며 여전히 성장하는 과정에 있다. 준비금 적립이나 재무상황 공시 등 신뢰 확보를 위한 조치들도 꾸준히 개선돼 나가야 할 것이다. 그렇지만 디지털 경제 생태계 안에서 스테이블 코인의 위상이 점점 더 높아지리라는 점 역시 부인하기 어려운 사실이다. 국경을 초월해 누구나 접근 가능한 디지털 세계에서는 보다 간편하고 보편적인 거래수단이 선호될 것이기 때문이다. 다음 장에서는 이와 같은 스테이블 코인의 잠재력에 대응해 중앙은행 차원에서 발행을 고려 중인 디지털 법정화폐에 대해 살펴보기로 하자.

중앙은행이 발행하는
디지털 법정화폐

새로운 금융 혁신의 실험장이 된
버뮤다 삼각지대

버뮤다 삼각지대는 '마의 트라이앵글'로 불릴 만큼 미스터리한 사건들로 가득 찬 곳이다. 원인 불명의 선박 및 항공기 실종사고가 연이어 발생하면서 아직까지도 많은 사람의 호기심을 불러 일으키고 있다. 지구 자기장의 변화나 심해층에서 생성된 대량의 메탄가스 거품이 그 원인일 것이라는 추측도 있지만 여전히 가설일 뿐이다. 하지만 2020년대 들어 이 곳은 전혀 새로운 사건으로 전 세계의 주목을 끌고 있다. 바로 버뮤다 삼각지대 내에 위치한 바하마에서 세계 최초의 중앙은행 디지털 화폐^{Central Bank Digital Currency, CBDC}가 도입되었기 때문이다.

바하마는 41만 명의 주민들이 700여 개의 크고 작은 섬에 흩어져 살고 있는 군도^{群島} 국가다. 바하마 중앙은행과 바하마 달러^{BSD}라는 법정화폐를 통해 엄연히 독립적인 금융시스템도 갖추고 있다. 하지만 그 실상을 들여다보면 금융시스템이 원활히 작동하기란 여간 쉽지 않은 환경이다. 수백 개의 섬나라로 구성된 특성상 중앙은행조차도 돈이 어디서 얼마나 유통되고 있는지 파악하기 어렵다. 외딴 섬에 은행이 들어서기도 쉽지 않은 만큼, 금융 서비스의 혜택을 누릴 수 있는 사람들은 주요 도시 인근의 소수에 불과하다. 최근 벌어지고 있는 상황은 더욱 비관적이다. 영리를 목적으로 하는 상업은행들은 수익이 나지 않는 지역들을 중심으로 철수 움직임을 가속화하고 있다.

2019년 12월, 바하마가 샌드달러^{sand dollar}라는 이름의 중앙은행 디지털 화폐를 발행한 것은 이러한 배경과도 무관하지 않은 일이었다. 샌드달러는 법정화폐인 바하마 달러와 1:1로 연동되어 발행되는 디지털 형태의 법정화폐다. 이를 통해 열악한 금융 인프라의 한계를 극복하고 금융 접근성을 높이려는 것이 바하마 정부가 표방한 목적이었다. 엠페사를 활용해 모바일 머니 형태의 선자화폐를 보급하거나 비트코인을 법정화폐로 인정한 일부 국가들의 대응과는 또 다른 방식이었다. 위 사례들과 마찬가지로 바하마의 색다른 시도는 주변 국가들에도 영향을 미치고 있다. CBDC 발행은 이후 동카리브, 자메이카, 베네수엘라 등지로도 이어지고 있는 추세다. 그렇다면 이와 같은 CBDC란 과연 무엇이며, 어떤 용도로 활용될 수 있는 것일까?

─────── **암호화폐에 맞선**
CBDC의 등장

민간 주도의 스테이블 코인과 더불어 많은 국가들에서는 이와 유사한 형태의 화폐에 대한 관심이 고조되고 있다. 바로 **중앙은행이 발행하는 디지털 형태의 법정화폐인 CBDC**다. CBDC는 종이화폐와 그 형태만 상이할 뿐 법정화폐로서 갖는 기능에는 차이가 없다. 따라서 현금과 동일한 효력을 가지며 그 가치가 중앙은행에 의해 유지·보장된다. 이에 더해 타 암호화폐들과 마찬가지로 블록체인 기술 활용에 따른 이점들을 추가로 갖고 있다. 간편하고 신속한 거래 지원과 저렴한 비용, 금융거래의 접근성 제고와 같은 기능들이다.

CBDC의 등장은 스테이블 코인 등 암호화폐의 확산 가능성에 대비하기 위한 정책적 목적에서 비롯된 것이었다. 주지하듯 2010년 중반 이후 비트코인을 비롯한 암호화폐와 블록체인 기술은 세간의 큰 주목을 받았다. 이에 대한 관심은 각국 중앙은행들도 예외가 아니었는데 초기의 접근은 순수한 연구 목적에서 이루어진 것이 대부분이었다. 2015년 영란은행은 암호화폐 확산 추세와 맞물려 누구나 사용 가능한 디지털 화폐 발행의 필요성을 검토하면서 CBDC라는 용어를 최초로 사용하기도 했다.

하지만 빅테크 기업을 중심으로 스테이블 코인이 지불 수단으로 널리 활용된다면 금융시장도 그 영향에서 자유롭기 어렵다. 암호화폐는 민간 주도로 발행되므로 이에 대해서는 중앙은행의 직접적인 통제가 미치지 않는다. 이 때문에 통화정책을 통해 금리와 물가를 관리하고 최종 대부자로서 금융시스템의 안정을 유지하는 중앙은행의 역할도 축소되기 마련이다. 스테이블 코인의 부상은 이처럼 각국의 통화주권과 중앙은행 역할에 대한 위협 요소로 작용할 가능성이 다분하다. 메타가 추진했던 리브라 프로젝트는 이 같은 우려가 현실로 드러난 것이었다. 이러한 배경하에 CBDC는 단순한 연구 과제를 넘어 각국 중앙은행들의 주요 정책과제로 부상하게 되었다.

주요국들 가운데서도 가장 발빠르게 대응한 국가는 중국이다. 알리페이, 위챗페이 등 민간 핀테크 기업이 지급결제 시장의 대부분을 장악한 만큼, 중국은 CBDC 도입에 가장 적극적인 행보를 보이고 있다. 중국이 도입한 CBDC의 명칭은 '디지털 위안화e-CNY'이다.

중국인민은행은 2020년 이후 시중은행 및 핀테크 기업과의

출처 | 베이징로이터연합뉴스

협업을 기초로 CBDC 도입을 위한 시범운영까지 실시했다. 현재 베이징, 상하이, 선전 등 주요 대도시에서는 디지털 위안화가 온라인 및 오프라인 결제 용도로 활용되고 있을 정도다. 이를 기초로 14억 명에 이르는 자국민은 물론, 장차 국제 결제에서도 디지털 위안화가 쓰이도록 하는 것이 궁극적인 목표다.

국가적으로 CBDC 도입에 나서고 있는 것은 중국뿐만이 아니다. 앞서 본 것처럼 바하마 등 카리브해 인근 국가들이나 아프리카의 나이지리아는 CBDC를 디지털 법정화폐로 정식 채택했다. 이 외에도 유럽연합을 비롯해 스웨덴, 노르웨이, 일본과 같은 국가들 역시 CBDC 도입을 위한 모의실험을 진행 중인 것으로 알려져 있다. 미국이나 영국 등 일부 국가들은 아직 모의 실험 단계에 들어서진 않았지만 CBDC 도입을 위한 기초 연구와 준비작업을 활발히 수행 중이다. 국제결제은행에 따르면 전 세계 중앙은행의 약 90% 이상이 CBDC에 관한 연구나 실험을 진행하고 있을 정도로 이에 대한 관심은 세계적인 추세라 할 만하다. 한국은행 역시 향후 CBDC 발행이 필요한 상황에 대비해 연구와 모의실험을 진행 중인 상황이다.

─────── 보편적 지불 수단으로서의 디지털 화폐: 소액결제형과 거액결제형

위와 같은 CBDC는 기존의 법정화폐나 암호화폐와 비교해서 어떤 특징을 갖고 있을까? CBDC가 갖는 고유의 기능과 장점을 꼽는다면 크게 다음과 같은 점을 들 수 있다.

- **보편적 지급 수단**: CBDC는 종이화폐 이후 나타날 새로운 형태의 법정화폐다. 따라서 현금처럼 보편적인 지급 수단으로 활용 가능하며 특정 핀테크 기업에 종속되거나 사용처에 따른 제한이 없다.
- **디지털 화폐**: CBDC는 실물이 존재하지 않으며 오로지 전자적 형태로만 발행·유통된다. 이에 따라 보다 신속하고

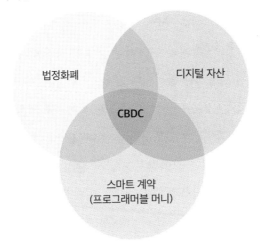

효율적인 거래 지원이 가능하다.

- **안정성 및 신뢰성**: CBDC는 중앙은행에 의해 발행되며 그 가치가 유지된다. 따라서 안정적인 지급 수단으로 활용될 수 있으며 암호화폐와 관련한 신뢰나 가격 급등락의 문제가 불거질 소지가 없다.

- **프로그래머블 머니**programmable money: CBDC는 암호화폐에 적용되는 스마트 계약을 활용해 다양한 기능을 지원할 수도 있다. 국가로부터 받은 복지비가 자동으로 생필품 구매에 쓰이도록 한다거나 잘못 납부한 세금이 저절로 반환되는 것과 같이 그 활용 가능성은 무궁무진하다.

한편 **보편적 지불 수단인 CBDC는 활용 분야에 따라서는 두 가지 유형으로 구분**되기도 한다. 첫째 유형은 '소액결제형 CBDC'다. 이는 일반 국민들이 각자의 전자지갑 안에 디지털 화폐를 소지하고 현금처럼 사용하는 방식이다. 온라인 혹은 오프라인 매장에서 결제를 하는 것은 물론이고 월급을 받고 공과금을 납부하는 것 역시 CBDC를 통해 이루어질 수 있다. 100% 현금 없는 사회를 불러올 수도 있는 그야말로 지급 수단의 일대 혁명과도 같은 유형이다. 소액결제형 CBDC는 은행 계좌 없이도 이용 가능하며 전통 금융기관의 역할 축소를 불러온다는 점에서 그 파급효과 역시 상당할 것으로 예상되고 있다.

두 번째 유형은 '거액결제형 CBDC'다. 이는 중앙은행과 전통 금융회사 간 대규모 거래나 결제를 목적으로 CBDC가 활용되는 경우다. 그간 물리적 형태의 화폐가 지급결제의 근간을 이루던 것과 비교해 디지털 형태의 CBDC가 이를 대체하는 방식이다. 소액결제형 CBDC에 비해 이용자 범위는 제한적이지만 구조적으로는 현재의 금융 시스템과 큰 차이가 없다. 다만 이를 통해 화폐 발행과 관리에 드는 노력은 크게 줄어들 수 있다. 또한 자금의 유통 및 결제에 있어서도 신속성과 효율성이 제고될 것으로 기대되고 있다.

CBDC, 무엇 때문에 발행하려는 것일까?

　그렇다면 세계 대부분의 국가들은 무엇 때문에 CBDC 발행을 고려하고 있는 것일까? 각국의 경제상황이나 여건에 따른 차이는 있지만 CBDC 발행을 통해 다양한 정책적 효과를 기대할 수 있기 때문이다.

　첫째로, CBDC 발행은 금융 포용력의 확장에 기여할 수 있다. 이는 금융 서비스에 대한 접근성이 낮은 국가들을 중심으로 소액결제형 CBCD를 도입하는 데서 주로 드러난다. 앞서 언급한 바하마의 사례가 대표적이다. 바하마 정부는 은행이 철수하고 금융 서비스 제공이 날로 어려워지는 여건하에서 샌드달러가 훌륭한 대안이 되어줄 것으로 기대하고 있다. 금융 인프라가 열악한 라틴아메리카나 아프리카의 일부 국가들이 CBDC 도입에 적극적인 움직임을 보이는 것도 동일한 맥락에서다.

　둘째로, CBDC는 지급결제의 효율성을 높이고 금융시장 안정에 기여하는 정책수단으로도 활용될 수 있다. 주요 선진국들을 중심으로 거액결제형 CBDC 도입이 우선적으로 논의되고 있는 이유이기도 하다. CBDC는 중앙은행이 발행하는 안전한 지급 수단이면서도 현행 지급결제 시스템에 비해 신속하고 저렴한 거래 지원이 가능하다. 이로 인한 효용은 최종 청산까지 수일이 소요되는 국제결제 분야에서 특히 두드러진다. 또한 시

중 통화량을 조절하거나 금융위기 발생 시 유동성 공급이 필요할 때에도 즉각적인 대응이 가능해 유용한 통화정책 수단으로도 고려된다. 그 밖에도 CBDC 거래내역의 추적을 통해 불법자금 모집이나 자금세탁 방지 등 금융거래의 투명성을 제고한다는 점 역시 장점으로 꼽힌다.

셋째로, 민간 스테이블 코인의 영향력 확대에 대응에 중앙은행 차원에서 CBDC 발행을 고려하는 것은 불가피한 일이기도 하다. 가령 세계적인 온라인 지급결제 업체인 페이팔은 이미 자체 스테이블 코인인 페이팔USD를 발행하고 있다. 오랜 기간 금융시장의 강자로 군림해 온 J.P 모건은 기업 고객을 대상으로 'JPM Coin'을 이용한 대규모 결제나 국경 간 결제 서비스를 지원한다. 이 밖에 전 세계 유통 공룡으로 불리는 아마존 역시 자체 스테이블 코인 발행을 준비 중인 것으로 알려져 있다. 대규모 기업들이 자체 발행한 코인이나 테더 등 스테이블 코인의 확산세는 중앙은행으로서도 결코 가볍게 여길 일이 아니다. 이로 인해 기존 통화의 영향력이 줄어들고 그간 중앙은행이 수행해 왔던 환율이나 금리 정책 등 전반에 연쇄적인 파급효과를 불러올 수 있기 때문이다. 중앙은행으로서도 이에 관한 대응책을 찾지 않을 수 없는 상황이다.

한편 일부 국가들은 CBDC 발행을 자국 통화의 영향력 강화나 통화주권 차원에서 접근하기도 한다. 달러화 주도의 경제

체제에 맞서 위안화의 위상을 재정립하려는 중국의 경우가 대표적이다. 저렴한 비용과 신속함을 이점으로 디지털 위안화가 국가 간 거래에 널리 쓰인다면 그만큼 위안화의 국제적 영향력도 강화될 것이기 때문이다. 중국 정부가 CBDC 도입에 적극적인 행보를 보인 이면에는 이처럼 글로벌 경제의 주도권을 확보하기 위한 원대한 구상도 숨어 있다. 2019년 메타가 공개한 리브라 프로젝트에서 위안화가 담보통화 유형에서 제외되자 중국 정부가 서둘러 CBDC 도입에 나섰던 것도 이러한 맥락에서 이해할 수 있다.

CBDC의 위험 요소와
앞으로의 과제들

현재 많은 국가가 CBDC에 관심을 보이고 있지만 실제 도입 여부를 결정하는 것에는 상당히 신중한 모습이다. 바하마 등 일부 국가들을 제외하면 대부분의 국가가 연구 단계 혹은 실험 단계에 머무르고 있다. CBDC 발행이 몰고 올 파급 효과를 그 누구도 명확히 예측하기 어렵기 때문이다.

특히나 소액결제형 CBDC가 광범위하게 활용될 경우 이는 자금 중개자 기능을 수행해 오던 전통 은행의 역할에도 상당한 영향을 미치기 마련이다. 은행의 보유 예금이 줄어들어 당장

⊙ CBDC 도입에 따라 예상되는 화폐 공급망의 변화

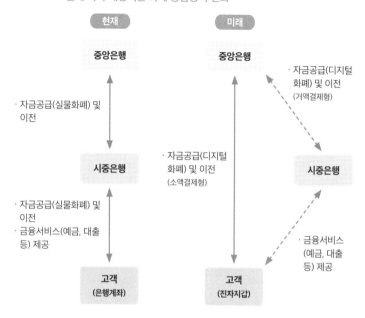

자금공급이나 신용창출 기능이 제약될 소지가 크다. 중앙은행을 정점으로 하던 금융 시스템에서 어쩌면 중앙은행과 시중은행이 상호 경쟁 관계에 놓이거나 은행이 제공하는 서비스가 대폭 축소되는 결과가 야기될 수도 있다. 물론 이러한 우려는 다소 지나친 것일지도 모른다. 하지만 향후 CBDC를 도입하는 데 있어 반드시 고려해야 할 사항 중 하나인 것만은 분명하다. 대부분의 선진 국가가 소액결제형보다는 거액결제형 CBDC에 우선적인 관심을 보이는 것도 이에 관한 대비책이 명확히 마련되

2부 핀테크와 암호화폐

어 있지 않기 때문이기도 하다.

CBDC는 이용 고객에 대한 사생활 침해 문제를 야기하기도 한다. 이른바 빅 브라더Big Brother에 의한 감시 문제다. CBDC에 관한 모든 거래는 블록체인을 통해 기록되므로 자금 사용처나 돈의 흐름에 대한 추적이 가능하다. 이는 거래의 투명성을 보장하는 순기능도 있지만 다른 한편 국가가 마음만 먹는다면 모든 거래내역을 들여다 볼 수 있다는 의미이기도 하다. 탈중앙화의 기치하에 중앙기관의 개입을 배제하고자 등장했던 암호화폐의 이념과는 사뭇 배치되는 결과다. 이 때문에 각국 중앙은행들은 CBDC 도입에 앞서 이용자 정보보호를 위한 다양한 법적·제도적 장치 마련에도 힘을 쏟고 있는 상황이다.

CBDC의 거래 과정에서 발생할 수 있는 위험 역시 무시할 수 없는 요소 중 하나다. 이는 디지털 금융거래 공통의 문제로서 CBDC 운영상의 장애나 시스템 공격이 발생했을 때 초래되는 위험이다. 중앙은행 자체의 시스템은 비교적 안전하게 관리된다 하더라도 CBDC를 보관하는 개인용 전자지갑이나 개인키 등은 해킹, 피싱과 같은 범죄 표적이 될 수 있다. 이러한 사고는 민간 은행에서 발생하는 것과는 비교할 수 없을 만큼 CBDC에 대한 일반의 신뢰에 영향을 미친다.

한편 CBDC 도입에도 불구하고 여전히 일각에서는 현금 옹호론자들도 존재하기 마련이다. 디지털 화폐 사용이 익숙하지 않거나 프라이버시 보호를 위해 현금 사용을 선호하는 이들도 분명 있을 것이다. 재난과 같은 비상상황에 대비해 현금을 찾는 경우도 마찬가지다. 이 때문에 현금에 대한 수요가 사라지기 전까지는 CBDC와 더불어 현금에 대한 이용자들의 선택권도 보장될 필요가 있다. 한국은행, 영란은행을 비롯한 주요 중앙은행들 역시 이용자들이 원하는 한 앞으로도 현금 발행은 계속될 것이라는 입장이다.

장차 CBDC 사용이 보편화된다면 거래 모습 역시 지금과는 많이 다를 것이다. 은행을 찾아 달러를 환전하는 대신 스마트폰을 통해 디지털 달러를 주고받고 있을지도 모를 일이다. 하지만 위와 같은 한계점들을 고려하면 CBDC가 도입되더라도 기존 화폐가 완전히 대체된다고 보기에는 무리일 듯하다. 그리고 이 과정에서 CBDC의 편의성과 이용자들의 권익 사이에 적절한 균형점을 찾는 일은 또 다른 과제가 될 것이다.

미래의 디지털 세상에서는 어떤 형태의 화폐가 주로 쓰이고 있을까? 암호화폐의 일종인 스테이블 코인일까, 아니면 중앙은행이 발행한 디지털 화폐인 CBDC일까? 그것도 아니라면 이러한 현상도 그저 한 때의 유행에 그치고 마는 것일까? 암호화폐와 스테이블 코인, CBDC의 등상을 지켜보면서 미래의 경제생활은 어떤 형태로 변모해 나갈지 그 결과가 자못 궁금해진다.

3부

디지털
세상 속의
금융

FINANCE

세상은 아톰(atom)이 지배하던 시대에서
비트(bit)의 세계로 변화하고 있다.

니콜라스 네그로폰테(Nicholas Negroponte)

암호화폐 투자는
주식 투자와 무엇이 다를까?

암호화폐 거래소 FTX
파산의 전말

　　2022년 암호화폐 시장에서는 테라·루나 사태에 이어 전 세계 투자자들을 공포로 몰아넣은 사건이 발생했다. 바이낸스, 코인베이스에 이어 세계 3위 규모의 암호화폐 거래소였던 FTX^Futures Exchange가 파산한 일이었다. 2019년 샘 뱅크먼-프리드가 설립했던 이 회사는 불과 3년 만에 320억 달러(약 42조 원)의 가치를 인정받을 만큼 눈부신 속도로 성장해 온 터였다. 뱅크먼-프리드는 이에 힘입어 포브스가 선정한 미국 내 부호 순위에 20대로서는 유일하게 32위에 오르기도 했다. 하지만 화려

했던 시절도 잠시 FTX는 이내 가장 빠르고 처참한 몰락의 길을 걸었다. 2022년 11월 FTX는 갑작스레 파산하고 창업자 뱅크먼-프리드는 증권사기, 자금유용 등 혐의로 징역 25년을 선고받았다. 남아 있던 대부분의 재산 역시 몰수되었다. 이토록 짧은 기간 동안 FTX 내부에서는 과연 어떤 일들이 있었던 것일까?

학창 시절 수학에 두각을 나타냈던 뱅크먼-프리드는 매사추세츠 공과대학^{MIT}에 입학해 물리학과 경제학을 공부했다. 대학 졸업 후 전문 트레이더로 경력을 쌓은 다음 2017년에는 알라메다 리서치^{Alameda Research}라는 회사를 설립해 독립했다. 당시 암호화폐 투자 붐을 타고 암호화폐 차익거래와 마켓 메이킹(다양한 매수, 매도 주문을 제공해 원활한 거래를 지원하는 기능을 말한다)으로 큰 수익을 올리기도 했다. 그의 행보는 여기서 그치지 않았다. 2년 뒤인 2019년에는 한발 더 나아가 새로운 암호화폐 거래소인 FTX를 설립했다.

FTX는 암호화폐 거래소로는 후발 주자였지만 새로운 상품과 효과적인 마케팅을 기반으로 가파르게 성장해 갔다. 단순히 암호화폐를 사고파는 것 외에도 투자자들의 관심을 불러일으킬 만한 다양한 거래를 지원했다. 암호화폐를 기초로 한 선물·옵션 거래, 레버리지 투자, 예측시장 거래(경제 동향이나 스포츠 경기 등 특정 사건의 결과에 베팅하고 그에 따라 손익이 정해지는 상품을 말한다) 등을 통해 고수익을 원하는 투자자들을 끌어모았다. 또한 오타니 쇼헤이, 스테판 커리와 같은 유명 스포츠 스타를 홍보대사로 위촉해 이용자 저변을 빠르게 확산시켜 나갔다.

하지만 뱅크먼-프리드를 순식간에 거부로 만들어 준 원천은 따로 있었다. 바로 FTX가 자체 발행한 암호화폐인 FTT였다. FTT는 거래소 내 유틸리티 토큰의 일종으로 수수료 할인이나 수익 공유는 물론 그 자체를 유용한 투자수단으로 활용할 수도 있었다. FTX의 성장과 함께 FTT는 투자자들 사이에서도 큰 인기를 끌었다. 이와 함께 FTT의 가격도 고공행진을 거듭했다.

그렇지만 실상 이 같은 가격상승의 이면에는 FTX의 부정거래가 깊숙이 관여되어 있었다. 뱅크먼-프리드의 또 다른 회사인 알라메다 리서치를 통해 FTT 토큰을 대량 매입하고 인위적으로 가격을 끌어올렸던 것이다. 이후 높은 가격에 FTT를 내다 팔면 이 돈으로 다시 FTT를 추가 매입해 가격을 더 끌어올렸다. 투자자들의 눈에는 FTT가 인기리에 거래되는 것처럼 보였겠지만 실제로는 폰지 사기와 다를 바 없었던 것이다.

그 결과 FTX와 알라메다 리서치는 자산의 상당 부분을 FTT로 보유하고 있었는데 암호화폐 전문매체 〈코인데스크〉는 이에 대해 강한 우려를 표명했다. 2022년 11월 2일 보도를 통해 FTT 가격이 급락할 경우 FTX가 심각한 재정 위험에 빠질 수 있음을 내비쳤다. FTT의 보유 비중이 지나치게 높아 해당 자산의 가격이 하락하면 유동성 위기에 직면할 것이라는 점을 지적

한 것이었다.

　위와 같은 내용이 공개되자 투자자들의 반응은 즉각적이었다. 같은 달 6일 바이낸스의 CEO 창펑자오는 트위터를 통해 바이낸스가 보유한 FTT 토큰 전량을 매각한다고 밝혔다. 자그마치 5억 3,000만 달러에 이르는 금액이었다. 세계 최대 암호화폐 거래소의 결정이었던 만큼 그 파급력도 엄청 났다. 곧이어 뱅크런에 비견되는 코인런 사태가 촉발되었다. 암호화폐를 매각해 자금을 회수하려는 투자자들이 한꺼번에 몰리면서 11월 6일 하루에만 약 50억 달러의 금액이 인출되는 일이 발생했다. FTT의 가격은 사태 발생 전 25달러 수준에서 80% 이상 폭락했다. FTX는 바이낸스에 인수 의향을 타진하며 도움을 요청했지만 이마저도 여의치 않았다. 회복 불가능한 상태에 놓인 FTX의 선택지는 같은 달 11일 법원에 파산 신청을 하는 것 외에는 없었다. 40조 원 이상의 가치를 인정받던 FTX가 무너지는 데 걸린 시간은 채 일주일도 되지 않았다.

⊙ FTX 설립자인 샘 뱅크먼-프리드

출처 | Cointelegraph

　FTX 파산에 따른 투자자들의 피해도 막심했다. FTX가 법원에 제출한 자료에 따르면 부채 규모

3부 디지털 세상 속의 금융

는 최대 66조 원, 피해자로 신고된 채권자 수는 수십만 명에 이른다. 싱가포르의 국부펀드인 테마섹, 캐나다 사학연금 등 유명 기관투자자들은 수억 달러에 이르는 투자금을 전액 손실 처리했다. FTT에 투자했던 개인 투자자들의 경우 투자금을 회수하기란 요원한 일이 되고 말았다.

───── 주식 투자를 닮아가는 암호화폐 투자

최초의 암호화폐인 비트코인은 본래 전자적 지급 수단 용도로 탄생한 것이었다. 2세대 암호화폐인 이더리움은 디지털 생태계 내 다양한 활동을 지원하는 것이 그 고유의 목적이다. 하지만 오늘날 대다수 사람에게 암호화폐는 주로 어떤 용도로 활용되고 있을까? 암호화폐의 시세 변동에 따라 투자 이익을 얻으려는 것이 가장 큰 동기임은 부인하기 어려울 것이다. 비트코인이나 이더리움 등 주요 암호화폐를 제외한 대다수 알트코인의 경우 이러한 경향은 더욱 두드러진다. 높은 수익을 기대하며 몰려들었던 루나와 FTT 투자자들의 사례, 국내 암호화폐 거래소를 통해 수백여 종의 알트코인을 사고파는 사람들의 심리 역시 이와 별반 다르지 않다(암호화폐 시장에서 비트코인이 차지하는 비중이 50%가 넘는 점을 감안하면 비트코인 외의 암호화폐를 알트코인으로 분류하는 것도 무리는 아니다).

크립토닷컴이 2024년 발간한 보고서에 따르면 전 세계 비트
코인 보유자의 수는 약 3억 명에 육박한다. 이더리움 보유자 역
시 전년도 8,900만 명에서 1억 2,000만 명 이상으로 증가했다.
이들 암호화폐와 알트코인 전체를 합친 암호화폐 보유자 수는
약 5억 8,000만 명에 이른다. 전년보다 34% 증가한 수치로 암
호화폐는 어느 사이 주식과 같은 투자 수단으로 자리잡아 가
는 모습이다. 이러한 현상은 기관투자자들 사이에서도 공통적
으로 나타나고 있다. 2023년 바이낸스가 기관 고객을 대상으로
실시한 설문 결과에 의하면, 이들 중 절반가량은 최근 5년 내
암호화폐에 투자한 경험이 있다고 답했다. 암호화폐에 투자한
주요 동기로는 잠재 수익률에 대한 기대나 포트폴리오 관리 목
적 등을 들었다.

이 같은 암호화폐 투자는 실상 주식 투자와도 대단히 흡사
한 모습을 보인다. 2024년 10월 기준 국내에서는 암호화폐 거
래소 업비트Upbit를 통해 214종의 암호화폐가, 빗썸Bithumb을 통
해 301종의 암호화폐가 각각 거래되고 있다. 인터넷이나 모바
일을 통해 이들 거래소가 제공하는 화면을 보면 세부 종목을
알기 전까지는 주식 거래인지, 암호화폐 거래인지 분간하기 힘
들 정도다. 주식 거래와 마찬가지로 특정 종목을 대상으로 한
호가창과 거래 차트가 제시되고 매매가격이나 체결 수량 등을

실시간으로 파악할 수 있다.

주식과 유사한 모습은 암호화폐를 이용한 투자 방식에서도 드러난다. 단순히 암호화폐를 사고파는 현물 거래 외에도 보다 다양한 투자수단들이 제공되고 있다. 가령 대표적 파생상품 거래소인 시카고 상업거래소Chicago Mercantile Exchange, CME는 2017년 암호화폐 선물시장을 개설했다. 이를 통해 비트코인과 이더리움을 기초자산으로 한 선물·옵션 거래를 지원해 오고 있다. 암호화폐를 직접 소유하지 않더라도 시세 변동에 따른 차익만을 누릴 수 있는 형태다. 과거 현물 거래 중심이던 주식 투자가 주식 선물·주식 옵션의 형태로 진화해 온 것과 다르지 않은 모습이다. 이러한 거래는 전통적인 거래소 시장을 통해서만 이루어지는 것은 아니다. 바이낸스, 오케이엑스OKX, 바이비트Bybit와 같은 글로벌 암호화폐 거래소는 주요 암호화폐를 대상으로 한 선물·옵션 거래나 레버리지 투자 등 광범위한 거래를 지원한다.

주식을 대상으로 한 펀드처럼 공동의 자금으로 암호화폐에 투자하는 방식도 점차 확산되는 추세다. 펀드 방식의 암호화폐 투자상품은 2021년 10월 미국에서 첫선을 보였다. 'ProShares Bitcoin Strategy'라는 이름의 ETF 상품이었는데 CME가 제공하는 비트코인 '선물'을 포트폴리오로 편입하는 형태였다. 하지만 2024년 1월, 미국 증권거래위원회는 비트코인 '현물'을 투자대상으로 하는 ETF도 정식 인가했다. 공동의 투자금으로 실제 비

⊙ 비트코인에 투자했을 때의 시세 변동 내역

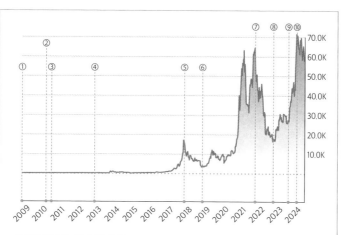

① 2009년 1월: 비트코인 탄생
② 2010년 5월: 비트코인 피자데이 당시 시세는 약 0.25센트
③ 2010년 7월: 최초의 암호화폐 거래소 마운트곡스 등장
④ 2013년 4월: 비트코인 가격 최초 100달러 돌파
⑤ 2017년 12월: 비트코인 가격 19,000달러 돌파. 개인투자자 중심으로 비트코인 투자 확대
⑥ 2018년 12월: 비트코인 가격 3,000달러 수준으로 하락. 규제강화로 인한 암호화폐 침체기
⑦ 2021년 11월: 비트코인 가격 68,000달러 돌파. 비트코인에 대한 기관투자자들의 관심 확대
⑧ 2022년 11월: 러시아·우크라이나 전쟁, 코로나19, 테라·루나 사태를 계기로 비트코인 가격은 불과 1년 만에 16,000달러대까지 하락
⑨ 2024년 1월: 비트코인 현물 ETF 승인
⑩ 2024년 3월: 사상 최고가인 73,750달러 기록. 비트코인 현물 ETF 승인 후 기관 투자금 유입

※ 2024년 11월, 암호화폐에 우호적인 트럼트 대통령 당선 이후 비트코인 시세는 최고가를 갱신했다.

트코인을 사서 보유하는 형태인데 이후 블랙록, 그레이스케일 등 11개 자산운용사에서 비트코인 현물 ETF 상품을 출시했다.

같은 해 5월에는 이더리움을 대상으로 한 현물 ETF도 추가로 승인됐다. 시장에서는 솔라나[SOL] 등 주요 알트코인에 대한 현물 ETF도 머지않아 승인될 것이라는 기대감이 높은 상태. 제도권 금융에서 한발 비켜나 있는 것으로 보였던 암호화폐가 조금씩 제도권 내로 편입되고 있는 양상이다.

——— 주식과 암호화폐, 다른 점은 무엇일까?

앞에서 살펴본 것처럼, 투자자의 입장에서 암호화폐 투자와 주식투자는 크게 다를 것이 없어 보이기도 한다. 하지만 과연 그럴까? 거래방식이나 투자 기법 면에서 상당히 유사한 모습을 보이고 있지만 이 둘은 실제로 엄연히 다르다.

먼저 암호화폐와 주식의 가장 근본적인 차이가 드러나는 점은 소유권의 유무다. 주식을 사서 회사의 주주가 된다는 것은 그 비율만큼 그 회사의 주인이 되는 것과 같다. 이를 기초로 회사에 대해 일정한 지분을 가지며 설령 회사가 파산하더라도 주주는 회사 재산을 토대로 투자금을 회수할 수 있다. 이에 반해 **코인, 토큰과 같은 암호화폐는 운영자나 사업주체에 대한 소유권이나 지분의 표시와는 무관**하다. 물론 경우에 따라서는 블록체인 네트워크 운영이나 암호화폐 발행에 관여하고 있는 기관들이 있기도 하다. 이더리움 재단, 테더 리미티드, 솔라나 재단 등과 같은 기관들이다. 하지만 암호화폐는 이들 기관에 대한 지분을 나타내는 것이 아니며 디지털 생태계 내에서의 활용을 목적으로 발행될 뿐이다. 결국 주식과는 달리 암호화폐 투자금 회수를 위한 최종적인 안전판은 없는 것이나 다름없다.

위와 같은 차이는 보유자가 갖는 권리 내용에도 영향을 미친다. 주식을 가진 사람은 회사 이익으로부터 배당을 받거나, 의결권 행사를 통해 회사 운영에 참여할 수 있다. 하지만 **암호화폐 보유자가 갖는 지위나 권리의 내용은 주주와는 상이**하다. 블록체인 네트워크나 디앱 운영에 따른 이익을 나누어 갖지 못하며 운영에 대한 참여 권한 역시 일반적으로 인정되지 않는다. 암호화폐의 가격변동에 따라 시세차익을 얻거나 유틸리티 토큰 본래의 용도대로 활용할 수 있을 뿐이다. 네트워크나 디앱 운영에 관한 투표권 부여 등을 목적으로 거버넌스 토큰governance token이 발행되는 경우도 있지만 이 역시 주식과는 본질적으로 차이가 난다. 거버넌스 토큰의 기능이 발휘되는 것은 회사가 아닌 암호화폐 프로젝트나 디앱 등의 운영에 관한 것이다.

암호화폐 투자는 정보 제공이나 규제 면에서도 주식과는 큰 차이가 난다. 주식 투자자는 증권신고서를 통해 발행 주체인 회사나 해당 증권에 대한 상세한 정보를 제공받을 수 있다. 그리고 이에 대해서는 감독당국에 의한 엄격한 규제도 적용된

3부 디지털 세상 속의 금융

다. 허황된 정보나 거짓된 내용으로 투자자들을 속인다면 막중한 법적 책임을 지기 마련이다. 이에 반해 암호화폐 투자자들은 해당 암호화폐의 용도나 특성, 향후 전망 등에 관한 정보를 백서^{white paper}를 통해 제공받는다. **백서는 해당 암호화폐 프로젝트의 사업계획서라 할 수 있는데, 이에 대한 객관적인 검증 절차나 감독당국의 규제 체계는 아직 완비되지 못한 상황**이다. 또한 대다수 알트코인의 경우, 투자자들이 관련 백서의 내용이나 기술적 특성을 명확히 이해하고 투자를 실행하기란 쉽지 않다.

─────── **가치평가의
한계**

주식과 비교해 암호화폐의 적정 가치를 평가하는 일 역시 투자판단에 있어 빼놓을 수 없는 요소다. 주식 가치를 평가함에 있어서는 오랜 기간에 걸쳐 비교적 객관적인 평가지표들이 활용되고 있다. 주가를 회사의 순자산가치 또는 순이익 규모와 비교해 평가하는 PBR^{Price Book-value Ratio}, PER^{Price Earning Ratio} 지표는 주식투자에 활용되는 대표적인 지표들이다. 이 외에도 주가 대비 배당금 지급률을 의미하는 배당수익률, 미래가치 평가를 위한 성장률, 재무건전성을 나타내는 부채비율 등도 종합적으로 고려된다. 또한 다양한 공시자료나 뉴스를 통해 회사의 실제 운영 현황을 파악하기도 용이하다.

이에 비해 암호화폐는 어떨까? **암호화폐의 가치평가에 관한 한 그 기준은 아직 명확히 정립되었다고 보기 힘든 상황**이다. 주식 가치 평가의 기초자료로 활용되는 대차대조표나 현금흐름표 같은 회계장부는 애당초 존재하지 않는다. 최근에는 비트코인 채굴에 드는 전기료나 유지비용을 암호화폐의 내재가치로 보는 시각도 있지만 보편적으로 적용되기는 어렵다. 비트코인 이후 발행된 암호화폐들의 경우, 지분증명, 위임증명 등 새로운 거래 검증 방식을 도입해 전기 소모가 그렇게 많지 않기 때문이다. 이더리움의 ERC-20 표준에 따라 발행되는 토큰들 역시 유의미한 수준의 생산비용이 들지 않는다.

블록체인 네트워크나 디앱을 통해 벌어들일 이익을 암호화폐 가치평가의 기준으로 삼으려는 시각도 있다. 특정 플랫폼의 용도나 가치, 참여자 수, 프로젝트의 활성화 가능성 등을 근거로 가치를 매기는 방식이다. 마치 주식가치를 평가할 때 회사의 성장성이나 미래가치에 주목하는 것과 흡사하다. 그렇지만 이 역시도 한계는 있다. 코인이나 토큰을 보유하더라도 해당 암호화폐와 관련된 프로젝트에 대해 어떤 지분을 갖는 것은 아니기 때문이다.

결국 현재로서는 암호화폐 투자를 위한 객관적 평가 기준이나 충분한 정보가 제공된다고 보기는 어려운 상황이다. 그보다는 암호화폐의 희소성이나 활용성, 투자자들의 관심도, 규제 환경 등을 반영한 수요·공급 원리에 따라 가격이 형성되는 면이 크다. 이 때문에 알트코인 중에서도 사용처가 명확하지 않거나 가격을 지탱해 줄 수요자가 충분하지 않은 것들은 그 미래가 결코 밝다고만 할 수는 없다.

암호화폐의 가치와 관련해 가장 큰 의문을 자아내는 것은 도지코인DOGE, 시바이누코인SHIB과 같은 '밈 코인Meme coin'이다. **밈 코인은 특별한 목적이나 사용처 없이 온라인상 유행하는 유머나 농담을 토대로 생성된 암호화폐다.** 가령 2013년 발행되어 현재 6위 규모(2024. 11. 12. 기준)의 암호화폐로 성장한 도지코인은 당초 거창한 계획하에 만들어진 것이 아니었다. 도지코인 개발자들은 비트코인이 실제로 거래되고 있는 상황을 풍자할 목적으로 장난 삼아 만든 것에 불과했다. 하지만 시바견을 형상화한 귀여운 로고와 일론 머스크가 트위터를 통해 관심을 보인 것을 계기로 이내 유명세를 타기 시작했다. 도지코인에 투자하려는 사람들이 늘어나고 일부 커뮤니티에서는 이를 온라인 결제나 기부 용도로 활용하기도 했다. 코인 투자 열기가 한창이던 2021년 5월 무렵에는 시가총액이 무려 880억 달러를 넘어서기도 했다. 이때에 비해서는 그 열기가 다소 진정되었지만 그럼에도 국내 굴지의 IT 기업인 네이버나 카카오의 시가총액을 능가하는 규모를 자랑한다.

◉ 대표적인 밈 코인인 도지코인(좌)과 시바이누코인(우)의 로고

출처 | 셔터스톡

하지만 도지코인, 시바이누코인 등 일부를 제외하면 밈 코인은 전반적으로 그 가치를 인정받기 쉽지 않다. 밈 코인을 발행하는 프로젝트의 실체가 불분명할 뿐 아니라 해당 코인의 내재가치나 활용성을 가늠하기 어렵기 때문이다. 〈포춘〉의 가상자산 전문 미디어 〈포춘크립토〉의 2024년 보도에 따르면 밈 코인의 평균 수명은 채 1년이 되지 않으며 매달 2,000개 이상이 사라지고 있는 실정이다. 밈 코인에 관심을 갖는 투자자라면 그 가치에 관해 한 번쯤은 생각해 볼 만한 대목이다.

——— **암호화폐 투자를 위협하는 아직은 성숙하지 못한 시장**

이렇듯 암호화폐는 주식과는 다른 특성을 갖고 있지만, 실제 투자에 따르는 여러 위험 요인도 안고 있다. 암호화

폐와 관련된 여러 사건, 사고 등을 접하다 보면 아직은 암호화폐 시장이 안정적으로 자리잡았다고 보기 어렵다는 생각이 들 정도다. 그렇다면 암호화폐 투자에 따르는 주요 위험 요소들로는 어떤 것들이 있을까?

가장 먼저 암호화폐의 극심한 가격변동성을 말할 수 있다. 불과 며칠 사이 투자자들의 재산을 앗아간 테라·루나 사태나 FTX 파산 사건은 이로 인한 위험을 극명하게 보여준 사례다. 유사한 모습은 국내 암호화폐 시장에서도 심심치 않게 목격되곤 한다. 2021년 4월, 국내 거래소를 통해 출시되었던 아로와나 토큰ARW은 상장 직후 50원이던 가격이 불과 30분 만에 5만 원대로 상승했다. 그로부터 7시간 후에는 다시 1만 7,000원대로 가격이 폭락했다. 이 정도까지는 아니더라도 암호화폐 시장에서는 단기간 내에 수백 퍼센트 수준의 급등이나 급락이 발생하는 일이 비일비재 하다.

국내 주식시장에서는 위와 같은 상황에 대비해 각 종목별로 상한가와 하한가를 두어 변동폭에 제한을 두고 있다. 주식시장 전체가 과열 또는 투매 양상을 보이는 때는 사이드카side car나 서킷브레이커circuit breaker와 같은 조치를 통해 주식거래를 일시 중단시키기도 한다. 증시 충격을 완화하고 투자자들이 냉정을 되찾도록 하기 위해서다. 하지만 암호화폐 거래에서는 이 같은 안전장치가 마련되어 있지 않다. 이 때문에 투자자들은 하루에도 몇 번씩 천당과 지옥을 오갈 수 있다. 폭락 상황에서는 미처 손쓸 새도 없이 거액의 손실을 감당할 수밖에 없다.

시세조종 같은 부정거래 역시 빼놓을 수 없는 위험 요소다. 인위적으로 주식 가격을 조작하거나 회사 내부의 비밀정보를 이용해 이득을 얻는 것은 주식시장에서는 중대 범죄에 해당한다. 이로 인해 선량한 투자자들이 피해를 입기 때문이다. 그렇지만 암호화폐 시장에서는 부정거래의 적발이나 처벌이 용이하지 않으며 그에 따라 피해자들도 양산되어 왔다. 새로운 유형의 자산인 만큼 이를 규제할 마땅한 근거가 없었던 것이 주된 이유였다. 다행히도 국내에서는 이에 대비해 2024년 7월부터 가상자산 이용자 보호법이 시행되고 있다. 하지만 이 같은 규제에도 불구하고 부정거래 위험이 원천적으로 차단된 것은 아니다. 일례로 법 시행 이후에도 국내에서 거래된 일부 암호화폐는 상장 후 불과 15분 만에 가격이 1,400% 가까이 급등했다. 해외 거래소에서 체결되는 가격과는 10배 이상 차이가 나는 금액이었다. 하지만 하루도 안 되어 암호화폐 가격은 다시 제자리로 돌아왔는데 시세조종 등 비정상거래의 개입이 의심될 수밖에 없는 상황이다(국내 금융당국은 문제가 된 암호화폐 어베인 AVAIL의 시세조종 혐의에 대해 조사에 착수한 상태다).

암호화폐의 안전 보관 문제도 투자자들을 불안에 떨게 하는 요소 중 하나다. 전자적 기록 형태로 존재하는 암호화폐는 그 특성상 해킹과 같은 사고 위험에 노출되어 있기 때문이다. 최초의 암호화폐 거래소였던 마운트곡스는 2014년 약 85만 개의 비트코인(당시 비트코인 공급량의 7% 수준으로 약 4억 6,000만 달러에 해당하는 금액이었다)을 도난당한 후 파산했다. 2020년대 이후로도 폴리네트워크, 웜홀, 리퀴드와 같은 해외 거래소에서는 수억 달러 규모의 해킹 사고가 연이어 발생했다. 국내 암호화폐 시장에서도 2018년을 전후해 수백억 원대의 도난 사고가 발생한 바 있는데 이로 인해 일부 암호화폐 거래소는 파산에 이르기도 했다. 이 같은 사고는 투자자들에게 재산적 손실을 야기함은 물론 암호화폐 투자 전반의 신뢰를 떨어뜨리는 요인이 되었다. 최근 들어 암호화폐를 신뢰할 수 있는 제3의 기관에 맡기거나, 인터넷과 분리된 오프라인 방식으로 보관하려는 추세가 확산되는 것도 위와 같은 우려 때문이다.

한편 암호화폐 개발자나 사업주체에 대한 신뢰 문제 역시 간과해서는 안 될 요소다. 그럴듯한 사업계획으로 투자자들을 유인한 다음 투자금만 편취해 가는 것은 암호화폐 사기의 전형적인 레퍼토리다. 또한 암호화폐의 발행량이나 유통 현황, 사업정보 등을 정확히 공개하지 않아 투자자들의 판단을 그르치는 경우도 적지 않다(국내에서는 위믹스WEMIX, 갤럭시아GXA와 같은 암호화폐에서 이러한 일들이 발생하기도 했다). 이 때문에 일부 암호화폐들이 상장폐지 되는 일까지 발생하곤 하는데 그로 인한 최종 피해자는 암호화폐 투자자들이 될 수밖에 없다.

"비트코인은 매우 투기적인 시장이며 거품에 불과하다."(2017년)
"비트코인은 디지털 금과 같다. 나도 비트코인을 소유하고 있
다."(2021년)

　세계적 헤지펀드 브리지워터 어소시에이츠Bridgewater Associates
의 CEO인 레이 달리오는 불과 몇 년 사이에 비트코인에 대해
위와 같이 변화된 인식을 드러냈다. 기관투자자들 역시 비트코
인을 비롯한 암호화폐를 점차 대안 투자수단의 하나로 인정해
가고 있는 모습이다. 하지만 보다 신중한 투자를 위해서라면
암호화폐 옥석 가리기와 더불어 그 고유의 속성과 위험에 대해
서도 한 번쯤은 짚고 넘어갈 일이다.

암호화폐를 활용한
새로운 자금 조달 수단

----- ## 보물선 투자,
그 달콤한 유혹

　　돈스코이호는 1905년, 러일전쟁 당시 울릉도 인근 해역에 침몰한 러시아의 군함이다. 일본군에 참패해 도주하던 러시아 군은 군함을 내어주는 대신 돈스코이호를 스스로 폭파시켰다. 하지만 돈스코이호는 침몰 후로도 사람들의 입방아에 자주 오르내렸다. 배 안에 전쟁자금으로 비축했던 대량의 금괴가 실려 있다는 소문 때문이었다. 추측만 무성할 뿐 기억 속에서 잊혀져 가는 듯했던 돈스코이호는 2018년 7월, 다시 한번 세간을 떠들썩하게 했다. 국내의 한 기업이 울릉도 해안 약 2km

지점에서 돈스코이호를 발견했다고 밝히면서부터다. 화제의 중심에 선 회사는 자본금 1억 원 규모의 신생회사였던 신일그룹이었다.

신일그룹은 돈스코이호에 보관된 금괴의 가치가 약 150조 원에 이를 것으로 내다보며 선박 인양계획을 발표했다. 수심 400m 깊이에 위치한 대형 함선을 끌어 올리기 위해서는 수백 억 원의 비용이 들 것으로 예상됐다. 하지만 신생기업이 이만한 돈을 자력으로 마련하기란 불가능에 가까웠다. 이렇다 할 수입원이나 신용도 갖추지 못한 만큼 대출이나 증권 발행과 같은 수단에 기대기도 어려웠다. 그러자 신일그룹은 전혀 색다른 방식으로 자금 마련 계획을 세웠다. 당시 새로운 투자수단으로 각광받고 있던 암호화폐를 활용해 투자금을 모으기로 한 것이다.

이후 신일그룹은 '신일골드코인'이라는 자체 암호화폐를 발행하고 보물선 인양 사업에 투자할 사람들을 찾아 나섰다. 코인 1개의 가격은 200원이었지만, 이를 30원~120원의 염가에 판매하며 투자자들을 유인했다. 이들을 대상으로 해당 코인은 곧 암호화폐 거래소에 상장될 것이며, 상장예정 가격은 1만 원 수준이라고 안내했다. 이후 돈스코이호를 인양하면 금괴를 통해 더 큰 이익을 거두게 될 것이라는 설명도 빼놓지 않았다. 암호화폐 투자로 목돈을 챙기려는 사람들에게는 혹하지 않을 수 없는 조건이었다. 회사의 이야기대로라면 단돈 100만 원만 투자해도 1억 원이 넘는 이익을 챙길 수 있는 더 없이 유망한 투자 대상이었다.

하지만 신일그룹의 장밋빛 전망과는 달리 투자 진행 단계에서 여러 미심쩍은 정황이 감지됐다. 신일그룹은 구체적인 사업 계획을 담고 있는 백서조차 제대로 공개하지 않았다. 회사 홈페이지에는 "수십억 명이 사용할 수 있는 SNS와 블록체인을 통해 탈중앙화 시스템을 구축하고 전 세계를 하나로 연결합니다"와 같은 막연한 문구만 게시되어 있을 뿐이었다. 그야말로 뜬구름 잡는 소리에 지나지 않는 내용이었다. 게다가 돈스코이호 탐사 사진으로 주장하며 올린 사진이 영화 '타이타닉'의 한 장면을 도용한 것으로 밝혀지면서 신뢰에 큰 금이 갔다. 코인 판매방식이나 회사 내 조직구조 역시 불신을 사기에 충분했다. 코인 판매량이 많을수록 회사 내 지위도 올라가는 전형적인 다단계 판매 방식을 보이고 있었다.

실체가 불분명한 사업에 돈을 투자했던 사람들의 우려는 이내 현실화되었다. 보물선 사업을 신뢰하지 못한 일부 고객들이 환불 요청을 했고 신일그룹은 이를 거절했다. 투자금만 챙긴채 어느 순간 잠적해 버리는 이른바 스캠scam 사기 의혹이 짙게 드리워졌다. 감독당국 역시 더 이상 사태를 수수방관하기 어려웠다. 이후 신일그룹의 불법다단계, 투자금 편취 등 의혹에 대한

⊙ 대량의 금괴를 싣고 침몰한 것으로 알려진 돈스코이호

수사가 개시되자 임직원들은 전원 사의를 표명하고 회사를 떠났다. 불과 두 달여 만에 보물선 탐사를 위한 암호화폐 프로젝트가 물거품이 되고 만 것이다. 최종적으로 남은 것은 달콤한 유혹을 뿌리치지 못했던 2,600여 명의 피해자들과 이들이 돌려받지 못한 약 90억 원의 투자금이었다(이 사건과 관련된 주요 책임자들에게는 2019년 유죄판결이 내려지기도 했다).

기업공개IPO를 대신하는 새로운 자금줄 ICO

기업이 자금을 조달하는 가장 일반적인 방식은 간접금융 형태의 대출을 활용하는 것이다. 투자자들로부터 직접

◉ 코인공개ICO를 통한 자금조달 구조

| 블록체인
네트워크 | 토큰 생성
⟶
거래내역
기록 및 관리 | 사업자 | 토큰 제공
⟵
대가 지급
(주요 암호
화폐 활용) | 투자자 | · 서비스 이용
　(금융, 비금융)
· 디앱 운영 참가
· 투자 목적 보유
· 지불 및 거래수
　단 활용 |

자금을 조달하는 직접금융 형태로는 증권 발행이나 벤처캐피
털 투자, 크라우드 펀딩 등을 활용할 수도 있다. 기업이 발행한
주식을 투자자들에게 분배하고 이를 통해 필요 자금을 얻는 기
업공개, IPO Initial Public Offering도 직접 금융의 한 방식이다.

　그러나 블록체인 기술과 암호화폐의 탄생은 위와 같은 전
통 금융 방식에도 변화의 바람을 불러왔다. 암호화폐로 자금을
조달하는 새로운 방식이 등장했기 때문이다. 바로 ICO로 불리
는 절차다. 기존의 IPO 방식이 '주식'을 발행해 필요 자금을 얻
는 형태라면 ICO에서는 코인이나 토큰 같은 '암호화폐'가 자금
조달 수단으로 활용된다. 이 때문에 ICO는 기업공개를 의미하
는 IPO와 비교해 코인공개로 불리기도 한다. 금융사기로 끝나
긴 했지만, 코인으로 투자금을 모으려 했던 신일그룹 사건 역시
ICO가 활용된 사례 가운데 하나다.

　**ICO는 블록체인 기반 서비스나 프로젝트 수행에 필요한 자금을 암호
화폐를 통해 마련하는 새로운 금융수단**이다. ICO 투자자들은 통상
비트코인 등 주요 암호화폐를 지급한 대가로 사업자가 발행하

는 토큰을 취득하게 된다(앞 페이지 그림 참조). 이를 통해 사업자들은 암호화폐 관련 프로젝트 수행에 필요한 자금을 확보하고 투자자들은 취득한 토큰을 다양한 목적으로 활용하게 된다. 토큰 용도에 따라 블록체인 네트워크상의 서비스를 이용하거나 투자나 거래수단으로 활용할 수도 있다.

───── ## 코인공개ICO의 혜택을 누린 암호화폐 사업자들

비트코인 포럼의 주요 멤버였던 제이 알 윌렛J.R. Willett은 ICO를 투자금 모집에 활용한 최초의 인물이다. 그는 2013년 7월, 자신이 구상한 '마스터코인' 프로젝트를 소개하며 참여자들에게 후원을 요청했다. 프로젝트의 내용은 비트코인 블록체인상에서 작동하는 소프트웨어를 통해 새로운 토큰을 생성·교환할 수 있는 플랫폼을 구축하는 것이었다.

프로젝트 수행에 필요한 자금 마련을 위해서는 암호화폐를 활용했다. 프로젝트의 후원자들이 비트코인을 전송해주면 그 대가로 해당 프로젝트를 통해 생성되는 토큰인 '마스터코인'을 지급해 수기로 했다(마스터코인의 명칭은 이후 '옴니omni'로 변경되었는데 현재 거래가 그리 활발한 편은 아니다). 이 과정에서 윌렛은 백서를 통해 자신의 계획을 소상히 공개하기도 했다. 더불어 마스터코

인을 취득할 때 따르는 위험인 코인의 분실이나 가치 하락, 프로젝트의 실패 가능성 등에 대해서도 친절하게 안내해 주었다.

그가 진행한 ICO의 결과는 어떠했을까? 마스터코인 프로젝트에 대한 후원자들의 관심은 기대 이상이었다. ICO를 통해 당시 가치로 약 50만 달러에 해당하는 4,740개의 비트코인이 모였다. 이 자금으로 프로젝트를 완성할 수 있었던 것은 물론이고 의미 있는 성과도 냈다. 현재 가장 널리 쓰이고 있는 스테이블 코인인 테더가 그의 프로젝트를 통해 최초로 발행되었다. 또한 블록체인 네트워크의 확장성과 다양성을 확보하기 위한 이후의 과정에 적지 않은 영향을 미쳤다.

그로부터 1년 뒤에 진행된 이더리움 프로젝트 역시 ICO를 통해 성공을 거둔 대표적인 케이스다. 비탈릭 부테린은 2014년 7월, 2세대 블록체인 네트워크인 이더리움 개발을 위해 ICO를 진행했다. 비트코인으로 투자금을 받으면 그 대가로 이더를 발행해 주는 방식이었다. 이더리움의 ICO는 초반부터 흥행 조짐을 보였다. 모집 후 불과 12시간 만에 3,700개의 비트코인이 몰렸다. 40여 일의 기간 동안 최종적으로는 약 3만 개의 비트코인을 모았다. 이렇게 확보한 1,800만 달러의 투자금은 이더리움 네트워크 개발과 인프라 구축을 위한 요긴한 자금으로 쓰였다.

이더리움의 성공적인 ICO를 계기로 이후 진행된 여러 프로젝트들 역시 동일한 방식을 활용했다. 암호화폐에 대한 관심이

고조되는 것과 더불어 ICO 시장은 2016년에서 2018년 사이 급격히 확대됐다. 수많은 스타트업 기업들이 경쟁적으로 ICO를 진행했던 것도 이 무렵이었다. 특히 2017년 비트코인 가격이 급등한 후로는 ICO를 활용한 대규모 자금조달도 잇따랐다.

파일코인^{FIL}, 테조스^{XTZ}와 같은 암호화폐 발행에 각각 2억 달러가 넘는 자금이 몰렸으며, 텔레그램이 자체 암호화폐 그램^{gram}을 통해 추진했던 ICO에서는 17억 달러의 자금이 모집됐다. 이 기간 중 이루어진 최대 규모의 ICO는 블록체인 소프트웨어 기업인 블록원$^{Block.one}$이 진행한 프로젝트였다. 자체 암호화폐 이오스^{EOS} 발행을 통해 추진한 ICO에서 1년 동안 약 40억 달러에 이르는 자금을 마련했다. 이 같은 분위기하에 ICO는 왕성한 성장세를 이어갔는데 2017년도 ICO를 통한 자금조달 규모는 전년 대비 40배나 증가했을 정도였다.

─────── ## 코인공개^{ICO}는 기업공개^{IPO}와 어떤 점에서 차이가 날까?

그렇다면 다수의 블록체인 기업이나 사업자들이 IPO가 아닌 ICO로 눈을 돌리게 된 이유는 무엇이었을까? 그리고 투자자의 입장에서 IPO와 ICO는 어떤 차이가 있을까?

사업자들의 입장에서는 엄격한 법적 규제나 상장 심사를 피

3부 디지털 세상 속의 금융

할 수 있다는 것이 무엇보다 큰 장점이었다. 주식을 상장하는 IPO 절차에서는 증권거래소나 감독당국으로부터 엄격한 심사를 받아야 한다. 회사의 이익이나 매출, 자본금 규모 등에 관해 세밀한 검증이 이루어진다. 이외에도 상장에 따른 투자자 보호나 공시 등 여러 의무 사항들도 준수해야 한다. 하지만 증권이 아닌 암호화폐를 활용한 ICO 절차에서는 위와 같은 까다로운 규제가 적용되지 않는다. 사업자들은 비교적 간단한 내용의 백서와, 블록체인 네트워크를 통해 생성하는 암호화폐만으로 손쉽게 투자금을 모을 수 있었다.

규제로부터 자유로워지자 자금 조달에 드는 시간과 절차도 크게 단축시킬 수 있었다. 통상 IPO를 진행할 때에는 준비 단계부터 상장이 완료되기까지 적어도 1~2년의 기간이 소요된다. 그에 반해 ICO는 백서 마련과 홍보, 판매 및 자금 납입 기간 등을 고려하더라도 1~2개월이면 신속히 완료될 수 있었다. 자금 조달에 드는 비용 역시 무시할 수 없는 요인이었다. IPO를 진행하기 위해서는 투자은행에 막대한 수수료를 지불해야 했지만 ICO를 이용하면 그만큼 비용도 절감할 수 있었다.

사업자들은 위와 같은 혜택 때문에 ICO 절차를 선호하게 되지만 투자자들의 입장에서는 IPO와 ICO 두 절차는 확연하게 다르다. 가장 큰 차이는 투자의 대상이다. IPO 절차가 진행되면 투자자들은 그 회사의 주식을 갖게 된다. 이는 회사의 현재

가치와 미래의 성장가능성을 바탕으로 '회사 자체'에 베팅하는 것과 같다. 이에 반해 ICO 절차에서 투자자들은 통상 토큰 형태의 암호화폐를 갖게 되는데, 이는 회사 자체에 대한 지분과는 무관하다. 토큰의 효용은 이와 연관된 프로젝트가 성공적으로 운영되고 시장에서 활발히 거래될 때에만 비로소 인정받을 수 있다. **결국 ICO는 회사가 아닌 특정 프로젝트의 성공 가능성에 베팅**을 하는 것이나 다름없다.

ICO는 IPO에 비해 가치평가 기준도 미흡한 편이다. IPO를 진행할 때 주식의 발행가격은 회사의 자산이나 수익성 등에 대한 제3자의 평가를 기초로 비교적 객관적인 산정이 이루어진다. 하지만 ICO를 통한 토큰 발행에 있어서는 이와 같은 평가체계가 확립되어 있지 않다. 토큰의 발행가격이나 발행량은 사업주체의 판단을 기초로 결정된다. 이 때문에 투자자로서는 과연 합당한 대가로 토큰을 취득한 것인지 의문이 들 수도 있다. 향후 추가 발행되는 토큰의 양이 늘어나면 그에 따라 토큰의 가치가 희석될 가능성도 배제할 수 없다.

주식, 채권 같은 증권에 비해 정보공개가 충분히 이루어지지 못하는 점도 취약 요인이다. ICO가 법제화된 몇몇 국가들을 제외하면 ICO 절차에서는 사업자의 상세이력이나 프로젝트 현황, 자금 내역 등에 관한 공개가 법상 의무화되지 않은 경우가 대부분이다. 백서를 통해 사업자의 기술력이나 프로젝트의 잠재력에 관해 홍보하고 있지만 일반인들이 이를 명확히 이해하기도 쉽지 않은 일이다. 투자자 보호 면에서 심각한 공백을 초래할 수 있는 요소다.

스캠 사기와 강화되는 규제

2016년 이후의 붐을 타고 세계 곳곳에서 ICO가 진행되었지만 얼마 지나지 않아 그에 따른 부작용도 나타났다. 프로젝트의 실현가능성이나 수익성에 대한 검증이 미비했던 탓에 실패로 끝난 ICO 사례가 속출한 것이다. 애초부터 투자자 모집에 실패하거나 자금 마련 후 갑자기 프로젝트가 중단되는 일이 비일비재했다. 비트코인닷컴의 조사에 따르면 2017년에 이루어진 900여 건의 ICO 가운데 약 60% 정도가 중도에 좌절되고 말았다.

하지만 **ICO의 신뢰도에 무엇보다 큰 타격을 미친 것은 스캠 사기였**다. 암호화폐 시장이 난립한 틈을 타 ICO를 통해 투자금을 가로채는 일들이 급증했다. 그럴듯한 백서를 통해 투자금을 모으고 나면 프로젝트 팀이 흔적도 없이 자취를 감추는 일들이 빈번했다. 껍데기에 불과한 토큰을 발행한 다음 이후의 일은 나 몰라라하거나 상장 후 시세조작을 통해 이익을 챙겨가는 등 수

법도 다양했다. 2018년 진행된 ICO 프로젝트들의 경우 전체적으로 약 80%가 스캠 사기로 드러났을 만큼 그 부작용은 심각했다. 이로 인한 피해자들은 ICO 열풍에 편승해 한몫 잡으려던 개인투자자들이 대부분이었다.

그러자 그동안 규제 사각지대에 놓여 있던 ICO에 대해 주요국들이 규제 강화에 나서기 시작했다. ICO 시장의 과열과 그에 따른 사기 위험, 투자자 보호 문제를 더 이상 방관하기 어려웠던 탓이다. 이에 따라 2017년 9월, 우리나라와 중국은 ICO에 대한 전면 금지조치를 단행했다. 미국과 유럽의 감독당국들도 ICO를 대상으로 증권법에 따른 규제를 확대 적용하거나 별도의 기준을 마련하는 방식으로 이에 대응했다.

특히 미국의 증권감독 당국은 ICO 과정에서 발행된 대다수의 토큰이 '증권'에 해당하며 증권법상의 제한을 따라야 한다는 입장을 표명했다. 토큰을 통해 자금을 마련하고 투자에 따른 이익도 기대할 수 있다는 점에서 주식과 동일하게 보아야 한다는 논리에서였다. 이 때문에 ICO로 대규모 자금을 조달했던 텔레그램은 관련 절차를 중단하고 12억 달러 규모의 투자금을 반환해야만 했다. 사상 최대 규모의 ICO를 진행했던 블록원은 미등록 증권을 판매한 혐의로 2,400만 달러의 벌금을 부과받았다. 이 같은 방침에 따라 ICO에 있어서도 증권법상의 규제는 더 이상 피할 수 없는 일이 되었다.

결국 2018년을 기점으로 ICO 시장은 점점 위축되는 양상을 보이고 있으며 그 추세는 현재까지도 이어지고 있다. ICO에 대한 강화된 규제로 인해 과거처럼 토큰을 활용해 자금을 마련하기란 그리 녹록지 않은 상황이다. 그렇지만 장차 ICO를 통해 발휘될 수 있는 순기능 역시 무시할 수만은 없을 것이다. 디지털 금융 세계를 열어준 이더리움도, 그 잠재력을 알아본 투자자들과 이들과의 교량 역할을 해준 ICO가 아니었다면 탄생하기 어려웠을 것이다. 다만 그에 앞서 ICO 절차의 투명성을 높이고 투자자 보호 방안을 확립하는 일은 앞으로 해결해 나갈 과제다.

단돈 10만 원으로 유명 화가의 그림에 투자할 수 있을까?

——— **국내 제1호 조각투자 상품, '호박'**

2023년 12월, 국내에서는 어느 유명 작가의 그림을 대상으로 한 신종 투자상품이 정식 승인되었다. 대상 작품은 쿠사마 야요이의 2001년 작(作)인 '호박'으로 그림 가격이 12억 3,200만 원에 달하는 고가의 예술품이었다. 그림이나 골동품 같은 예술작품이 대안투자의 대상으로 고려된 것은 비교적 오래진의 일이다. 하지만 이 작품은 독특한 구매 방식으로 인해 미술품 애호가와 투자자들 사이에서 큰 주목을 끌었다. 그림을 구매하는 과정에서 활용된 조각투자 방식 때문이었다.

이 작품의 구매자는 여느 예술작품처럼 거액의 자산가나 소수의 투자자로 구성된 펀드 형태가 아니었다. 다수의 투자자들이 소액 단위의 투자 지분을 취득해 그림을 매입하는 다소 색다른 형태였다. 투자자들은 거금을 들일 필요 없이 10만 원 단위의 지분을 최소 1주부터 최대 300주까지 구매할 수 있었다. 그림 매입 후에는 구매 금액 비율에 따라 작품에 대한 권리를 나누어 갖는 방식이었다. 전체 구매 과정은 미술품 조각투자 전문업체인 '열매컴퍼니'를 통해 진행되었는데 청약 열기는 예상을 웃돌았다. 6.5:1의 청약 경쟁률을 기록하며 72억 원의 돈이 몰릴 만큼 큰 인기를 끌었다.

위와 같은 방식으로 투자자들은 적은 돈으로 미술품을 구매하는 것은 물론 미술품 가격 상승에 따른 이익도 기대할 수 있었다. 이후 해당 작품이 더 높은 가격에 팔리게 되면 그 차액 역시 투자자들의 지분에 따라 나누어 갖기 때문이다. 그렇다면 어떻게 이 같은 투자가 가능할 수 있었을까?

그 비결은 바로 투자대상에 대한 권리를 분할해 소액 단위로 투자금을 모을 수 있는 토큰증권Security Token Offering, STO이라는 수단에 있다. 이번 장에서는 조각투자의 수단이자 앞으로 증권시장에서 광범위한 활용이 예상되고 있는 STO에 관해 살펴보기로 하자.

ICO의 대안으로 부상한
토큰증권^{STO}

ICO는 암호화폐를 통해 자금을 마련할 수 있는 가능성을 제시해 주었지만 그 부작용 역시 만만치 않았다. 토큰증권으로 불리는 STO는 ICO에 대한 규제가 강화되면서 그 대안으로 나타난 금융수단이다. 이런 연유로 탄생한 STO는 주식, 채권과 같은 전통적인 '증권'에 '디지털 자산'의 성격이 더해진 새로운 유형의 자산이었다. 따라서 STO의 기본적인 기능은 자금조달을 위해 쓰이는 주식이나 채권과 크게 다르지 않다. 다만 과거 증권을 통해 표시하던 권리를 디지털 형태의 토큰으로 담아낸 것이 특색이다. 현재 활용되고 있는 증권이나 암호화폐와 비교했을 때 STO가 갖는 주요한 특징들을 들자면 다음과 같다.

첫째, STO는 **증권상의 권리를 블록체인 기술이 적용된 디지털 형태의 토큰으로 나타낸 것**이다. 현재의 증권이 중앙집중 방식으로 실물증권 또는 단순한 전자증권(블록체인이나 분산원장 기술이 적용되지 않는 것을 말한다) 형태로 발행되는 것과는 구분된다.

둘째, STO는 디지털 방식으로 발행되는 만큼 **1개의 증권이 나타내는 권리를 잘게 쪼개어 발행하는 것도 가능**하다. 증권 취득에 거금이 필요한 때에도 토큰증권을 활용하면 투자금 단위를 세분화할 수 있다. 이는 소액 단위의 조각투자를 가능하게 하는

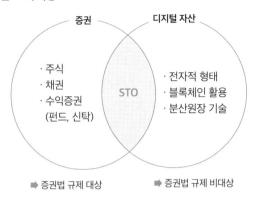

◉ 토큰증권STO의 특성

증권

디지털 자산

· 주식
· 채권
· 수익증권
(펀드, 신탁)

STO

· 전자적 형태
· 블록체인 활용
· 분산원장 기술

➡ 증권법 규제 대상

➡ 증권법 규제 비대상

STO의 특성이기도 하다.

　셋째, STO는 **일정한 기초자산을 토대로 발행**된다. 기초자산으로는 주식이나 채권과 같은 '증권형 자산'이 활용되거나, 부동산·미술품과 같은 '실물 자산'이 쓰일 수도 있다. STO는 이 같은 자산에 대한 권리를 토큰 형태로 나타낸 것이다. 암호화폐의 경우 그 가치를 담보하는 기초자산 없이 발행되는 것과 차이가 나는 점이다.

　넷째, STO는 증권의 속성도 갖는 만큼 **법적 규제를 준수하는 형태로 발행**된다. 규제로부터 비교적 자유로웠던 ICO와 대비되는 점이며, 이로 인해 증권과 동일한 수준의 투자자 보호조치가 이행될 수 있다.

미래의 증권시장을 선도해 나갈
토큰증권^{STO}

ICO의 대안으로서 STO가 언급되기 시작한 것은 2017년 말 무렵이었다. STO는 법적 규제를 준수하는 형태로 진행되는 만큼, 이후 STO를 활용한 자금조달 사례들이 연이어 등장했다. 오스트리아 정부가 11억 유로 규모의 국채를 STO로 발행한 것을 비롯해, 2018년 한 해에만 30여 건의 크고 작은 STO 발행이 이루어졌다. 이를 계기로 STO에 대한 세계 각국의 관심도 부쩍 높아지고 있는데 씨티그룹은 2030년 무렵 STO 시장 규모가 약 4조 달러에 이를 것으로 예상하고 있다. 이 같은 분위기는 우리나라도 예외가 아니다. 국내 금융당국도 2023년부터 토큰증권 발행과 유통을 위한 법안 마련에 본격 착수한 상태다.

디지털 금융 시장의 확장과 더불어, 토큰증권은 투자자라면 누구나 눈여겨봐야 할 대상 중 하나다. 디지털 형태의 토큰증권이 앞으로는 주식이나 채권의 역할을 대신할 가능성이 높기 때문이다. 그리고 이와 같은 모습은 금융시장의 여러 분야에서 이미 현실이 되어 나타나고 있다.

가령 독일 기업 지멘스는 2023년 2월 블록체인 네트워크를 통해 6,000만 유로의 사채를 STO 형태로 발행했다. 금융의 디지털 전환을 선도한다는 비전하에 이루어진 이 프로젝트는 기존의 증권 발행과는 사뭇 다른 특성을 보였다. 블록체인 네트워크를 활용한 만큼 그간 중개자로서 핵심적인 역할을 해 오던 투자은행의 개입은 배제되었다. 채권은 네트워크 참여자들을 대상으로 직접 판매되었으며 발행부터 대금 지급에 이르는 모든 절차는 단 이틀 만에 완료됐다. 또한 투자자가 지급받을 이자나 원금은 블록체인상에서 자동으로 지급되며 거래내역은 분산원장을 통해 관리되었다. 거래의 신속함이나 효율성 면에서 기존 금융 시스템을 능가하는 수준이었다.

금융회사들도 STO 방식의 채권 발행에 관심을 보이고 있다. 유럽투자은행은 이미 2021년 이더리움 블록체인을 통해 1억 유로의 디지털 채권을 발행한 바 있다. 이 외에도 프랑스와 스페인의 대표 은행인 소시에테 제네랄, 산탄데르 은행도 STO를 통해 성공적으로 채권을 발행했다. 채권의 경우 권리관계가 비교적 간단하고 기관투자자들의 참여 비중이 높은 만큼 STO가 보다 널리 활용될 것으로 예상되고 있다.

주식 역시 STO 형태로 발행될 수 있다. 글로벌 원자재 기업 에네그라Enegra는 2019년 회사가 발행한 모든 주식을 토큰증권 형태로 전환한 최초의 회사다. 폴리곤 블록체인상에서 작동하는 8,700만 개의 EGX 토큰은 기존 주식을 대신해 주주로서의 지위를 나타낸다. 이익배당, 의결권 행사와 같은 주주의 권리는 이 토큰증권을 기반으로 실행된다. 주주 지위를 이전할 때에도 과거의 방식이 그대로 적용되기는 어렵다. 증권거래소가 아닌 암호화폐 거래소를 통해 EGX 토큰을 매매하는 방식으로 이루어진다.

토큰증권의 출시는 우리보다 앞서 STO를 도입한 일본에서도 이미 진행된 바 있다. 일본의 금융회사 SBI 홀딩스는 2020년 10월, 자회사인 SBI 이스포츠 구단e-Sports이 발행하는 주식을 디지털 형태의 토큰증권으로 발행했다. 주당 5만 엔의 가격에 1,000주를 발행한 것이어서 그리 큰 규모는 아니었지만, 토큰증권의 활성화를 위한 의미있는 첫 걸음이었다.

펀드에 대한 권리를 나타내는 수익증권은 STO의 활용 가능성이 특히 높은 분야다. 사모펀드 운용사인 KKR은 펀드 투자에서 토큰증권의 효용을 보여준 대표적인 기관이다. KKR은 2022년 9월, 운용규모가 40억 달러에 이르는 헬스케어 펀드 상품을 토큰증권 형태로 선보였다. 펀드 수익증권의 일부를 아발란체 블록체인 네트워크를 통해 디지털 수익증권으로 발행하는 방식이었다. 종전까지 KKR이 운영하는 위 펀드에 투자하기 위해서는 최소 500만 달러의 투자금이 필요했다. 하지만 디지털 증권 형태로 투자금 단위를 세분화함으로써 1/50 수준인 10만 달러 만으로도 투자 참여가 가능했다. 펀드 투자자로 참여하는 데 걸린 시간은 고작 0.1초에 불과했다. 블록체인 기술을 통해 거래에 드는 시간과 절차를 획기적으로 단축시킨 데 따른 결과였다. 토큰증권이 개인에는 보다 폭넓은 투자 기회를, 자산운용사에는 투자금 확보를 위한 새로운 방안을 제시해 준 사례였다.

──── 토큰증권^{STO}의 새로운 가능성, 자산유동화와 조각투자

이상 살펴본 것처럼 STO는 블록체인 기술과 분산 원장 방식을 통해 금융거래의 효율성을 높이는데 기여한다. 투자은행 같은 중개기관의 개입을 최소화함으로써 거래에 드는 시간과 비용을 획기적으로 줄일 수 있다. 또한 다양한 스마트 계약을 통해 신속하고 간편한 업무처리를 기대하는 것도 가능하다. 토큰 형태의 채권 보유자에게 자동으로 이자나 원금을 지급하는 것과 같이 말이다.

위와 같은 거래상의 장점 외에도 STO는 **발행인에게 보다 광범위한 자산유동화의 기회를 제공**하기도 한다. 부동산이나 미술품, 음원저작권과 같은 재산들은 상당한 가치를 지니고 있음에도, 이를 통해 자금을 조달하기란 그리 쉽지 않다. 거액의 투자금이 필요한 것도 문제지만 이들 재산을 대상으로 한 유동화 시장이 활성화되어 있지 않기 때문이다. 그렇지만 토큰증권을 활용한다면 이 같은 비정형재산들에 대해서도 보다 손쉽게 자금 마련이 가능하다. 유동화하기 어려운 고가의 재산을 토큰증권 형태로 나타낸 다음 소액 단위로 투자자들을 모집할 수 있기 때문이다. 이 같은 방식으로 비정형재산에 대한 자산유동화를 지원하는 것은 토큰증권이 제공하는 고유의 혜택이다.

한편 **투자자 입장**에서는 여태까지 투자하기 어려웠던 자산을 대상으로 투자 기회를 확대해 나갈 수 있다. 토큰증권을 통해 거래 단위가 세분화되는 만큼 **고가의 자산을 대상으로 한 조각투자가 가능**해지기 때문이다. 따라서 투자대상 전체를 구매할 필요 없이 이를 소액화된 지분 형태로 거래할 수 있게 된다. 1개의 증권 혹은 1개의 건물을 사는 데 필요한 돈이 부족하다면 0.1주 혹은 1/100 지분에 해당하는 건물을 취득할 수 있는 것이다.

예컨대 부동산 조각투자 대표 플랫폼인 카사를 통해서는 소규모 금액만으로 고가의 상업용 건물에 투자할 수 있다. 카사는 2020년 12월, 국내에 소재한 상업용 부동산을 대상으로 토큰증권을 활용해 투자자들로부터 자금을 모집했다. 100억 원이 넘는 고가의 건물이었지만 이를 기초자산으로 하는 토큰증권을 취득하는 데 필요한 최소 금액은 단돈 5,000원에 불과했다. 이 때문에 당시 3만 명 이상의 투자자들이 몰릴 만큼 큰 인기를 끌었다. 유동성이 낮은 고액의 부동산이었지만 많은 조각투자자들의 참여가 가능했던 것이 흥행의 주요인이었다. 이들은 건물 임대수익이나 매각 시 발생하는 차익에 대해 지분 비율만큼 이익도 나눠 갖게 된다. 또한 카사의 거래 플랫폼을 통해서는 자

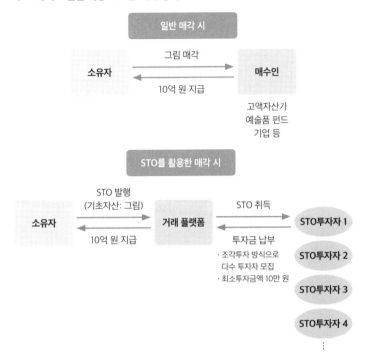

◉ 고가의 그림을 대상으로 한 매각 방식

신의 지분을 자유로이 매각하는 것도 가능하다.

STO 방식으로 자금을 모집하거나 조각투자자로 참여할 수 있는 대상은 부동산에 한하지 않는다. 국내의 대표적인 음악투자 플랫폼인 뮤직카우를 통해서는 음원에 대한 권리를 토큰증권 형태로 사고팔 수 있다. 뮤직카우는 유명 가수들로부터 음악저작권을 매입한 후, 그로부터 발생할 음원수익을 '음악 수익증권'이라는 명칭으로 발행한다. 조각투자자들은 음원 전체에 대한 저작권을 구매하지 않더라도 해당 곡에서 발생하는 수익을 나눠 가질 수 있다. 해당 곡의 인기가 상승하면 자신의 지분을 팔아 차익을 얻는 것도 가능하다. 부동산이나 음악저작권 외에도 미술품, 웹툰과 같은 문화콘텐츠나 지식재산권 역시 최근 주목받고 있는 조각투자 대상들이다.

토큰증권STO에도 한계는 있다

STO를 통해 비정형재산에 대한 자산유동화의 길이 열리고 투자의 진입장벽이 낮아진 것은 분명 크나큰 혜택이다. 이에 따라 앞으로는 보다 창의적이고 이색적인 형태의 투자들도 늘어나게 될 것이다. 송아지 사육에 필요한 돈을 토큰증권으로 조달하고 소를 팔았을 때 생기는 이익을 분배하는 '한우 조각투자'도 STO가 아니었다면 나타나기 힘들었을 투자 방식이다. 그렇지만 아직은 초기 단계에 있는 만큼 STO 투자에 따른 위험이나 한계도 존재한다.

STO와 관련해 일차적으로 제기되는 문제는 낮은 유동성이다. 증권거래소를 통해 활발히 거래되는 주식, 채권과 비교하면 STO 거래는 아직까지 그리 활성화되지 못한 편이다. 현재 STO는 조각투자를 지원하는 개별 플랫폼을 통해 거래되는 것이 대부분이다. 부동산 조각투자 플랫폼인 카사나 미술품 조각투자 플랫폼인 열매컴퍼니 등이 대표적이다. 그렇지만 증권 시장과 비교해 투자자 풀이 제한적이며 거래량 역시 미미한 편이다. 이 때문에 투자자들은 자신의 지분을 원하는 시점이나 가격으로 매각하는 데 어려움을 겪을 수 있다.

STO로 불리는 토큰증권이나 조각투자에 대한 낮은 수용성도 앞으로 극복되어야 할 과제다. 국내 1호 조각투자 대상이었던 그림 '호박'은 청약 단계에서는 큰 인기를 끌었지만, 최종적으로 18%의 투자자들이 청약대금을 미납했다. 이후 이루어진 미술품 대상 조각투자에서도 시행 초기의 뜨거운 관심은 온데간데 없었다. 청약 경쟁률이 예상보다 저조하거나 심지어 미달되는 일들도 발생했다. 일반 금융상품에 비해 생소할 뿐 아니라 투자수단으로서의 신뢰성에도 충분한 검증이 이루어지지 못한 탓이다. 그만큼 STO가 금융시장에 성공적으로 안착하기 위해서는 상당한 시간이 걸릴 수밖에 없다.

STO를 조각투자 수단으로 활용하려는 사람에게는 기초자산의 특성과 위험에 대한 이해도 필수적이다. 유명 가수의 저작권을 기초로 한 토큰증권을 취득하려면 그에 앞서 해당 곡과 가수의 잠재력을 평가할 수 있는 안목을 갖추는 일이 우선이다. 고가의 예술작품이나 부동산을 대상으로 한 조각투자에서도 마찬가지다. 최소 투자금액이 낮다는 이유로 무턱대고 투자

했다가는 기초자산이 갖는 위험에 고스란히 노출될 수밖에 없다. STO와 같은 새로운 투자수단이 언제나 이익으로 귀결되지는 않는다는 점은 금융상품으로서 갖는 공통된 특징이다.

블록체인이 탄생시킨
탈중앙화 금융 시스템

───── ## 금융시장에 불어닥친
탈중앙화의 이념

'탈중앙화decentralization'는 비트코인을 비롯한 암호화폐를 언급할 때 빠지지 않고 등장하는 용어 중 하나다. 사토시 나카모토는 중앙기관의 개입 없이 탈중앙화 형태로 운영되는 전자화폐 시스템 구축을 목적으로 최초의 암호화폐를 탄생시켰다. 하지만 암호화폐가 나타나기 전까지 탈중앙화라는 말은 사실 금융 세계에서는 거의 쓰이지 않던 용어였다. 다분히 정치적인 의미를 담고 있던 용어였기 때문이다.

탈중앙화라는 개념은 19세기 프랑스의 정치가인 알렉시스드 토크빌에 의해 처음 사용된 것으로 알려져 있다. 그는 프랑스 혁명을 평가하면서 왕정을 몰아내고 시민을 중심으로 한 정치 체제를 확립한다는 의미로 탈중앙화라는 표현을 썼다. 이후 탈중앙화는 중앙정부의 막강한 권한을 분산해 지방정부의 자율성을 강화한다는 의미로 발전하기도 했다. 이런 점에서 보자면 탈중앙화는 중앙집권적 운영 형태에서 벗어나 구성원들의 참여와 권한을 확대한다는 것이 그에 담긴 본래 의도였다고 할 수 있다.

그렇다면 현재 세계 각국의 금융시스템은 어떤 방식에 따라 운영되고 있을까? 중앙집중 방식과 탈중앙화 방식 두 유형을 놓고 본다면 오늘날 금융시스템은 탈중앙화와는 거리가 멀다. 대부분의 국가에서 중앙은행과 금융회사가 경제생활에 미치는 영향력은 막강하다. 중앙은행을 정점으로 하는 금융시스템에서는 은행, 증권사와 같은 금융회사를 통해 대부분의 거래가 이루어진다. 고객들의 모든 거래정보는 금융회사 자체 서버를 통해 집중 관리되며 이들의 개입이나 승인 없이는 금융거래 역시 불가능하다.

하지만 중앙집중식 운영에 따른 부작용도 만만치 않다. 대형 금융회사의 파산으로 막대한 공적 자금이 투입되고 사회 구성원 전체가 고통을 분담하는 사건은 잊을 만하면 반복되는 스토리다. 이 과정에서 중앙은행의 권한이 남용되고 화폐가치에 대

한 신뢰가 추락한 것은 암호화폐 탄생을 불러온 직접적인 계기
였다. 때로는 금융회사의 도덕적 해이에 따른 문제도 발생하곤
한다. 고객들의 피해는 외면한 채 막대한 이익을 챙겨가거나,
부당한 영향력을 통해 특혜를 주고받는 일은 늘상 비판의 대상
이 되어왔다. 그 밖에도 현행 금융시스템에 따른 국가 간 금융
거래의 비효율성이나, 금융소외계층의 양산 문제 역시 간과할
수 없는 사안들이다.

　　최근 부각되고 있는 디파이 금융^{Decentralized Finance}(탈중앙화 금
융이라고도 한다)은 위와 같은 문제들에 대한 대안으로 나타난 것
이다. 중앙집중 방식의 금융시스템을 탈피해 개인들이 보다 쉽
게 금융 서비스에 접근하고 더 많은 권한을 가질 수 있도록 하
기 위해서다.

코드^{Code}가 곧 법과도 같은 디파이 금융

　　디파이 금융은 2020년 이후 급격한 성장세를 보이고
있는 새로운 금융 분야다. 탈중앙화를 의미하는 'decentralization'
과 금융을 뜻하는 'finance'가 결합된 이 용어는 **블록체인 기술을 기
반으로 운영되는 탈중앙화(혹은 분산형) 금융시스템**을 일컫는 말이다. 기
존 금융시스템의 한계를 극복할 의도에서 시작된 만큼 디파이

금융의 운영 원리는 전통 금융과는 판이하다. 금융회사의 개입을 배제한 채 블록체인 네트워크와 그 위에서 작동하는 프로그램 코드만을 통해 거래가 이루어진다. 과거 금융회사를 통해 제공되던 예금이나 대출, 투자, 보험과 같은 기능들은 디앱과 스마트 계약을 통해 자동적으로 실행된다. 이렇듯 금융회사를 대신해 '코드가 곧 법이다'라는 명제가 적용되는 영역이 바로 디파이 금융이다. 아래의 사항들은 전통 금융과 대비되는 디파이 금융 고유의 특성을 드러내는 요소들이다.

- **자율적 운영기구**: 중앙집중식 구조를 띠고 있는 금융회사의 운영 주체는 경영진이다. 소수의 경영진이 주요 사안에 대한 의사결정권을 갖고 이들의 지휘하에 회사 전체가 한 몸처럼 움직인다. 하지만 디파이 금융에서 경영진의 역할을 대신하는 기관은 '다오^{Decentralized Autonomous Organization, DAO}'라 불리는 탈중앙화 자율조직이다. DAO는 구성원들의 합의를 토대로 운영되는데 통상 토큰 보유자들의 투표를 통해 조직 내 규칙이나 운영 방향, 수익 분배 등을 결정한다. 토큰 중에서도 이와 같은 의사결정 권한이 부여된 것은 거버넌스 토큰으로 불린다.
- **거래의 투명성**: 모든 정보를 금융회사가 관리하는 중앙집중 방식과는 달리, 디파이 금융에서는 모든 거래내역이

블록체인을 통해 관리된다. 이를 통해 금융회사가 독점해 오던 정보는 네트워크 참여자들에게 투명하게 공개된다.

- **용이한 접근성**: 디파이 금융은 금융회사의 개입이 배제되는 만큼 보다 용이한 접근이 가능하다. 금융거래에서 요구되는 본인 인증이나 신용점수와 같은 요건은 불필요하다. 또한 국경에 관계 없이 인터넷을 통해 24시간 거래가 가능하다는 점에서 거래상의 제약도 없는 편이다.

- **거래의 효율성**: 디파이 금융은 블록체인상에서 개인 간 P2P 방식으로 이루어진다. 따라서 금융회사의 중개에 따른 비용을 덜 수 있으며 스마트 계약을 통해 신속하고 간편한 거래가 이루어진다.

- **거래의 익명성**: 디파이 금융은 일반 금융거래에서처럼 고객의 이름이나 신원을 공개할 필요가 없다. 개인정보 대신 암호화된 방식의 전자지갑을 통해 익명으로 거래가 처리된다.

그렇다면 디지털 세상 안에서 디파이 금융은 어떤 형태로 이루어지고 있을까? 전통적인 금융거래와 비교해 디파이 금융의 모습을 직관적으로 파악하기란 쉽지 않은 것이 사실이다. 하지만 디파이 금융은 암호화폐가 그 수단으로 사용될 뿐, 전통 금융과 대단히 흡사한 모습을 보이고 있다. 지금부터 예금, 대출

⊙ 전통 금융 vs. 디파이 금융

구분	전통 금융	디파이 금융
중개자 역할	은행, 증권 등 금융회사	블록체인상의 디파이 플랫폼
운영주체	경영진	DAO(탈중앙화 자율조직)
관리방식	중앙집중 방식(단일원장 사용)	분산형 방식(분산원장 사용)
거래수단	법정화폐	암호화폐
자산보관주체	금융회사	거래자 본인
지역 및 시간상 제약	있음	없음
거래 투명성	거래내역 비공개	거래내역 공개
신원확인 여부	본인 확인 필요	본인 확인 불필요

등 기존 금융거래의 모습을 닮은 디파이 금융의 세부 유형들을
하나씩 파악해 보자.

─────── 예금·대출 거래와 흡사한
　　　　　이자농사와 렌딩

　　디파이 금융 중에서도 가장 활발하게 거래가 이루어지는
분야는 암호화폐 예치와 대출 서비스다. 암호화폐 예치는 예금 거
래와도 유사한데 암호화폐를 디파이 금융 플랫폼에 맡긴 대가
로 수익을 얻는 형태다. 디파이 금융 플랫폼의 활성화를 위해
서는 다량의 암호화폐 공급이 필수적이다. 마치 은행이 운영되

기 위해서는 충분한 예금 확보가 선행되어야 하는 것과 마찬가지다. 이 때문에 디파이 금융에서는 예치를 통해 확보한 암호화폐를 대출이나 유동성 공급 등 다양한 목적으로 활용한다. 암호화폐를 예치한 사람은 이에 대한 대가로 일정한 이익을 얻게 된다. 이와 같은 모습은 씨앗을 뿌려 수확을 얻는 것에 빗대어 이자농사(yield farming)로도 불린다.

암호화폐 대출(혹은 렌딩lending)은 예치와 대비되는 형태로 암호화폐를 빌리고 이에 대한 대가를 지불하는 형태다. 돈이 필요한 사람이 은행의 중개역할을 통해 예금자들의 돈을 빌려가는 것과 흡사하다.

디파이 금융 생태계 내에서도 암호화폐에 대한 수요는 존재하기 마련이다. 지불이나 담보 용도로 활용할 스테이블 코인이 필요하거나, 원활한 거래 지원을 위해 유동성 공급이 필요한 경우 등 사유는 다양하다. 이와 같은 경우 암호화폐 수요자는 대출이자를 지급하고 일정 기간 암호화폐를 빌릴 수도 있다. 다만 암호화폐 대출을 이용할 때는 대출금액 대비 초과담보를 제공하는 것이 일반적이다. 담보가치 하락에 대비해 손실 위험을 미연에 방지하기 위해서다.

암호화폐 예치나 대출에 적용되는 금리는 전통 금융시스템에서의 이자율 결정 방식과는 상이하다. 은행 상품에 적용되는 이자율은 중앙은행이 공표하는 기준금리를 근간으로 한다. 이

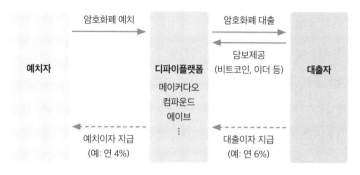

를 바탕으로 은행들은 적정 이윤과 비용, 부도위험 등을 고려해
고객에 적용할 금리를 중앙집중 방식으로 결정한다. 하지만 금
융기관의 개입이 배제된 디파이 금융에서는 금리 결정 역시 탈
중앙화 방식으로 이루어진다. 디파이 금융 플랫폼 내 참여자들
이 정한 규칙에 따라 자동적으로 이율이 산정된다. 통상 해당
암호화폐에 대한 거래 수요가 높을수록 예치나 대출 금리는 올
라가며 거래 수요가 낮을 때는 그 반대다.

　탈중앙화 자율조직 형태로 운영되는 메이커 다오는 2017년
이후 암호화폐 예치, 렌딩 서비스를 제공한 디파이 금융의 시초
다. 이후 동일한 서비스를 제공하는 다양한 디파이 플랫폼들이
생겨났는데 컴파운드, 에이브, 연 파이낸스 등은 현재 활성화
되어 있는 대표적인 플랫폼들이다.

◉ 주요 암호화폐에 대한 예치·대출 표(에이브, 2024년 9월 초 기준)

단위: 백만, 이자기준: APY(복리 기준 연간수익률)

암호화폐	예치규모	예치이자	대출규모	대출이자	대출/예치 비율*
이더리움ETH	1.15M	1.86%	0.98M	2.58%	85%
테더USDT	1,550M	3.74%	1,180M	5.52%	76%
USD코인 USDC	1,500M	4.20%	1,210M	5.85%	80%
다이DAI	121M	4.26%	107.5M	6.47%	88%
페이팔USD PYUSD	14.6M	4.09%	11.5M	6.59%	78%

* 통상 대출 비중이 지나치게 높아지면, 이자율을 상승을 통해 해당 암호화폐에 대한 대출 수요가 억제되도록 한다.

거래검증에 참여하고 보상을 얻는 스테이킹

스테이킹staking은 암호화폐를 블록체인 네트워크에 예치하고 일정한 보상을 얻는 것으로 앞서 본 이자농사와 유사하다. 하지만 이자농사는 대출에 필요한 유동성을 공급한 대가로 수익을 얻는 것인데 반해 **스테이킹은 암호화폐를 예치하고 블록체인상의 거래검증 및 네트워크 운영에 기여한 대가로 이익을 얻는 방식**이다.

지분증명 방식proof of stake의 합의 메커니즘을 채택하고 있는 이더리움을 예로 들어보자. 이더리움에서는 네트워크 참여자들이 자신의 이더리움을 예치한 다음 예치한 자산의 양에 따라 거래검증에 참여할 기회를 얻게 된다. 소수 참여자에 의한 독단적 운영이나 외부 공격을 막기 위해서는 참여자들의 수가 많을수록 좋다. 보다 많은 참여자들이 거래 검증에 관여할수록 네트워크의 안정적인 운영에 보탬이 된다.

이 때문에 이더리움에서는 최소 32개의 이더를 스테이킹 목적으로 예치하면 누구라도 거래검증에 참여할 수 있다(거래검증에 참여하는 자들은 밸리데이터validator라고 불린다). 2024년 10월 기준, 이더리움에는 약 3,400만 개의 이더가 스테이킹 목적으로 예치되어 있다. 밸리데이터 숫자로 따지면 100만 명 이상의 참여자들이 검증자의 역할을 수행하고 있다. 스테이킹을 통해 이더리움 네트워크의 운영에 기여한 대가로 참여자들은 연 3% 내외 수준의 이더를 보상으로 지급받는다.

스테이킹을 위해서는 자신이 보유한 암호화폐를 직접 예치할 수도 있지만 간접적인 방식을 활용하는 것도 가능하다. 스테이킹 플랫폼이나 암호화폐 거래소를 통해 검증자로서의 역할을 제3자에게 위임하는 방식에 의해서다. 개인들의 경우 거래검증에 필요한 고성능 하드웨어를 구비하고 24시간 검증에 참여하기란 사실상 불가능하다. 또한 검증자가 되기 위해 필요한 최소한의 암호화폐를 보유하지 못한 경우도 흔하다. 이때 개인들로서는 암호화폐를 위임해 간접적으로 거래검증에 참여

⊙ 스테이킹 참여에 따른 보상 홍보

ETH를 스테이킹하는 방법

이더리움을 보호하면서 보상을 받으세요

스테이킹은 이더리움 생태계를 위한 공익 활동입니다. ETH의 양에 관계없이 모든 사용자가 네트워크를 보호하는 데 도움을 줄 수 있으며 그 과정에서 보상을 받습니다.

33,897,150	1,060,879	3.0%
총 스테이킹된 ETH ⓘ	총 검증자 수 ⓘ	현재 APR ⓘ

출처 | 이더리움 홈페이지

하고, 그에 따른 보상을 받아갈 수도 있다. 실제 솔라나SOL, 카르다노ADA, 아발란체AVAX 등 대다수 블록체인 네트워크는 활성 밸리데이터 수가 수천여 명에 지나지 않으며, 거래검증의 상당 부분을 위임에 의존하고 있다.

——— 알고리즘을 통한 자동 투자, 디파이 펀드

개별 암호화폐를 대상으로 한 투자나 이자농사 외에 펀드 방식의 투자도 가능하다. 암호화폐를 운용해 최적의 수익률을 올리도록 설계된 탈중앙화 기반의 디파이 펀드를 통해서다. 디파이 펀드에서는 자산운용을 담당하는 펀드매니저의 개입이 배제되어 있으며 알고리즘을 통해 자동화된 방식으로 투자가 실행된다.

연 파이낸스Yearn Finance의 창립자이기도 한 안드로 크로네는 디파이 펀드를 선보인 주역 중 하나다. 초창기 암호화폐 자산관리 서비스를 주로 수행하던 그는 내친김에 자동화된 방식으로 암호화폐를 운용하는 시스템까지 개발했다. 볼트Vault라 불리는 전자 금고에 이용자가 보유한 **여러 암호화폐를 예치하면 이를 이자농사나 스테이킹, 유동성 공급 등 다양한 방식으로 운용해 이익을 얻는 형태**였다. 최적의 포트폴리오를 자동으로 발굴해 내는 것은 물론 이익금을 재투자함으로써 수익률을 극대화하고자 했다. 이와 같은 디파이 펀드를 활용하면 투자자들은 어렵게 투자처를 찾아 나설 필요가 없었다. 그저 금고 안에 암호화폐를 예치해 두고 수익금만 찾아가면 그만이었다.

디파이 시장의 평균 수익률을 추종하는 인덱스 펀드 성격의 디파이 펀드도 있다. 이는 **암호화폐에 대한 집합투자를 목적으로 발행된 토큰을 매입하고 운용성과에 따라 이익을 얻어가는 형태**다. 해당 펀드가 발행한 토큰을 취득하면 복수의 암호화폐에 동시 투자하는 효과를 거둘 수 있으며 거래수수료도 그만큼 절감된다. 이 유형에 해당하는 것으로서 현재 가장 활발하게 거래되고 있는 것은 '디파이 펄스 인덱스Defi Pulse Index, DPI' 상품이다. 해당 편드는 투자자들을 대상으로 DPI라는 토큰을 발행해 자금을 모집하는데 유니스왑UNI, 에이브AAVE, 컴파운드COMP 등 다수의 디파이 관련 암호화폐들을 기초자산으로 편입하고 있다.

—— 디파이 금융을 활용한 파생상품 거래

파생상품은 주식이나 상품, 외환 등 기초자산의 변동에 따라 손익이 결정되는 금융상품이다. 이를 통해 기초자산의 가격변동 위험에 대비하거나 투자에 따른 이익을 얻는 것이 주목적이다. 디파이 금융에서는 위와 같은 **전통적인 자산은 물론 다양한 암호화폐를 기초자산으로 한 파생상품 거래가 가능**하다.

예컨대 대표적인 합성자산 생성 플랫폼인 신세틱스Synthetix는 스마트 계약을 통해 기초자산과 연동된 파생상품 토큰을 발행한다. 비트코인을 기초자산으로 하는 파생상품의 경우, 'sBTC'라는 전자적 토큰을 발행하는 식이다. 기초자산인 비트코인의 가격 변동에 따라 sBTC의 가치도 등락하게 된다. 기초자산의 가격변동과 반대 방향으로 움직이는 인버스inverse 형태의 파생상품도 가능하다. 이는 'iBTC'라는 형태로 발행되는데 비트코인 가격이 상승하면 그만큼 가치가 하락하고, 반대로 비트코인 가격이 떨어지면 가치가 오르게 된다. 이러한 방식으로 디파이 파생상품은 기초자산인 암호화폐를 직접 보유하지 않더라도 이에 투자하는 것과 동일한 효과를 거둘 수 있다.

파생상품 토큰을 발행하기 위해서는 암호화폐 대출과 마찬가지로 담보가 요구된다. 신세틱스를 통해 sBTC를 발행하려면 이용자는 신세틱스 플랫폼에서 활용되는 SNX 토큰을 담보로 예치해야 한다. 파생상품의 경우 변동폭이 큰 만큼 담보요구 비율도 높은 편이어서 400% 이상의 초과담보가 요구된다. 100달러의 sBTC를 발행하기 위해서는 400달러의 SNX 토큰이 담보로 필요한 것이다(다만 담보비율은 신세틱스 내 합의 기구의 결정에 따라 변동될 수 있다). 이 때문에 디파이 방식의 파생상품 투자에서는 담보비율을 유지하는 것이 때로는 무거운 부담이 될 수도 있다.

이 외에도 디파이 금융에서 파생상품을 활용할 수 있는 여지는 훨씬 광범위하다. 신세틱스에서는 주요 암호화폐 외에도 원자재(금, 은), 외환(USD, EUR 등), S&P500 등 주가지수를 기초자산으로 하는 파생상품 거래도 지원한다. 또한 보다 공격적인 투자를 위해서라면 레버리지형 상품이나 인버스 상품 역시 활용 가능하다. 다만 일반 파생상품과 마찬가지로, 디파이 방식의 파생상품 투자 역시 높은 수준의 위험을 수반하기 마련이다.

──── 중앙기관 개입 없는
탈중앙화 거래소^{DEX}

탈중앙화 거래소^{Decentralized Exchange, DEX}는 디파이 금융의 성장과 불가분의 관계에 있는 요소다. 탈중앙화 이념을 바탕으로 한 암호화폐 거래는 크게 두 가지 방식으로 이루어질 수 있다. 첫째는 은행·증권사와 같은 전통 금융기관은 아니지만 새로운 형태의 '중앙화된 거래소^{Centralized Exchange, CEX}'를 이용하는 것이다. 국내의 업비트나 빗썸, 해외의 바이낸스, 코인베이스와 같은 암호화폐 전문 거래소가 이에 해당한다. 둘째는 블록체인 네트워크상의 플랫폼을 통해 중앙기관의 개입 없이 암호화폐를 거래하는 것이다. 위에서 언급한 탈중앙화 거래소를 통해 암호화폐 거래가 이루어지는 형태다.

하지만 아이러니하게도 그간 암호화폐 거래는 새로운 형태의 중앙화된 거래소인 CEX를 통해 이루어지는 것이 일반적이었다. CEX는 기존의 증권거래소와 유사하게 암호화폐 거래자들을 중개해 주고 이들을 대신해 결제나 자산 보관 등 업무를 도맡아 처리한다. 탈중앙화를 목표로 했던 암호화폐의 탄생 취지가 다소 무색하게 느껴질 정도다.

이에 반해 **탈중앙화 거래소인 DEX는 블록체인 네트워크 위에서 스마트 계약을 통해 거래소 기능을 수행**한다. 거래 관련 정보는 제3자에 의해 관리되지 않으며 자산 역시 거래소가 아닌 이용자의 전자지갑을 통해 보관된다. 이를 통해 CEX를 이용할 때 따르는 문제점들, 해킹이나 인출 중단 사태, 시세 조종 등 위험으로부터 비교적 자유로운 점은 DEX의 장점으로 부각된다.

CEX에 비해 거래 규모는 작지만 DEX는 출시 이후 꾸준한 성장세를 이어오고 있다. CEX 대비 DEX 거래의 비중은 2020년대 초 1% 미만에서 2024년 10% 초반 수준으로 상승했다. 그 중에서도 이더리움 네트워크 기반의 유니스왑은 DEX 시장의 점유율을 절반가량 차지하는 가장 활성화된 탈중앙화 거래 플랫폼이다. 이외에도 스시 스왑Sushiswap, 팬케이크 스왑Pancakeswap, 커브 파이낸스Curve Finance 등도 탈중앙화 거래를 지원하는 대표적인 플랫폼에 해당한다. 하지만 주식거래와 같은 다양한 주문 방식이 활용되지 못하는 점이나 상대적으로 낮은 유동성은 여전히 개선되어야 할 사항으로 꼽힌다.

——— 디파이 보험상품도 있다

위험관리가 목적인 보험은 디파이 금융에서 활용될 수 있는 또 다른 분야다. 디파이 금융에서는 이때까지 예측하기 어려웠던 새로운 유형의 위험들이 나타나고 있다. 디파이 금융 플랫폼에 대한 해킹이나 출금 정지, 스마트 계약의 운용

오류와 같은 것들이다. 이와 같은 신종 위험을 대상으로 넥서스 뮤추얼Nexus Mutual, 엔슈어 네트워크Nsure Network, 커버 프로토콜Cover Protocol 등 탈중앙화 보험 플랫폼들도 생겨나고 있다. 이들 플랫폼은 **보험의 청구와 심사, 지급에 이르는 전 과정을 스마트 계약을 통해 자동적으로 처리**하며, 새로운 위험을 대상으로 새로운 방식의 보험 서비스를 제공한다.

넥서스 뮤추얼은 암호화폐 거래에 따르는 위험을 보장해 주는 이더리움 기반의 대표적인 탈중앙화 보험 플랫폼이다. 넥서스 뮤추얼이 보장하는 위험의 대상은 크게 두 가지이다. 첫째는 디파이 금융 서비스를 제공하는 프로토콜 자체의 위험에 대한 것이다. 스마트 계약상 버그가 발생한다거나 시스템의 허점을 파고든 외부 공격 또는 해킹에 의한 피해가 그 대상이다(이러한 유형은 '프로토콜 보험'으로 불린다). 둘째 유형은 고객이 보유한 암호화폐의 출금 정지나 해킹 등 도난 위험에 대한 것이다. 가령 중앙화 거래소를 통해 암호화폐를 보관한 고객이 거래소의 파산이나 해킹으로 피해를 입게 되면 이를 보상받을 수 있다(이러한 유형은 '수탁 보험'으로 불린다).

탈중앙화 방식의 보험은 보험 가입부터 보험금 지급에 이르는 전 과정이 전통 보험상품과는 상이하다. 보험 가입은 넥서스 뮤추얼이 자체 발행하는 NXM 토큰이나 이더리움을 통해 이루어진다. 보험료 산정이나 위험 평가, 지급 심사는 보험회

⊙ 암호화폐 거래소 FTX 파산과 디파이 보험의 활용 예시

- 보장대상: FTX에 보관 중인 이더리움(ETH) 10개
- 보장금액: 20,000(USD 기준)
- 상품유형: 수탁 보험(Custody)
- 보장기간: 2022. 6.10. ~ 2023. 6.10.
- 보험료: ETH 1개당 0.015 ETH (총 0.15 ETH)
  (NXM 토큰 또는 ETH로 지급)
➡ FTX 파산으로 이더리움 출금이 불가능한 경우, NXM 토큰 보유자의 투표 및 승인을 통해 피해를 보상

사의 개입 없이 NXM 토큰 보유자의 투표로 결정된다. 최종적으로 지급되는 보험금 역시 법정화폐 형태가 아니다. 블록체인 네트워크 내에서 NXM 토큰이나 범용성이 높은 암호화폐 형태로 지급된다.

그렇다면 실제로 디파이 보험을 통해 피해구제가 이루어진 적도 있을까? 물론이다. 2021년 디파이 금융 플랫폼인 연 파이낸스는 1,100만 달러 규모의 해킹 공격을 받았다. 암호화폐 예치자들로서는 피해를 입을 수밖에 없는 상황이었다. 하지만 넥서스 뮤추얼을 통해 미리 보험에 가입해 둔 사람들만은 예외였다. 넥서스 뮤추얼은 피해 사실이 증명된 14건의 보험금 청구를 승인하고, 이들에 대해 총 240만 달러(1,351 ETH 및 129,660 DAI)에 이르는 피해 금액을 보상해 주었다. 이후로도 디파이 금융 사고에 대한 보험금 지급은 계속되고 있다. 2024년 10월 기준, 넥서

스 뮤추얼을 통해 피해보상이 이루어진 누적 금액은 1,800만 달러를 넘어선 상태다. 디파이 금융의 위험이 불거질수록 디파이 보험의 존재 이유도 부각되기 마련이다.

디파이 금융의 위험 요소는 무엇일까?

디파이 금융은 금융회사를 중심으로 하던 전통 금융시스템에 크나큰 변화를 불러온 사건이다. 이를 통해 암호화폐를 대상으로 한 다채롭고 융합된 형태의 금융 서비스 제공이 가능하게 되었다. 하지만 아직까지는 보편적인 금융수단으로 자리잡기 전인 만큼 여러 위험요인도 상존한다.

개인투자자들이 느끼는 디파이 금융의 최대 장벽 중 하나는 거래 난이도가 상당히 높다는 점이다. 디파이 금융은 주식, 펀드와 같은 전통 금융상품과 비교해 아직은 생소하며 거래 구조도 더 복잡하다. 거래에 쓰이는 주요 개념과 손익구조를 명확히 이해하기란 여간 까다로운 일이 아니다. 전통 금융상품에서는 금융회사의 설명의무나 성실의무를 통해 이러한 문제가 일부 보완된다. 그렇지만 계약의 체결과 청산이 자동으로 이루어지는 디파이 금융에서는 투자자 스스로 스마트 계약의 특성과 위험을 이해해야 한다. 큰 폭의 손실이 나더라도 그에 따른 책임은 오롯이 본인 몫이다. 특히나 블록체인상에서 이루어지는 디파이 금융 거래는 거래과정에 실수나 오류가 있더라도 이를 번복하기 어려운 특성을 갖고 있다.

 디파이 금융에서는 기술적 위험이나 보안 사고 가능성 역시 따르기 마련이다. 스마트 계약이 활용된다고는 하지만 그 프로그램은 개발자들에 의해 만들어지며 완전무결하기는 어렵다. 프로그램 코드에 오류가 존재하거나, 설계나 관리상의 허점을 노린 공격 위험은 늘 존재할 수 있다. 실제로 2021년, 블록체인 간 암호화폐 전송 서비스를 제공하는 폴리 네트워크^{Poly Network}에서는 디파이 역사상 유례없는 해킹 사고가 발생하기도 했다. 해커는 스마트 계약상의 허점을 악용해 전송 오류를 일으키는 방식으로 자그마치 6.1억 달러 규모의 암호화폐를 탈취했다. 불행 중 다행으로 범인은 스스로를 화이트 해커로 칭하며 대부분의 자산을 반환했는데, 디파이 금융의 보안성에 대해 큰 경각심을 불러일으킨 사건이었다. 공교롭게도 같은 해에는 컴파운드, 크림 파이낸스 등 다수의 디파이 금융 플랫폼에서 유사한 사고가 잇따랐다. 2021년 한 해 동안 디파이 금융 내 보안사고로 인한 피해 금액은 16억 달러를 상회할 정도였다. 한편 폴리 네트워크에서는 2023년 7월, 해킹을 통해 420억 달러 규모의 토큰이 무단으로 발행되는 사고가 또 다시 일어났다. 이후 폴리 네트워크는 서비스 제공을 전면 종료하기로 했다.

디파이 금융에서 간과할 수 없는 또 다른 문제는 탈중앙화 조직 운영의 신뢰성에 관한 것이다. 디파이 금융은 민주적 의사결정 체계를 바탕으로 하지만, 사실 이 안에서도 의사결정이 왜곡될 가능성은 존재한다. 다량의 거버넌스 토큰을 보유한 소수 참여자들이 조직 운영에 깊이 관여할 수 있기 때문이다. 따라서 일부 운영진이 자신에게 유리하도록 조직 내 규칙을 변경하거나 서비스의 유지·개선 노력을 게을리할 가능성도 배제할 수 없다. 탈중앙화 금융이 표방하는 본래 목적과는 어긋나는 경우라 할 수 있는데 그로 인한 피해는 토큰 보유자나 거래 고객에게 돌아갈 수밖에 없다.

암호화폐 공통의 문제로서 가격변동성이 높다는 점 역시 유의해야 할 사항이다. 디파이 금융에서는 원활한 거래를 위해 필수적인 유동성 규모가 충분히 크지 못한 경우가 많다. 이 때문에 적은 거래만으로도 큰 폭의 가격변동 위험에 노출될 수 있다. 암호화폐 대출이나 파생상품 거래를 위해 초과담보를 제공한 경우라면, 본인의 의지와는 무관하게 자동적인 매각과 청산이 이루어지게 된다.

이와 더불어 디파이 금융에 대한 규제 확대 움직임도 곳곳에서 감지되고 있다. P2P 방식으로 이루어지는 디파이 금융에 대해 아직까지는 규제가 덜한 것이 사실이다. 하지만 감독당국의 입장에서는 디파이 금융이 금융시장 전체에 미칠 영향이나 투자자 보호 문제도 고려하지 않을 수 없다. 또한 디파이 금융이 자금세탁이나 불법자금 모집 수단으로 악용될 가능성을 우려하는 목소리도 높다.

물론 이에 대한 디파이 금융 옹호론자들의 반발도 거세다. 이들은 디파이 금융에 대한 규제가 새로운 기술의 후퇴를 불러올 것이며, 암호화폐 시장의 발전을 더디게 할 뿐이라고 주장한다.

디파이 금융도 전통적인 규제 방식에 따라 접근하는 것이 맞을까? 아니면 '새 술은 새 부대에 담아야 한다'는 말처럼 과거와는 다른 방식으로 접근하는 것이 맞을까? 탈중앙화 금융이 가져다줄 이점과 그에 따른 위험 요소들을 감안하면 이에 관한 논의는 당분간 뜨거운 감자가 될 수밖에 없을 것이다.

지루한 원숭이들의 요트클럽은 다시 부활할 수 있을까?

─────── **버킨 백을 두고 벌어진**
에르메스와 어느 예술가의 소송

2022년 1월, 세계적 명품 브랜드인 에르메스는 메이슨 로스차일드라는 미국의 예술가를 상대로 소송을 제기했다. 에르메스의 대표 상품 중 하나인 버킨 백을 모방해 무단으로 판매했다는 이유에서였다. 하지만 이 소송은 짝퉁업자를 대상으로 한 일반적인 상표권 소송과는 달랐다. 메이슨 로스차일드는 실제 가방이 아닌, 메타 버킨스Meta Birkins라는 이름의 가상의 백을 만들어 판매했다. 버킨 백의 디자인을 바탕으로 다양한 색상과 모피 소재를 결합해 만든 이미지 파일을 디지털 형태의 NFT 상품으로 제작한 것이었다. 디지털 형태로 존재하는 가상의 백에 불과했지만 메타 버킨스는 100만 달러 이상 팔려 나갈 만큼 주목을 끌었다. 그러자 에르메스는 자사 브랜드 가치의 훼손을 이유로 즉각적인 대응에 나선 것이었다.

해당 소송에서 로스차일드는 메타 버킨스는 상상력에 기초한 예술작품일 뿐 짝퉁 상품 판매와는 무관하다고 항변했다. 동물 가죽을 이용해 초고가 제품을 판매하는 데 대한 비판의 메시지를 담은 것으로 이는 표현의 자유에 해당한다고 반박했다. 두 당사자 간 치열한 공방에 대해 법원에서는 어떤 결정이 내려졌을까?

배심원단은 결과적으로 에르메스의 손을 들어주었다. 메타 버킨스와 버킨이라는 상표가 서로 유사한 것으로 오인되는 만큼 에르메스의 상표권 침해 주장을 받아들였다. 이와 함께 로스차일드에게는 메타 버킨스의 판매를 중단하고, 13만 달러의 손

⊙ **로스차일드가 제작한 NFT 형태의 메타 버킨스**

출처 | 오픈씨 홈페이지

　　　　　　　　　　　　　　　3부 디지털 세상 속의 금융

해배상금을 지급할 것을 명했다.

  디지털화가 진전될수록 그에 따른 새로운 문제들도 발생하기 마련이다. 위 사례 역시 NFT라는 디지털 자산의 출현이 없었디라면 생각하기 힘들었을 소송 형태다. 지금은 다소 잠잠한 편이지만 NFT는 2020년 이후 암호화폐 열풍과 더불어 토큰 이코노미에서 빠지지 않고 언급되는 용어 중 하나다. 2021년에는 영국 콜린스 사전이 선정한 올해의 단어로 NFT가 뽑힐 만큼 사람들의 관심을 한몸에 받기도 했다. 그렇다면 이와 같은 NFT란 과연 무엇이고, 다른 암호화폐들과는 어떤 차이가 나는 것일까?

  NFT는 'Non-Fungible Token'의 약자로 직역하자면 대체 불가능한 토큰으로 해석된다. 따라서 NFT를 이해하기 위해서는 우선 '대체가능한 토큰'과 이와 대비되는 '대체불가능한 토큰'을 먼저 구별할 필요가 있다. 대체가능한 토큰이란 어느 암호화폐(혹은 토큰)가 그와 동일한 가치와 기능을 갖는 다른 암호화폐와 상호 교환될 수 있는 것을 말한다. 마치 만 원짜리 지폐가 시장에서 아무리 돌고 돌아도 누구에게나 동일한 의미를 지니는 것과 같다. 마찬가지로 1비트코인이나 1이더 역시 다른 비트코인이나 이더와 교환되더라도 그 가치와 기능은 그대로 유지된다. 이러한 유형의 토큰들은 서로 대체 가능하다는 의미에서 'Fungible Token[FT]'으로 불리며 실상 대부분의 토큰들이 이에 해당한다.

하지만 NFT는 **개별 토큰별로 고유한 특성과 희소성을 가져 다른 토큰과는 구분**되는 것을 말한다. NFT는 특정 자산이나 디지털 아이템을 대상으로 블록체인상의 스마트 계약을 통해 고유의 식별값(해당 자산만의 유일한 ID와 같다)을 부여하고, 그에 대한 독자적인 권리를 나타내게 된다. 이로 인해 다른 암호화폐(혹은 토큰)와 상호 교환되지 않는 대체불가능한 성격을 갖는다. NFT를 일컬어 흔히 디지털 등기부로 칭하기도 하는 것도 이러한 이유에서다.

─────── NFT 열풍을 불러온 크립토 펑크와 크립토 키티

　　다른 토큰과 구분되는 고유의 암호화폐를 발행하기 위한 시도는 2012년 무렵부터 있었다. 비트코인 블록체인을 기반으로 비트코인의 거래내역 외에 특정한 정보를 추가 기록할 목적으로 고안된 컬러드 코인colored coin이 그 시초다. 예를 들어, 비트코인을 이용해 부동산과 같은 현물자산에 대한 거래가 이뤄지는 경우를 가정해 보자. 이때 비트코인 거래기록을 담는 블록 내에 부동산 거래와 관련된 정보들을 추가로 기록해 둔다면 비트코인으로 특정 자산에 대한 권리를 나타내는 것도 가능할 수 있다. '컬러드'라는 명칭은 이처럼 비트코인과 특정 자산을 연계해 다른 비트코인과는 구분되는 코인을 발행한다는 의미에서 붙여진 것이다. 비트코인에 스마트 계약 기능을 접목시킨 것과도 유사하다. 다만 컬러드 비트코인은 이더리움 등 NFT 발행을 지원하는 여러 블록체인들이 생겨나면서 대중화에 이르지는 못했다.

NFT가 일반 대중에 널리 알려지게 된 것은 2017년 6월, 스타트업 기업 라바 랩스Lava Labs가 크립토 펑크Crypto Punks를 출시하면서부터다. 라바 랩스는 이더리움 블록체인을 통해 1만 개의 서로 다른 캐릭터들을 NFT로 만들어 세상에 공개했다. 각각의 캐릭터들은 표정이나 색상 면에서 서로 다른 특징을 갖고 있었으며 희소성을 고려해 추가 발행은 제한되어 있었다. 크립토 펑크는 2020년 이후 NFT 열풍을 타고, 사람들 사이에서 큰 관심을 불러일으켰다. 2021년 5월 크리스티 경매에 출품된 9개의 희귀 아이템은 총 1,770만 달러의 고가에 낙찰되기도 했다. 크립토 펑크는 디지털 자산의 고유성과 희소성을 기초로 NFT 시장의 가능성을 열어준 의미있는 사건이라 할 만했다.

2017년 12월 출시된 크립토 키티Crypto Kitties는 NFT가 게임 분야에서 활용된 최초의 사례다. 이 게임에서는 가상의 고양이를 교배해 새로운 고양이 아이템을 만들고 이를 수집이나 거래 목적으로 활용할 수 있었다. 고양이들에게는 NFT를 통해 각각 고유값이 부여되는데 이로써 이용자들은 자신만의 고양이 아이템을 보유할 수 있었다. 그 가운데서도 특별한 상징성이나 희소성을 갖춘 아이템들은 놀라운 가격에 거래되기도 했다. 최초의 크립토 키티인 제네시스 키티가 246이더(당시 약 12만 달러)에, 드래곤으로 불리는 희귀 크립토 키티는 600이더(당시 약 17만 2,000달러)에 각각 판매되어 큰 화제를 불러 일으켰다.

이후 NFT 발행이 급격히 증가할 수 있었던 것은 블록체인 네트워크의 기술적 지원에 힘입은 바 크다. 2018년 6월, 이더리움은 NFT 발행을 위한 표준안인 ERC-721을 마련했다(대체가능 토큰 발행을 위한 표준안으로는 앞서 보았던 ERC-20이 마련되어 있었다). 이더리움의 기술 지원을 통해 이제는 누구라도 손쉽게 NFT를 발행하는 것이 가능했다. 디지털 아트 분야의 많은 예술가들이 NFT 형태의 작품을 출시하게 된 것도 이 같은 여건이 조성된 덕분이었다. NFT에 대한 관심이 높아지면서 세간을 떠들썩하게 한 작품들도 여럿 나타났다. 대표적으로 13년에 걸쳐 작업한 5,000장의 디지털 이미지를 NFT 형태로 출시한 '매일: 첫 5,000일Everyday: The first 5,000 days'과 같은 작품은 NFT 사상 최고가인 6,934만 달러에 거래되기도 했다.

더불어 NFT 거래를 위한 플랫폼들이 하나둘씩 생겨나면서 관련 거래도 본격적으로 활성화되기 시작했다. 2017년 오픈씨Open Sea를 시작으로 니프티 게이트웨이Nifty Gateway, 슈퍼레어SuperRare, 블러Blur와 같은 디파이 플랫폼이 등장해 NFT 거래를 지원했다. 현재는 이러한 디파이 플랫폼 외에도 바이낸스나 업비트와 같은 국내외 암호화폐 거래소를 통해서도 NFT 거래가 가능하다.

민팅을 통해 생성되는 NFT와 그 활용 분야

디지털 자산에 대한 고유의 권리를 나타내는 NFT는 블록체인을 통해 생성되는 토큰의 일종이다. NFT 생성은 디지털 자산에 대한 민팅Minting 과정을 거쳐 이루어진다. 화폐를 주조한다는 의미의 'mint'는 블록체인상에서는 새로운 토큰이나 NFT를 발행한다는 의미로 쓰인다.

NFT 발행은 암호화폐 거래 플랫폼을 통해 비교적 손쉽게 이루어질 수 있다. 대표적인 NFT 거래 플랫폼인 오픈씨를 예로 들면 오픈씨는 현재 이더리움, 폴리곤 등 다양한 블록체인 네트워크와의 호환 기능을 제공한다. 따라서 플랫폼 내에서 NFT를 발행할 블록체인을 선택하고 소정의 가스비를 납부하면 예술작품이나 사진, 영상물 등을 NFT 형태로 쉽게 변환할 수 있다 (다만 가스비 납부나 NFT 보관을 위해서는 별도의 전자지갑을 보유하고 있어야 한다). NFT에 대한 민팅이 완료되면 해당 NFT만의 고유 식별값이 부여된다. NFT 발행 이후 이루어지는 모든 거래는 블록체인을 통해 기록·공개된다. 이를 통해 NFT는 해당 디지털 자산에 대한 소유권이나 권리를 증명하는 용도로도 활용될 수 있게 된다.

그렇다면 위와 같은 방식으로 만들어진 NFT는 과연 어떤 용도로 쓰일 수 있을까? NFT는 디지털 아트나 게임을 중심으로 활성화되기 시작했지만 그 외 다양한 분야에서도 활용 가능하다. 아래는 NFT가 사용될 수 있는 대표적인 분야들이다.

- **콜렉션(수집품)**: 디지털 자산이 갖는 고유성과 희소성을 바탕으로 NFT 자체를 수집 목적으로 소유하려는 경우다. 크립토 펑크를 비롯해 유명 스포츠 스타의 사진이나 역사적인 경기 장면을 담은 NFT가 이러한 유형에 해당한다. 우리나라의 대표 문화 유산인 훈민정음 해례본 역시 2021년 개당 1억 원의 가격에 NFT 형태로 발행된 바 있다.
- **예술 및 저작권형**: 미술이나 음악, 영상 등 분야에 관한 디지털 창작물을 NFT 형태로 발행하는 경우다. 사실 디지털 창작물은 그 속성상 손쉽게 복사나 전송이 가능하다. 하지만 이를 NFT 형태로 발행하면, 디지털 원본임을 증명하고 그에 따른 권리를 주장할 수 있게 된다(예: 작품 '매일: 첫 5,000일').
- **게이밍**: 온라인 게임에서 활용되는 캐릭터나 아이템 생

성, 참여자들에 지급되는 보상 역시 NFT 형태로 이루어질 수 있다. 참여자들은 해당 NFT를 온라인상에서 활용하거나 경제적 대가를 받고 거래할 수도 있다(예: 크립토 키티, 가상세계 기반의 온라인 게임인 샌드박스^{Sandbox} 등)

- **멤버십**: 이는 온라인 커뮤니티 내의 회원자격이나 입장 권한을 NFT로 나타내는 방식이다. 이용자별로 부여된 고유의 NFT를 통해 신원이나 회원 등급을 확인하는 용도로 사용될 수 있다. 또한 보유 NFT를 기초로 이용자별로 차별화된 혜택을 제공할 수도 있다.

- **메타버스**^{metaverse}: 가상의 디지털 공간인 메타버스는 NFT 활용 가능성이 특히 높은 분야다. 메타버스 내의 부동산이나 상품들은 가상의 형태로 존재할 수밖에 없다. 하지만 NFT는 자산별로 고유의 식별값을 부여하고 디지털 등기부의 역할을 수행함으로써 디지털 자산에 대한 권리를 증명해 준다(예: 가상세계의 부동산 거래 플랫폼인 디센트럴랜드^{Decentraland}).

- **자산형 NFT**: 실물 상품이나 부동산 등 기초재산을 토대로 발행된 NFT 유형이다. 이 유형에서는 해당 재산에 대한 권리를 NFT를 통해 나타내며 거래 역시 NFT를 이전하는 형태로 이루어진다. 일례로, 한국조폐공사는 2022년 금을 기반으로 한 NFT를 발행해 실제 거래에 이용하고 있다.

──── 튤립 투기와도 비교되는 NFT 투자

디지털 생태계 내 새로운 자산유형으로 떠오른 NFT는 금융에서도 새로운 가능성을 제시하고 있다. 현재까지는 틈새 시장에 불과하다고 볼 수 있지만 NFT를 투자수단으로 활용하거나 대출 같은 금융거래 수단으로 이용하는 일들이 증가하고 있다. 지금부터는 NFT가 금융 분야에서 어떤 용도로 활용될 수 있는지 살펴보기로 하자.

초창기 NFT가 사람들의 관심을 끈 이유 중 하나는 NFT가 대안투자 상품으로서의 가능성을 보여 주었기 때문이다. 예술품 시장은 이전부터 주식, 채권 등 전통 금융상품을 대체하는 투자수단의 하나로 각광받아 왔다. 하지만 아날로그 시대에서 디지털 시대로의 전환은 투자대상인 예술품의 형태에도 차이를 불러왔다. NFT를 통해 그 고유성과 희소성을 인정받을 수 있는 디지털 아트 상품이 새로운 투자대상으로 떠오른 것이다. 2021년 NFT 시장의 전체 규모는 약 410억 달러에 달했는데 이는 500억 달러 규모의 실물 예술품 시장과도 필적할 만한 것이었다. 현재까지 가장 성공한 NFT 프로젝트로 평가받는 '지루한 원숭이들의 요트 클럽Bored Ape Yacht Club, BAYC' NFT의 개당 가격은 한때 47만 달러(약 6억 5,000만 원)에 이를 만큼 선풍적인 인기를 끌었다.

위와 같은 현상에 대해 일각에서는 네덜란드의 튤립 투기 사

348   3부 디지털 세상 속의 금융

⊙ NFT '지루한 원숭이들의 요트 클럽BAYC'의 이미지

출처 | 오픈씨 홈페이지

례까지 언급하며 우려의 목소리를 내기도 했다. 그도 그럴 것
이 고유성과 희소성이 있다고는 하나 NFT 형태의 디지털 파일
하나가 수억 원을 호가하는 것이 쉽게 받아들이기 어려운 일
일 수도 있다. 디지털 저작물인 이상 마우스를 클릭해 해당 이
미지를 저장하는 것만으로도 동일한 작품을 얻을 수 있기 때문
이다. 이 같은 우려 때문인지는 몰라도 2~3년 전과 비교해 최근
NFT 시장의 거품(?)은 많이 걷힌 상태다. 인기리에 거래되던
BAYC의 가격은 2024년 10월 기준 개당 3만 달러 내외 수준으
로까지 떨어졌다. 최고가 대비 90% 이상 빠진 상태다.

NFT 투자는 결국 예술품 등에 대한 대안투자적 성격과 함께
디지털 생태계 안에서 매겨지는 가치를 기반으로 할 가능성이
높다. 일반 예술품처럼 NFT의 가치도 사람마다 천차만별이겠
지만 유명 예술가가 생성한 NFT는 대중들로부터 더 많은 관심

순위	컬렉션	하한가	거래량
1	CryptoPunks ✅	—	1,249 ETH +1,218%
2	Pudgy Penguins ✅	10.90 ETH	112 ETH +263%
3	Milady Maker ✅	3.64 ETH	94 ETH +30%
4	Mutant Ape Yacht Club ✅	2.10 ETH	85 ETH < 0.01%
5	Bored Ape Yacht Club ✅	12.09 ETH	71 ETH +500%

출처 | 오픈씨 홈페이지

을 끌기 마련이다. 또한 NFT 가운에서도 특별한 역사적 가치나 희소성을 갖고 있는 것이라면 다른 NFT보다 고가에 거래될 수 있다. NFT가 사용될 다양한 분야들을 고려하면 NFT가 갖는 고유의 기능이나 활용처 역시 투자가치를 높일 수 있는 요소들이다. NFT에 회원제 서비스 이용 권리가 부여되어 있거나 커뮤니티 내에서 누릴 수 있는 다양한 혜택을 포함하고 있다면 이 역시 NFT의 가치로 반영될 수 있다.

—————— NFT와 금융이 결합된
NFT Fi

NFT를 대상으로 한 직접 투자 외에도 이를 활용한 대출 거래 역시 자리를 잡아가는 모습이다. 오픈씨와 함께 대표적인 NFT 거래 플랫폼인 블러^{Blur}는 2023년 5월 NFT 담보대출 서비스를 제공한 이래 관련 시장을 선도해 오고 있다. 플랫폼 내의 렌딩 프로토콜에 해당하는 '블렌드(Blend, Blur와 lending을 결합한 명칭이다)'를 이용하면 BAYC, 크립토 펑크 등 주요 NFT를 담보로 맡기고 이더리움을 빌릴 수 있다. 담보대출은 당사자 간 P2P 방식으로 이루어지는데 정해진 만기는 없으며 비교적 높은 이율이 적용되는 것이 특색이다.

바이낸스와 같은 중앙화 방식의 암호화폐 거래소도 NFT 대출시장에 관심을 보이기는 마찬가지다. 바이낸스는 블러와 마찬가지로 NFT를 담보로 이더리움 대출 서비스를 제공하고 있다. 다만 담보로 제공 가능한 NFT는 BAYC, 아즈키^{Azuki}, 두들스^{Doodles} 등 비교적 활발히 거래되는 것에 한한다. 이와 같은 담보대출 서비스를 통해 NFT 보유자는 해당 자산을 보다 유연하게 활용할 기회도 얻게 된다.

펀드, 파생상품과 같은 투자방식에 NFT를 결합하는 것도 가능하다. NFT에 투자하고 싶지만 비싼 가격이나 높은 변동성이 고민이라면 어떤 방안을 대안으로 모색할 수 있을까? 이때는 펀드 혹은 ETF 방식을 빌려 NFT에 투자할 수 있다. 가령 상위 10개 NFT 종목으로 구성된 인덱스 상품을 이용한다면 펀드 방식으로 NFT에 투자할 수 있다('Bitwise Blue-Chip NFT Index Fund'라는 명칭의 미국 사모펀드는 실제 BAYC, 크립토 펑크 등 주요 NFT 자산을 투자대상으로 하고 있다). 예술품 NFT, 게이밍 NFT와 같이 특정 유형의 NFT에 관심이 높은 사람이라면 해당 유형의 NFT 상품으로 구성된 테마형 NFT 투자도 가능할 것이다.

선물이나 옵션 같은 파생상품은 어떨까? 아직 다른 암호화폐에 비해 활성화된 편은 아니지만, NFT를 기초자산으로 한 파생상품 거래 역시 얼마든지 활용 가능한 모델이다. 이러한 유형의 거래에서는 NFT의 가격변동에 따른 위험을 상쇄하거나, 그에 따른 추가 이익을 기대할 수 있다.

NFT에 대한 조각투자나 자산유동화도 장차 활성화될 것으로 기대되는 분야 중 하나다. NFT는 디지털 자산의 성격을 갖는 만큼 얼마든지 소수점 단위의 거래가 가능하다. 따라서 NFT 소유자의 입장에서는 NFT에 대한 권리를 잘게 쪼개어 새 토큰을 발행하는 방식으로 자금을 조달할 수 있다. 고유한 가치를 지니고 있는 NFT 전체를 매각하지 않고서도 말이다. NFT 투자자의 입장에서도 그에 따른 혜택을 누리기는 마찬가지다. 개당 가격이 수천만 원을 호가하는 인기 NFT 상품을 개인이 구매하기에는 부담스러울 수밖에 없다. 하지만 이를 100개 혹은 1,000개의 조각 NFT로 분할하게 되면, 거액을 들일 필요 없이 해당 NFT 상품을 구매할 수 있게 된다.

NFT를 이용한 스테이킹은 최근 들어 부쩍 관심이 늘고 있는 분야다. 대체불가능한 토큰인 NFT는 그 고유성과 희소성으로 인해 소유자들도 판매를 꺼리기 마련이다. 하지만 NFT를 전자지갑 안에 고이 보관해 두기만 한다면 과연 어떤 의미가 있을까? 별다른 사용 가치가 없는 그저 값비싼 디지털 소장품의 하나에 그치고 말 것이다. 하지만 NFT 스테이킹은 NFT가 디지털 세상에서 널리 활용되고 지속적으로 그 가치를 인정받을 수 있도록 한다.

NFT 스테이킹의 운영 원리는 일반 암호화폐와 크게 다르지 않다. 특정 NFT를 플랫폼 내에 예치해 두면 이를 필요로 하는 사람에게 대여해 주거나 유동성 공급 등의 목적으로 활용한다. 그리고 그에 대한 대가로는 일정한 보상이 주어진다. 가령 바이낸스 거래소에서는 BAYC와 같은 NFT를 스테이킹하면 그에 대한 보상 목적으로 별도의 토큰을 지급해 준다(에이프코인APE이라는 이름의 토큰이 지급되는데 스테이킹에 따른 수익률은 연 20%를 상회한다). 다만 스테이킹 가능한 NFT의 종류는 아직까지는 제한적인 편이다. 그렇지만 NFT 스테이킹은 소중한 NFT를 그대로 간직하면서도 새로운 부가가치를 만들어 내는 훌륭한 수입원임에는 틀림이 없다.

NFT 고유의
위험도 있다

NFT가 암호화폐 시장 참여자들에게 새로운 기회를 제공한 것은 부인하기 어려운 사실이다. 하지만 NFT 투자에 대한 법적 제약 요인이나 안전한 투자를 방해하는 요소들도 존재한다.

먼저 NFT 거래와 관련 법 제도 사이에 크나큰 괴리가 존재한다는 점은 투자에 앞서 반드시 숙지해야 할 사항이다. 만약 유명 작가의 실물 그림을 NFT 형태로 취득했을 때 NFT 소유자는 실물 그림에 대한 소유권을 주장할 수 있을까? 이는 NFT 거래에 따르는 본질적 위험에 해당하는 것으로 유사한 사례는 이미 국내에서도 있었다.

2021년 5월, 국내의 한 경매기획사는 이중섭의 대표작 '황소'를 NFT 형태로 발행해 온라인 경매를 진행한다고 밝혔다. 하지만 얼마 지나지 않아 경매는 갑자기 취소되고 말았다. 이유인즉슨 유족들의 동의도 얻지 않은 채 경매기획사가 일방적으로 경매를 진행한 데 따른 것이었다. 이처럼 NFT는 기술적으로는 디지털 자산 생성에 관한 증명서 역할을 할 수 있을지 몰라도 저작권이니 소유권 같은 법률상의 권리까지 당연히 인정받는 것은 아니다. NFT 형태로 발행된 메타 버킨스의 제작자가 에르메스와의 소송에서 패소한 것도 동일한 이유에서다. 결국 현행

법 제도에 따르면 **NFT를 취득하더라도 온전한 권리행사가 어려울 수 있다**는 점은 NFT 거래의 크나큰 제약 요인이다.

NFT 시장의 낮은 유동성이나 가격변동 가능성 역시 신중히 고려해야 할 대목이다. 디지털 자산의 속성을 갖는 NFT는 사실 간단한 조작만으로 무한한 아이템들을 생산해 낼 수 있다. 이 때문에 유명인의 작품이나 인기 종목에 해당하는 일부 NFT를 제외하면 대다수 NFT는 사람들의 관심 밖에 머무르기 마련이다. 또한 활발한 거래를 바탕으로 일정 수준의 가격대가 형성되지 않는 이상 그 적정 가치를 매기는 일도 쉽지 않다. 결국 **소수의 거래만으로 가격이 급등락하거나 부족한 유동성으로 인해 원하는 가격에 NFT를 내다 팔기 어려운 문제**가 따를 수 있다.

2022년 2월 발생했던 크립토 펑크의 경매 취소 사례는 이런 점에서 대단히 상징적인 사건이었다. 당시 소더비 경매사는 전 세계 생중계를 통해 104개 크립토 펑크에 대한 경매를 진행할 예정이었다. 낙찰가격은 최소 1,400만 달러에서 많게는 3,000만 달러에 이를 것으로 예상됐다. 하지만 개장 직전, 경매 절차는 돌연 취소되었다. 초창기에 보였던 관심과는 달리 그만한 돈을 들여 크립토 펑크를 구매하려는 응찰자가 거의 없었기 때문이다. NFT 시장 참여자와 투자자들로서는 기대가 컸던 만큼 실망도 클 수밖에 없었다.

이와 연관된 문제로 NFT는 **자전거래와 같은 불공정거래 위험에도**

취약한 편이다. 자전거래란 가격이나 거래량을 부풀릴 목적으로 동일한 상품을 스스로 사고파는 행위를 일컫는 말이다. 예를 들어 A와 B가 서로 짜고서 A가 10달러에 구매한 NFT를 B에게 20달러에 팔고, B는 다시 40달러 가격에 되팔았다고 해보자. 이 경우 시장의 평가와는 무관하게 두 사람 간 인위적인 거래만으로 NFT의 가격이 상승하게 된다. 만약 이런 사정을 알지 못하는 C가 이전보다 높은 가격인 60달러에 NFT를 구매한다면 그 결과는 어떻게 될까? A와 B는 폭리를 거두겠지만(10달러 → 60달러) C는 사기를 당한 것이나 매한가지일 것이다. 암호화폐 분석 기관인 코인게코에 따르면 2023년 기준 NFT 자전거래는 전체 거래량의 23%를 차지할 만큼 빈번하게 이루어지고 있다. 이로 인해 NFT의 정상적인 가격 형성이 방해되고 선의의 피해자들마저 발생하는 것은 심각한 부작용이다.

해킹을 통한 도난 위험은 주요 NFT 거래 플랫폼에서도 적지 않게 발생하는 문제다. 사용자의 계정을 탈취해 NFT를 타 주소로 전송한 다음 재빨리 이를 팔아치우는 것이 전형적인 범죄 수법이다. 이 외에도 원본 NFT의 콘텐츠나 고유주소를 모방한 위조 NFT를 판매해 피해를 입히는 사례도 빈번하게 발생한다. 무단 복제된 디지털 자산은 원본과 같아 보일지 몰라도 고유성과 희소성을 기반으로 하는 원본 NFT에 비하면 그 가치는 제로에 가깝다.

2020년대 초반에 불었던 열기와는 달리 NFT에 대한 관심은 다소 수그러든 상태다. 이는 한때 수억 원을 호가하던 '지루한 원숭이들의 요트 클럽'이나 크립토 펑크의 NFT 가격이 90% 이상 폭락한 데서도 드러난다. 하지만 NFT에 대한 관심을 현대판 튤립 투자와 같다고 단정 짓기는 아직은 일러 보인다. 거래량이나 가격 수준은 이전보다 못하지만 여러 플랫폼을 통해 NFT 거래는 현재에도 꾸준히 이루어지고 있다. 또한 온라인 게임, 가상세계, 자산형 NFT 등을 중심으로 한 신규 프로젝트들도 여전히 진행 중인 상황이다. 디지털 세상의 확장과 더불어 NFT가 어떤 모습으로 자리잡게 될지 그 미래의 모습을 관심 있게 지켜보자.

1   고트프리트 라이브란트·나타샤 드 테란 지음, 김현정 옮김, 《결제는 어떻게 세상을 바꾸는가》, 삼호미디어, 2023

2   김규진 지음, 《ABS 이해와 활용》, 새로운제안, 2002

3   김수진 지음, 《디지털금융의 이해와 활용》, 한국금융연수원, 2022

4   김종현 지음, 《핀테크 4.0》, 한국금융연수원, 2022

5   니콜라스 네그로폰테 지음, 백욱인 옮김, 《디지털이다》, 커뮤니케이션북스, 1999

6   로빈 위글스워스 지음, 고영태 옮김, 《투자의 구원자들》, 한빛비즈, 2023

7   로익 시퀴에르·마이클 레아 지음, 남희용·고종욱 옮김, 《주택산업과 주택금융》, 부연사, 2012

8   류근옥 지음, 《보험, 금융을 디자인하다》, 교보문고, 2020

9   마리온 라부·니콜라스 데프렌스 지음, 강성호 옮김, 《부를 재편하는 금융 대혁명》, 미디어숲, 2022

10 마이클 J. 케이시·폴 비냐 지음, 유현재·김지연 옮김, 《비트코인 현상 블록체인 2.0》, 미래의 창, 2017

11 맷 포트나우·큐해리슨 테리 지음, 남경보 옮김, 《NFT 사용설명서》, 여의도책방, 2021

12 박예신 지음, 《스테이블코인 디지털 금융의 미래》, 더난출판, 2023

13 박종백 지음, 《크립토 사피엔스와 변화하는 세상의 질서》, 세종서적, 2023

14 반기로 지음, 《프로젝트 파이낸싱》, 한국금융연수원, 2021

15 배승현 지음, 《변액보험 사용설명서》, 한월북스, 2020

16 브렛킹 지음, 장용원 옮김, 《뱅크 4.0》, 한빛비즈, 2020

17 서병윤·이미선·오유리·이재민·노치혜·신연수·오승준 지음, 《디지털 자산 시대가 온다》, 경이로움, 2023

18 송민섭 지음, 《나의 첫 ETF 포트폴리오》, 토네이도, 2022

19 에스와르 프라사드 지음, 이영래 옮김, 《화폐의 미래》, 김영사, 2023

20 안예홍 지음, 《지급결제의 주역들》, 한울아카데미, 2021

21 오태민 지음, 《더 그레이트 비트코인》, 거인의정원, 2023

22 이건호 지음, 《토큰증권》, 커뮤니케이션북스, 2023

23 이유미 지음, 《다오》, 위즈덤하우스, 2023

24 정구태 지음, 《새로운 시대의 부, 디지털 자산이 온다》, 미래의창, 2021

25 정순형 지음, 〈리스 계약의 법률관계에 관한 연구〉, 조선대학교대학원, 2002

26 커넥팅랩 지음, 《블록체인 트렌드 2022-2023》, 비즈니스북스, 2021

27 코인 트레이너 지음, 《비트코인에 가려진 세상 이더리움》, 지식오름, 2022

28 코인게코 지음, 디파이크루 옮김, 《세상에 없던 금융, 디파이 입문편》, 제이펍, 2022

29 코인게코 지음, 디파이크루 옮김, 《세상에 없던 금융, 디파이 심화편》, 제이펍, 2022

30 황정환·박지영·김현호 지음, 《나의 첫 NFT 투자 수업》, 클랩북스, 2022